「復刻版　まえがき」

本書は、一九四九年に刊行された財団法人史学会編『世界史概観』（山川出版社、昭和二十四年四月十五日発行）の復刻版である。『世界史概観』は、第二次大戦後、新制高等学校の社会科に「世界史」が加えられたことにより、その教科書として出版されることとなった。当時日本の歴史学界では「西洋史」と「東洋史」が截然と区別されていた。また、欧米人によって書かれた「世界史」は、世界史とはいいながら西洋史を中心としたものであった。そのため、史学会は総合的な「世界史」を叙述する書物の出版が必要であると考え、編纂・執筆を村川堅太郎氏、山本達郎氏、林健太郎氏に委嘱した。三氏は、西洋史、東洋史、近世以降を分担した。そして、考古学・北アジア関係については江上波夫氏、中国史については前川直典氏、西洋中世史については橡川一朗氏に、執筆（協力）を依頼した。本書は、高等学校世界史教科書の原型とも言うべきものであり、わが国の教育史における重要な資料でもあるため、当時の表現のまま、復刻版として再刊行することにした。

公益財団法人史学会理事長　髙山博

注　記

今時点で、当時の表現のまま復刻版として再刊行するに際し、検討する考えもありましたが、本企画の意義を踏まえ、当時の表現などをそのまま復刻することにし、拡大しましたことを記しておきます。

山川出版社

世界史概観

東京大學教授　村川堅太郎
東京大學教授　山本達郎
東京大學助教授　林健太郎

山川出版社

序言

今般高等學校の社會科教授要目に「世界史」が加えられたことによつて、世界史の構想に關する論議が急激に盛となりつつある。それは從來我が國の歷史學界に於て、東洋史と西洋史とが截然と區別されており、また歐米人によつて書かれた「世界史」は西洋史中心になり勝ちであつた爲と考えられる。依て吾人はかかる缺陷を補うため、綜合的な「世界史」の叙述を企劃したのである。

卽ち本學會に最も關係の深い村川堅太郎、山本達郞、林健太郎の三氏に「世界史」の編纂、執筆を委囑したのである。三氏は自ら專門の分野を執筆されたほか、まえがきに明記された如く、二三の分野の執筆に關する助力を各專門家に依賴され、叙述の完璧を期された。かくして出來上つたのが本書であり、從つて吾人は本書を以て最も簡明にして正確なる世界史であることを信じ、これを江湖に推薦せんとするものである。

なお本學會は今般久しい冬眠を破つて活動を再開せんとしている。而して本書の共著者たる三氏は著作權並びに之に伴う一切の權利を本學會に寄贈せられた。吾人は三氏の好意に深甚の謝意を表すると共に、本書の價値が大方に認められ、以て本學會の活動が彌が上にも活潑となることを期待している。

一九四九年二月

財團法人　史學會

まえがき

我々は「史學會」から簡明な世界史の編纂、執筆を委嘱せられたが、斯かる形式の概說書を書くについては、もとより我々は其の任ではないし、且つ時期も甚だ切迫していた爲、一應辭退したのであるが、史學會の諸兄の熱意に動かされてお引受けすることとした。現在完成したものを見て、果して御期待に副いうるや否や、內心多少の疑念なきを得ない。しかし斯樣な小冊子が今後新しい世界史の叙述に幾らかでも參考になれば洵に幸いである。

本書の分擔は東洋史を山本、西洋史を村川、而して近世以降は林が當つた。ただ我々の專攻部門の關係もあり、とくに考古學及び北アジア關係は江上波夫氏に、中國史は前田直典氏、西洋中世史は橡川一朗氏に、執筆または執筆に關する助力を依賴した。しかし本書の編纂責任を我々が負う以上、三氏の執筆された分についても適當の加筆を行つて全體の統制をはかるのは止むを得なかつた。その點御協力頂いた三氏に對して感謝の意を表すると共に御諒承を乞うものである。また本書の企畫その他に關して多大の御盡力にあずかつた山口修氏、井上一氏に對しても深く謝意を表する。

村川堅太郎

山本達郎

林健太郎

目次

目　次

目次

目　次

目次

第一章　文明の發祥

第一節　先史時代

先史時代　人類がこの地球上に發生したのは今からどの位前のことであろうか。最古の人類と思われるものが存在したのは、地質學上洪積世と呼ばれる時代の初期であつて、今から三、四十萬年も前のことと考えられている。勿論こうした古い時代に文獻があるわけではないから、われわれがこうした時代を研究するには、それらの人類の殘した遺物や化石した遺骨に依らなければならない。こうした文獻のない太古の時代を、文獻による記錄の殘つている「歷史時代」に對して「先史時代」と呼ぶのである。人間が歷史時代に入つたのは、人類の歷史から見ればごく新らしいもので、四、五千年位しかない。それ以前の長い時代が記錄のない先史時代なのである。

原始人類　さて人類としての特徵的な體質と人類としての確實な文化をもつた原始人類の化石は、今から五十年程前、ジャワ島から發見されて、ピテカントロプス・エレクッス（直立猿人）

と命名された。これは人類と類人猿との中間的なもので、その所屬は長らく問題となつていた。ところがそれより三十年程後、北シナの北京附近から同じような化石が發見された。彼等はシナントロプス・ペキネンシス（北京人類）と名づけられた。彼等は洞穴に棲み、火を焚き、石器を作つて狩獵を行つた形跡が認められた。即ち彼等は火を用い、道具を作るという人類と他の動物とを區別する最大の特徴を備えているのである。その體質も疑なく人類であり、これとの比較研究によつて、ピテカントロプスも人類たることが確實になつた。これらの化石が出た地層から判斷して、洪積世の前半に東アジアに人類が生存したことは、かくして何人も否定し得ぬこととなつたのである。

ピテカントロプスにしても、シナントロプスにしても、類人猿に似た體質をかなり顯著にもつている。そしてこれらの發見により、人類の出現が洪積世の初期より餘りかけ離れた時代ではないということが暗示されよう。即ち地球上の諸地に大規模な氷河が屢〻發達した時期、いわゆる氷河時代に當る第三紀の後半から第四紀の洪積世にわたる期間に、人類は他の大靈長類から訣別し、自己の道を進んだのに相違ない。しかしその道は必ずしも一本ではなかつた。というのは原始人類は一種ではなく、幾種もの人類が分岐して、それぞれ人類としての別の道を辿つたことが、

地質年代	洪積世				沖積世（地質的現代）		
歴史年代		先史時代				原史時代	歴史時代
考古年代		舊石器時代（打製石器）			新石器時代 磨製石器 （中石器時代）	青銅器時代	鐵器時代
氷河期	氷河期及び間氷期			後氷期			
實年代* （單位萬年）	50萬年前ごろ——3.0			3.0——1.5	1.5 —	0.7 —	0.35—
人類	（?）	直立猿人、北京人類、ハイデルベルグ人	ネアンデルタール人（マンモス時代）	クロマニオン人 グリマルディ人 （トナカイ時代）			
		←——（古生人類）——→		←——（現生人類）——→			
經濟		狩獵 採拾	〃	狩獵 魚撈	食糧生産の開始（農耕牧畜の起原）	灌漑農耕 貿易・商業 手工業	
技術 文化現象		火の使用 言語の形成? 道具の製作	埋葬（宗教の起原）	弓矢の發明 骨角器の製作(銛) 洞くつ藝術 投やり	土器の製作 磨製石器 織物の製作	銅器の出現(1.0)、青銅器の製作、文字	鐵器の使用(0.35)
社會		家族群（?）	洞くつ住居	〃	村落・定住	都市	國家の成立

＊人類學・考古學・地質學によつて更にまたおのおのの學者によつて算定基準は一定しない。

化石人類の研究の結果判明しているからである。然し彼等の多くは現代に到らぬ前に絶滅してしまつた。從つて原始人類と言えば、普通、絶滅人類、或は化石人類を指すようになつている。

人類の進化にとつて氷河時代は重要な期間であつた。ことに洪積世中期の最後の氷河期には、短身で膝を屈して歩行したネアンデルタール人が、舊大陸に廣範圍に發展した。その遺骸がヨーロッパの大部分からばかりでなく、西アジア、中アジアの諸地からも發見され、更に一方には南アフリカより、一方にはジャワからも、ネアンデルタール人に酷似した化石人類が發掘された。彼等はかなり發達した形式の打製石器を用い、狩獵の獲物たるマンモス、洞熊、野馬等の毛皮を剝いで衣服の材料となし、その肉を切つて食料とした。氷河期はきわめて寒かつたから彼等は洞穴の常住者となつたが、その洞穴内には往々彼等の墳墓が見出される。卽ち彼等は埋葬の風習をもつた最初の人類である。

現生人類の出現　最初の氷河期も終り、いわゆる後氷河期となつても、概して寒冷な氣候が支配した洪積世後半期には、なお打製石器を用いた狩獵民の文化が優勢であつた。しかしこの狩獵民はもはや原始人類ではなかつた。原始人類は最後の氷河期と共に退場し、後氷期（二萬年乃至一萬年前）に登場したものはすべて現在の人類の先祖と見做される現生人類であつた。卽ちこれより以後は現在まで現生人類の活躍時代であり、ネアンデルタール人を最後の代表者とした原始人類は再び人類史の主役をなすことなく、永遠に姿を沒したのである。

新來の狩獵民は打製石器と共に骨角器を用い、裝身具の類を愛用し、繪畫を描き、彫刻も作つた。卽ち彼等はネアンデルタール人などとは比較にならぬ程高度の智能を持ち豐富な內容の文化を示した。その繪は鹿、馬、象等を主に線刻で岩壁、獸骨等の上に現したものであるが、狩獵の豐穰を祈つたものであろうと言われている。

先史時代の文化　洪積世の末期頃になるとアジアの北半からヨーロッパにわたつて骨角器文化が榮えた。これは發達した狩獵漁撈《ギョロウ》民の文化で、特に銛《もり》、漁鉤《つりばり》、投槍等の骨角器を豐富に有し、造形美術にすばらしい技巧が發達した。卽ちその洞窟や岩壁に描かれた動物の繪畫、或は骨牙の類に施された動物彫刻には今日なお藝術品として十分鑑賞に堪え得るものが少くない。しかし彼等がそれらを美術として創作したものではないことは確實で、狩獵の豐穰を祈願する呪術的對象物として表現されたものである。

一方南方の北アフリカから西南アジア、インドの地方にかけては、細石器を特徴とした文化が並び榮えていた。この文化は、矢鏃《やじり》として使用されたと思われる三日月型或は梯型の細石器を特徵とし、弓矢を主要な狩獵具として主に草原の動物を追つた狩獵民の所產であつた。彼等も岩壁や洞窟內に壁畫を描いたが、そこには單に動物ばかりではなく、狩獵の場面や舞踏の場面なども表現され、生活記錄的なものが少くなかつた。なおこの文化のなかに、或る場合には土掘棒の錘《おもり》に使用されたらしい環石が存し、或る場合には脫穀に主用された石皿、石棒の類が見出され、また或る場合には土器さえ作られた形跡のあることは、彼等が單なる狩獵民でなかつたこと、即ち男は弓矢を以て專ら狩獵に從事していたにしても、女は土掘棒をもつて植物の根を採集し、或は穀物の栽培、土器の製作に從事し始めたことを暗示する。實際洪積世の末期或は沖積世の初期には、この細石器文化圈の一部に於て、即ちナイル河流域や、チグリス、ユーフラテス兩河地方、イラン高原などに、既に相當發達した農牧文化が出現していた。ここで用いられた石器は從來のような打製石器ではなく、磨製のものであつた。そしてこの磨製石器の文化が、前二者、すなわち骨角器文化および細石器文化、と相並んで、次第に人類文化の重要な地位を占めつつあつたのである。

農耕牧畜の發達　人類經濟生活の最初の革命ともいうべき農耕や牧畜が、いつ、どこで、どのようにして始まつたかは、現在まだ充分には分つていない。しかし農耕が恐らく植物の採拾から導き出されたものとすれば、その最初に行われた地方は、舊大陸、南米の温暖濕潤の地方であつたと想像される。その時期は、それらの地方がだんだん乾燥し始めて、野生の食用植物の採拾に困難を感じるようになつた洪積世後期の乾燥期——ヨーロッパの後氷期にあたる——と推定できよう。また牧畜もその當時急激に河水と草地に乏しくなつたアフリカや西南アジアにおいて、獸類がオアシスや大河の流域に集つて來て、同じくそこに移り住んだ人類と接觸し、兩者の間に親和的な關係が生ずる機會をもつたのに起原したという說がある。しかし一方牧畜は北方ユーラシアで馴鹿や野馬のあとを追つて放浪した狩獵民が、それらの動物の馴致に成功したことに端を發したという學說も有力である。いずれにしても洪積世末期の氣候の大變化が、動物及び人間の住地および生存樣式に甚しく影響して、これを激變せしめた結果、兩者の間に新しい關係が生まれる可能性が生じたことは確からしい。

それはとにかく、今日知られている最古の農民たるナイル河流域の先史時代人は、農耕牧畜に依據してその生活を營んだが、彼等はなお狩獵や漁撈にも從事した。彼等は更に種々な形式や文樣の土器を製作し、飲食物を盛り、煮沸の用に供していた。

このナイル河畔の最古の農牧民が磨製石器を用い、土器を作り、栽培植物及び家畜を有して農耕牧畜に從事していた事實は、前述の洪積世狩獵民と彼等とを區別する特徴で、いわゆる新石器文化がこゝに展開される。これに對して一般に打製の石器と骨角器類のみを有し、專ら狩獵採拾に依據して生活した洪積世人類の文化を舊石器文化と呼ぶのである。このようなエジプト先史時代人の新石器文化は紀元前一萬年乃至五千年頃に遡るが、當時舊大陸北半の狩獵漁撈民は、なお大部分舊石器文化の傳統に生きていたのである。

人種と民族　このように發展してきた人類も、遺物から推測しても、はじめは皆大差ない生活を送つていたようである。しかし今述べたように、舊石器の時代から新石器時代に入る頃には、各地方の人類に種々の特色があらわれるようになつた。そしてこの頃には各人種の分化が大體行われ、今日のような人種の區別が確立したのである。

いま世界の人種を體質の上から大まかに分けると、概ね三種に大別することができるであろう。その一つはコーカサス人種（白色人種）と呼ばれるもので、ヨーロッパを中心に北アフリカ、西南アジアにまたがつている。これに對してアジアの大半とアメリカ大陸にまたがつて分布しているのはモンゴル人種（黄色人種）である。アメリカの土人がこれに屬するのは不思議のようであるが、これはシベリアとアラスカが陸續きだつた頃、アジアからアメリカ大陸にうつつたのであろうと考えられている。最後にサハラ沙漠以南のアフリカ土人があり、ネグロ（黒色人種）と呼ばれる。もとよりこうした大別に入れにくい人種も數多くあることはいうまでもない。

人種という時には體質で分類するのが普通であるが、民族という場合には、言語や習俗によつて分類するのが通例である。舊石器時代の人々が用いていた言語がどのようなものであるかは明らかでないが、新石器時代に入りさらにそれが終るまでには、現在の種々な言語の主な特色が出來上つていたように思われる。そこでこれより歴史時代に入つて活躍する諸民族がどのような言語を有しているかについて少しく考えてみよう。

コーカサス人種に屬する諸民族は、言語によつて分類すると、セム語族、その一種たるハム語族、さらにインド・ヨーロッパ語族などに分けることができる。最も早く文明を起したのはセム語族で、エジプト、メソポタミア等の文明はこのセム語族の所產である。アラビア人もまたこれに屬する。次に歴史上に現われたのはインド・ヨーロッパ語族である。彼等は新石器時代には中央アジアのあたりに居たようであるが、後に分れて一部はインド、西南アジアに入り、一部は西に進みヨーロッパに入つて、ギリシア人、ローマ人、ゲルマン人、スラヴ人等となつた。此の語族はきわめて整然とした文法を有することが大きな特色である。

アジアの諸民族のうちで最も重要なのは、シナ・チベット語族とウラル・アルタイ語族である。前者には中國人、チベット人、ビルマ人などが屬し、後者にはトルコ人、蒙古人、滿洲人、さらに朝鮮人、日本人まで含まれる。なお南アジアにはこれらと別にミクロネシア語族があるが、歷史的には大した活動をしなかつた。

こうした諸民族はそれぞれ獨自の文明を發達させ、世界史の進展に貢献した。しかし今日の文明に最も大きな影響を與えたのはインド・ヨーロッパ語族である。先述したように彼等は整然たる文法をもち、思想や科學の研究に適する表現を用いることができた。けれども彼等が今日の隆盛をもたらしたのは決して言語の力だけではない。同じインド・ヨーロッパ語族であつても、インド人やペルシア人は他のヨーロッパ人とは全くちがつた途を歩んでいることは、よい例證をなすものと言えるであろう。文明の進歩に最も大きな影響を與えたのは言語ではなくて社會である。ヨーロッパ人の社會がいち早く近代的な段階に入り、世界に雄飛するに至る過程は、これから世界史を學び、ことにアジアの歷史と比較しながら見てゆくと、はつきりと分ることであろう。

第二節　自然に文明の起つた地域

一、オリエント總說

概觀　人類が原始社會から文明の狀態に進み、國家生活を送るようになつたのは、今からおよそ五千年位前のことであつた。ずいぶん古いことであるが、しかし人類發生以來ここに至るまでの長い期間にくらべれば、人間が文明に入つて以後の、嚴密な意味での歷史時代は七十分の一位にしか當らないのである。しかも文明は地球上のごく限られた地域に起つたのであつて、それは概して土地の豐沃度の高い地域であつた。すでに新石器時代から、人類は定住農業の段階に入つていたとはいえ、その技術は幼稚なものであつたから、自然の條件に惠まれて生產に餘裕の生じ得たところにだけ、文明が生まれたのであつた。エジプトのナイル河の流域、メソポタミアのチグリス、ユーフラテス河の地方、インドのインダス河流域、中國の黃河流域、此の四地域が早く文明の芽ばえたところで、いずれも世界有數の大河の流域である。けれども大河流域の沃土に必ず文明が起つたわけではないことは、北アメリカのミシシッピ河の例で明らかである。以上の四地域のほか中アメリカのユカタン半島附近及び南米のペルーに自然に文明が生まれたが、こ

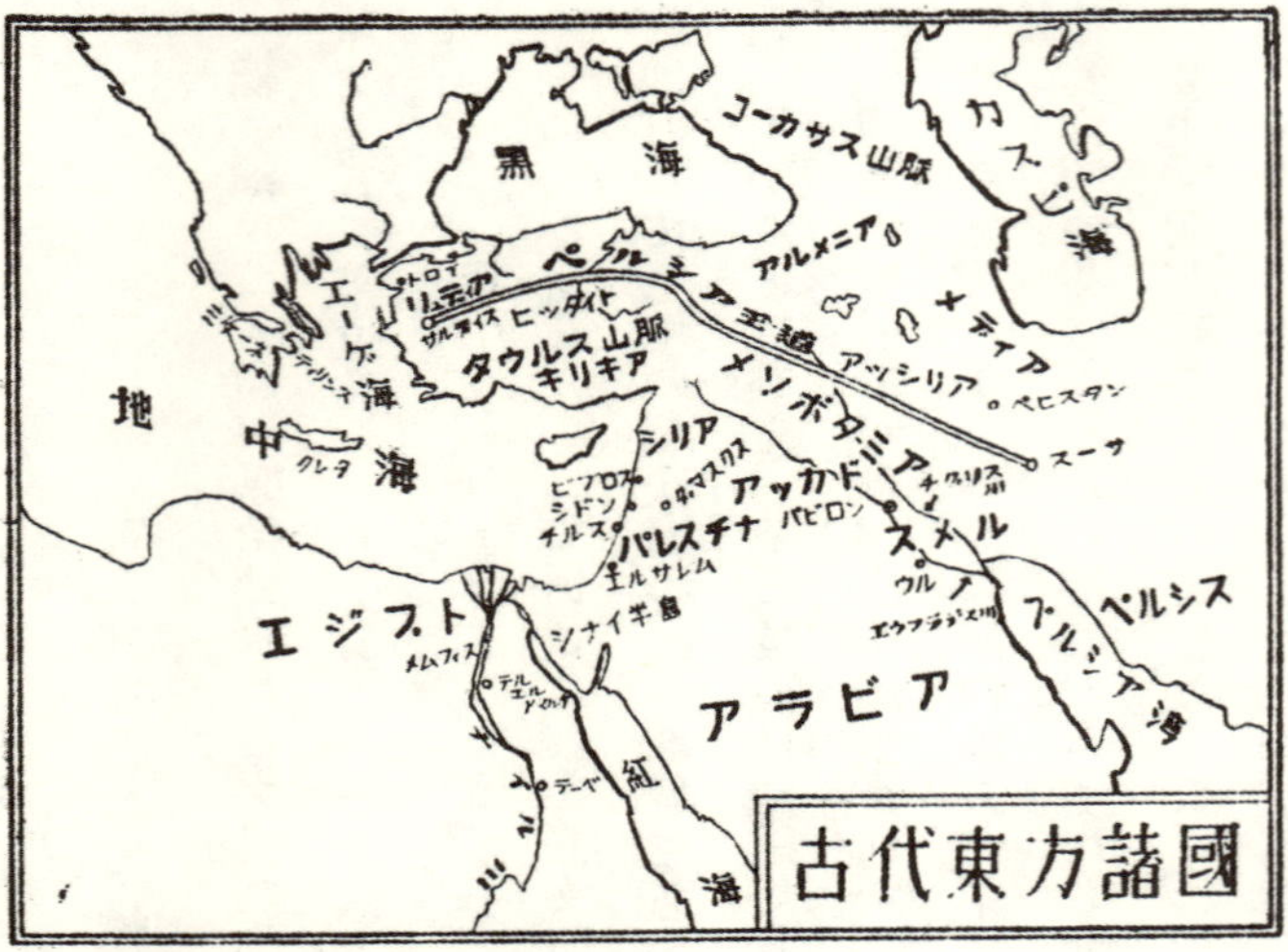

古代東方諸國

れらは大河の流域ではない。此の文明は他の四者とちがつて、非常におくれて發達し、エジプトの文明に似ているところがあるので、エジプト文明の影響の結果生まれたと考える學者もあるが、確證はない。

つまり早く文明の生まれたのはアジア大陸とアフリカ大陸の北東隅であつた。そしてアジアの中國文明とインド文明とは佛教を通じてのほかはあまり交渉がなかつたに反して、エジプトとメソポタミアの兩地方は早くから文化的、政治的の交渉をもち、さらに地中海の東岸のフェニキア、パレスチナの地方から小アジア、またイラン方面までが一つの文化圏をなすに至り、後には政治的にも統一支配に入つた。此の文化圏はヨーロッパ人から見て東方に當るので、「日の昇る所」を意味するオリエントの名で呼ばれる。

オリエント社會　古代東方諸國とも言われる此の地域の社會には、古代の東洋社會と相通ずるところがあり、その點は後に述べるギリシアやローマの都市國家の社會と比較して見ると明らかである。すなわちオリエントでは、平等の人格である市民の共同體という意味の都市國家が生まれず、全國土が國王の所有であつて、住民は身分の高下を問わず王の臣民とされた。また臣民の一部の官僚や神官は廣大な土地を領有し、王領やこれらの私領地は何等の自由のない隷農によつて耕された。現《あき》つ神と考えられて絶對の權能をもつ王の支配が、オリエント國家の一般的特色で、その點中國の天子の支配、過去の日本の天皇の支配と相通ずる。

かように王と少數の貴族、官僚、神官に對して住民の大部分が隷農の狀態にあり、中間の階級が生まれなかつた理由については、多數の原住農民の上に異民族が侵入して征服したためとの說明がある。しかしこのような征服關係はギリシア都市國家の成立の場合にも明らかに行われており、しかも此處では王政はおおむね早く衰えている。この征服說に對し、灌漑による農業、また大河の定期的氾濫の害を防ぎ、これを農業に役立たせる爲の治水事業がその統制者として絶大の王權を生んだとの說明がある。すなわち堤防、運河、貯水池などの大土木事業を行うには大河流域の全部落の共同作業を必要とし、その指揮者に絕對に服從することにより、はじめて東洋的專制王權は生まれたとする。官僚は專制王の意志の實行者であり、また氾濫の豫測をはじめ農業生產に重要な關係のある暦、言いかえれば天文知識の所有者としての神官が、かかる農業社會に特殊の身分として成長したとされる。時には王と最高神官とが一人により兼ねられている場合もあつた。そして中央集權による官僚支配は、やがて官僚、貴族の地方豪族化を生み、また外部の遊牧民族の侵入により、王權の衰微、ひいては新王朝の樹立を見るが、農業生產のために實際に勞働している農民大衆には、彼等から租税として農產品を取上げ、彼等を堤防工事その他の無償勞働に驅り立てる支配者が變つただけで、彼等の地位は根本的には變らなかつた。勿論オリエントにもフェニキア、パレスチナのように大河流域でない地域もあり、一概には言えないけれども、此の文化圈の中心をなすエジプト、メソポタミアの兩地方については右に述べたことが當てはまるのである。

オリエント文化　オリエント文化の一般的性格もかゝる社會生活により刻印された。たとえば、十九世紀以來この地域の文字が解讀され、無數の文書が讀めるようになつたけれども、そこには教訓書はあつても政治理論は見出されず、また宗教の日常生活に對する支配が甚だ强いために宗教文書は夥しいが、學術書の名に値するものは知られない。インド人が歴史記述をしなかつたのは著しい事實であるが、オリエントでも本當の意味の歴史家は殆ど生れなかつた。そして叙事詩とか物語とか、また澤山の彫刻が今日まで殘つているけれども、それと名の知られる文學者も藝術家も見出されない。個人として重要なのはヘブライの預言者を除けば諸國の專制的な王に限られるような狀態である。

二、エジプト

概觀　エジプトは東西を沙漠に、北方を海にかこまれた、ナイル河流域の細長い地帶で、農業の出來る面積は甚だ狹いけれども、ナイル河の夏季の氾濫によつて上流から運ばれた非常に肥沃な泥土により、肥料を與えなくとも毎年麥の豐かな收穫が得られた。ギリシアの歴史家ヘロドトスにより、此の國は「ナイルの賜」と呼ばれ、古代を通じ地中海一帶の穀倉であつた。住民はセム語系に近いハム語を語つた。

政治史　此の地形が異民族の侵入を容易に許さなかつたのと、農業に死活の關係ある治水、灌漑の必要とから、此處ではすでに紀元前三千年のころ統一國家が生まれ、それ以來約三十の王朝が交替した。これを通常古王國、中王國、新王國の三期に分ける。あの誰でも知つているギゼーの大ピラミッドの出來たのは、古王國の第四王朝時代のことである。ピラミッドは王の墳墓であるが、これによつて、如何に王權が强大であつたか、また多數の人間が王命のもと、强制勞働に驅使されたかが偲ばれよう。

中王國の末期にアジアからヒクソス人という遊牧民が侵入し、一時異民族の支配が續いたが、一五八〇年頃エジプト人が南エジプトのテーベから興つてヒクソス人を逐い、第十八王朝を樹てた。新王國の第十八、十九王朝がエジプト勢力の全盛時代であつた。その支配はシリア方面にまで伸びたが、同時に新王國時代にはテーベのアモン神の神殿の勢力の伸長が著しく、中央集權の實を失わしめるに至つた。

文明　前十四世紀に出たアメノフィス四世は世界最古の個性ある人物と言われている。此の王の所謂宗教改革は、アモン神神官仲間の勢力を抑える爲に企てられたが、王の一代を以て終つた。此の王の新都アマルナに因み、當時の藝術をアマルナ藝術と呼ぶが、それはエジプト藝術史の上で異色ある一時期をなしている。一般にエジプトの繪畫彫刻は、たとえば立像は人物が悉く正面を向いており、壁畫では必ず横を向いているように、一定の型にはまつた表現で、しかも時代の下ると共に樣式化が著しく、如何にも固定沈滯した社會の藝術らしい姿である。

農業を生命とする此の國の主神は太陽神ラー（アモン）で、國王（ファラオー）は此の神の子と考えられていた。ラーのほかにも多數の神々があり、動物まで神と見做された。死後の生活について深く心を使つたのも古代エジプト人の特色で、その結果「死者の書」というような宗教書が生まれている。また氣候が極度に乾燥しているのでミイラを作り、それを納める墳墓の造營に力を注いだ。エジプト人の文化的業績の中、後世に最も大きな影響を殘したのはその太陽暦であり、紀元前四千年以前から使用されたことがわかつている。太陽暦は後にローマに傳わり、現代の暦の基となつた。文字ははじめヒエログリフ（神聖文字の意）と呼ばれる象形文字を用い、後にはその略字體も使われた。しかし文字を習得することの困難は我々の漢字の場合と同じであり、文字を知る者は官吏や神官のみであつた。そしてエジプトの社會では官吏か神官でなければ人間らしい生活はできなかつた。かような文字を記したのはナイル河に自生するパピルス草から作つた紙で、土地が乾燥している爲に今日まで保存されたものが少くなく、それによつて、當時の知識の發達の高かつたことを知り得る。醫學的知識や、また氾濫減水後の土地測量から生まれた幾何學的知識などはなか〳〵見るべきものがあるが、それらは悉く實用的な知識にとどまり、後にギリシア人が到達したように、自然を法則に支配されるものと考え、直接の實用を超越した科學を生むことは不可能であつた。自然を、また人間を自由に考えるにはファラオーの力は餘りに大きく、宗教の束縛は餘りに强すぎたのである。

三、メソポタミア

概観　メソポタミアとは「河の間の地方」の意味で、チグリス、ユーフラテス兩河の流域を指すが、ナイルと異り二條の大河があること、地形上周圍の遊牧民の侵入が容易だつたことは此の地方の政治史をエジプトのそれにくらべて甚だ複雜ならしめた。またこの兩河の氾濫はナイルと異つて急激であつたから、往々大洪水となつた。後に述べるヘブライ人の舊約聖書の「ノアの箱船」の話で有名な大洪水も、此の地方のことを傳えたものと解されている。土地は肥沃で穀產に惠まれたが、他面自給自足の色彩の强かつたエジプトと異り、周圍の地域との通商の發達が著しく、地中海岸のフェニキア人のように航海商業に大活躍した民族を生んだ。

政治史　メソポタミア南部では、紀元前三千五百年頃から民族系統不明のシュメール人が多くの都市國家を作つたが、その王（パテシ）は同時にその國の最高神官であつた。北にはセム系統のアッカド人があつたが、その王サルゴン一世（二六五〇年頃）ははじめて地中海岸方面まで支配した。この支配が倒れて種々の民族の爭が續いた後に、セム系統のアモリ人（アムル人）が侵入してバビロン第一王朝を建設した。此の王朝のハンムラビ（一九四七―一九〇五頃）はバビロンに都して全バビロニアを支配したが、此の王が他の專制君主とちがつて有名なのは、彼がかなり發達した法典を發布したためである。今日世界最古の成文法とされるもので、此の法典は不明の點の多いメソポタミア社會を窺わしめるので甚だ貴重である。王自身はバビロンの太陽であり、臣民一般は「黑頭」と呼ばれているが、また時に「奴隷」とも呼ばれている。身分としては自由民たる「人の子」の下に賤民たるムシュケーヌムがあり、その下に奴隷があつた。ムシュケーヌムも奴隷を所有している。兵士は賣買を許されぬ封土の所有者として見え、商人の組合や貸金の利率の規定も見えている。刑罰は苛酷であり、また舊約聖書のモーゼの法に含まれる「眼には眼を」の規定の原型と思われる復讐法の精神に立ち、また被害者の身分に應じて加害者への罰が相違していることなど、未だ幼稚ではあるが、ともかく此の早い時代に詳細な成文法を作り上げたことは特記さるべきであろう。

セム語族がメソポタミアに强力な國家を作つていた時代に、小アジアではハッチ（ヒッタイト）の王國が興つてきた。小アジアから、クレタ島、エーゲ海方面にかけては、今日小アジア人と呼ばれる原住民がひろがつていたが、小アジアにはインド・ヨーロッパ語系の民族が侵入してハッチ王國を建設した。此の王國はメソポタミアを侵略してバビロン第一王朝を倒し、またシリア方面に南下して第十九王朝のエジプト勢力と衝突し、オリエント史上最大の會戰を行つたりしたが、千二百年頃トラキア人の小アジア侵入によつて滅びた。ハッチの文化はメソポタミア系であるが、楔形文字のほか未解讀の獨自の繪文字を有し、メソポタミア文化の西方傳播に貢献したと推定されるほか、オリエントにおける鐵器文化の創始者であつた點で重要である。

メソポタミアでは、その間東方からインド・ヨーロッパ語系のカッシート人が侵入して六百年ほど支配したが、やがて北方のセム語族に屬するアッシリア人が興り、後にオリエントを統一することとなつた。此のアッシリアの支配が未だ伸びず、ハッチ、エジプトの進出もなくなつた紀元前一千年前後、數世紀にわたつて地中海東岸のフェニキア、ヘブライの兩民族がその狭小な國土において獨特の活動を示したが、それについては後に讓る。アッシリア人ははじめバビロニアの盛時にはそれに屬していたが、武力に秀でて强大となり、ニネヴェに都し、しきりに四隣を攻略して遂にエジプトをも含む全オリエントを支配する空前の大帝國を建設した。しかしアッシリア人は被征服民族の統治に成功せず、異民族の叛亂が絶えず、國力は次第に衰え、六一二年ついに滅び、ここに新バビロニア、エジプト、小アジアのリュデイア(小アジア人系)、イラン高原のメディア(インド・ヨーロツパ語系)の四國の對立となつた。

しかるに六世紀の中ごろに、メディアに服屬していた、やはりインド・ヨーロッパ語系のペルシア人が、アケメネス家のキルスの下に獨立し、次々にこれら四國を滅し、ダリウス一世の時に至り、東はインドとの境から、西はエーゲ海北岸に及ぶ大帝國を建設した。これは中國の漢王朝、唐王朝の盛時にも劣らぬ大領土で、オリエントの官僚による中央集權專制政治の最も完備した姿を示した。屬州統治における文武長官の區別とか、「王の目」、「王の耳」と呼ばれる按察使の派遣、國道驛傳制の整備などにこれを見るのであり、異民族に對する態度も前代諸王朝にくらべれば穏和であつた。ペルシアは前三三〇年マケドニアのアレクサンダー大王により滅されたが、この様様の民族を含む廣大な地域を永く統治することができたのは注目すべく、ペルシアの支配がいかに巧妙であつたかが察せられる。

文明　此の地域の文化も、本質的にはエジプトのそれと相通ずるところが多い。第一に宗教の力が大きかつた。メソポタミアには多神教が行はれ、都市ごとに種々の神を祀つていたが、バビロン市が政治の中心となつた結果、その都市神マルヅックが多神教中の主神の地位に上つた。

此の地方には石材や木材が乏しいために、煉瓦で家屋を作り、またシュメール人以來セム人、ハッチ人、ペルシア人に至るまで、言語は種々異るが、楔形の文字を用い、これを軟い粘土板に刻みつけて文書を作つた。これらの粘土板は今日無數に出土しており、その解讀によつて、此の地域に前述の洪水說話や英雄ギルガメシュをうたつた叙事詩などのあつたことが分つた。此處でも天文的知識の發達は著しく、時間や角度の計數である六十進法も此の地方で生まれて今日に及んだものである。しかしやはり實用知識の領域を出ることができなかつたことは、天文の知識が天文學に至るまでに發達せず、むしろ時代が下ると、天體の運行が人間の運命を左右するという迷信の上に立つ占星術に化した一事がこれを物語つている。美術彫刻の類でも、アッシリアの浮彫に多少見るべきものがあるが、全般的に見て甚だ稚拙たるを免れなかつた。

四、フェニキア人とヘブライ人

フェニキア人　メソポタミア地方から眼を地中海に轉ずると、此處には同じ文化系統に屬しながら非常に異色のあつた二つのセム系民族、フェニキア人とヘブライ人とがあつた。フェニキア人はシドン、チルスその他の多くの都市國家に分れ、その社會組織は明らかでないが、盛んに航海、貿易を行つた。從つて地中海岸の諸處に、有名なカルタゴ市をはじめ、澤山の植民市をつくつたばかりでなく、大西洋岸、インド洋にまで進出したと考えられている。彼等の國土は狹少で、さしたる物產はなく、仲介貿易に榮えたのであり、古くは硝子やアルファベットが彼等の發明と考えられていたが、今日では單にそれらを西方に紹介したに過ぎぬとされている。表音文字もやはり彼等がその商業的活動の爲に便利にしたものであるが、今日のローマ字の親であるギリシア文字がフェニキア文字から生まれたことは確實である。

ヘブライ人　ヘブライ人はもと遊牧民であつたが、前千五百年頃パレスチナに定住し、その一部はエジプトの東北隅に一時移つた。しかし移住者はエジプト人の迫害に耐えかね、千二百年頃モーゼに率いられてエジプトを脫出した(所謂エクソーダス)。この民族の特色は多神教の世界にあつて、ヤーヴェ(エホヴァ)の一神教を固持したことにある。この神はもとシナイ山に宮居すると考えられた一の自然神であつたが、エジプト脫出からカナーン(後のイスラエル、ユダヤの地)に定住する困苦の間に、この神を唯一神とする信仰が生まれたかと言われている。しかしカナーン定住後も、異民族にひろく行われた多神教や偶像崇拜を禁止するのは容易ではなかつた。ヘブライ人は初期には王を戴かなかつたが、パレスチナ海岸の異民族ペリシテ人との抗爭の間に、前十一世紀頃王政となり、ペリシテ人を破つたダビテのとき都をイェルサレムに定め、國力大いに伸びた。次の王ソロモンは有名なエホヴァの神殿を建造し、外國と通商し、後世その榮華を謳《うた》われた。彼の地位はオリエントの一般專制君主の地位に通ずるものがあり、人民は王の土木事業の爲に强制勞働を課せられた。ソロモン王の死後、國は北部のイスラエルと南部のユダヤの二部に分裂し、南北兩王朝が對立し、ここに、この民族の、キリストの時代まで、否現代までも續く政治的不幸がはじまつたのである。社會的にも貧富の對立、殊に債務による自由民の奴隷化が進み、社會悪の廢除とヤーヴェ信仰による民族の結束を絶叫する預言者の活躍を見ることとなつた。しかしイザヤとかエレミヤとか有名な預言者の警告も効なくイスラエルはアッシリアに（七二二年）、ユダヤは新バビロニアに（五六八年）滅ぼされ、人民の大部分がメソポタミア方面に拉し去られた。

ユダヤ教の成立　その後ペルシアが新バビロニアを滅した時、バビロニアにあつたユダヤ人は許されて歸國し、イェルサレムにヤーヴェ神殿を再興し、ここに新にユダヤ教が生まれることとなつた。ユダヤ教はヤーヴェの一神教であるが、うち續く政治的困難の中にあつて、ヘブライ人のみを此の神の選民であるとするに至り、またダビデの王國を再現し、ヘブライ人が他民族に號令するようにする救世主（メシア）がいつかは現れるとの觀念が生まれた。後にキリスト教にもとり入れられた「最後の審判」というような考え方もユダヤ教となつてから見られたものであるが、これはペルシア人の宗教の影響である。ペルシア人は他のオリエント諸民族と異り、光明神で善の創造者たるアフラマヅダと、暗黒や惡の創造者たるアーリマンの二神對立を認める二元的で倫理的色彩の濃い宗教を信じていた。その開祖ゾロアスターに因み、ゾロアスター教といい、また祭儀に火を神聖視したので拜火教とも呼ばれる。アフラマヅダにくみした者は最後の審判のとき樂園に赴くとされたが、「最後の審判」と共に善惡の神の二元論もユダヤ教に影響して天使と惡魔となり、これまたキリスト教にのこつた。

ペルシア帝國がアレクサンダーに滅されて後も、ユダヤは强國に挾まれて、政治的にはみじめであつた。一時ギリシア風文化に心醉する者がとくに上層階級に出たが、これに對する國粹的反動が起り、その頃から宗教行事や日常生活についての律法の煩瑣な規定を重んずるパリサイ人《びと》が生れた。信仰のこのような外面化、形式化の中に出たのがイエス・キリストだつたのである。

オリエントにおいて文字の使用は早くから行われたから、無數の文書、記錄類が生まれたが、それらは古代に既に讀めなくなり、十九世紀以來ヨーロッパの學者の苦心の結果ようやく判讀されるに至つた。しかしここにただ一つ例外がある。それはユダヤ人の殘した舊約聖書であり、これは早くギリシア語に譯され、キリスト教がひろまつたとき新約聖書とともにキリスト教の二大經典となつたため、永くヨーロッパ人の精神の糧《かて》となつた。これは古い要素や新しいものなどの混合した大きな書物で、ヤーヴェによる天地人間の創造の物語、大洪水の話、有名なモーゼの十誡をはじめ、歷史記錄や預言者たちの警《いまし》めの言葉などを含み、西洋の文學や美術を理解するためには、舊約聖書を讀んでおくことが極めて大切である。

五、中國の原始文明

文化の黎明　さて眼を東アジアの地に移そう。東アジアで最も早く文明のおこつたのは黃河の中流域であつた。黃河中流域はいわゆる中原の地で、新石器時代にはその住民は相當大きな聚落をなし、竪穴《たてあな》に住んで、農耕生活の一歩をふみ出していた。彼等は壺型、鉢型、高坏《たかつき》型の各種の土器と共に、穀物を蒸《む》すのに便利な鬲《レキ》や鼎《テイ》などの三足土器を使用した、これらの土器はシナ原始土器（灰陶）の名で知られ、**中でも三足土器は中原農耕民の創作にかかり**、その文化圈を特徴づけたものである。

然らばこの新石器時代における黃河中流域の農耕民は、如何なる系統のものであつたろうか。これについては種々の議論がなされたが、骨格を研究した結果、現代の中國人に酷似し、原シナ人（Proto-Chinese）とでも呼ぶべきものであることが判明した。しかし彼等は決して孤立したものではなく、少くとも或る時期には西方と密接な經濟的、文化的交渉があつたことは疑ない。彼等の獨特な三足土器と共に、確かにオリエント方面に起つたと思われる彩文土器を少なからず有していることがこれを證明する。從つて新石器時代の或る時期に、彩文土器をもたらした西方人が、中原地方に移住して來て、そこの原シナ人に同化されたと推測できよう。一方このことは既に彼等農民の間に相當の程度にまで富を蓄えたものが出て、かなり遠距離との商業的活動も開始されていたことを物語るものであろう。

黑陶文化　黃河中原の農耕民は次第に經濟的、文化的に發展し、その農耕的聚落のうちに都市の萠芽が認められるに至つた。この大聚落の發生には、オリエントの場合や中國の古傳說などから推測して、灌漑排水など農耕に必要な協同作業が與つて力があつたろうと考えられているが、實際はそれよりも寧ろ聚落相互の間に漸次大規模な爭鬪が行われ、その結果共同防衛の必要が生じたことによるのではあるまいか。要するに新石器時代の最末期あるいは金石併用時代に至れば、相當大規模な壘壁で全體を防備した大聚落が現われ、住民も多くは穴居生活より地上の家屋生活に移つたのである。當時は骨器や石器などの製作技術も一段と進歩し、殊に農具類の數量が增加して、穀物の收穫高も格段の增加を見たに相違ない。しかし特に注意すべきは製陶技術の著しい發達である。このころから黃河中原には、從來の灰陶と共に、その土器形式に彩文土器の燒き方の技術を應用して考案された黑色土器（黑陶）が盛行した。その形も複雜となり、いろ〳〵の形が現われた。また一部には獸骨による卜占（うらない）も行われ、文字らしい記錄も使用されはじめたようである。

この黑陶によつて特徵づけられる文化圈は、東は山東半島から河南、山西南部を經て、西は陝《セン》西《セイ》の西部に達し、北は遼東半島に影響を及ぼし、南は浙江の北部を包含した。このことは黃河中原人の建設した農耕的文化圈が四方へ擴大發展したことを示す。ただ、ここでその中心地が比較的東の方、すなわち山東方面にあつて、そこより海岸傳いに南北に波及したと解釋し得ることと、一方黃河上流域方面が全くこの文化圈の外に立つたことは、注目すべき事實であつた。

かくて小聚落から大聚落、卽ち都邑へと發達した黃河中原人の社會は、やがてその各地に大小の國家を形成するに至る。更にこれら國家群の間に他を壓して優位を占めた覇者も現われた。東アジア史上における最初の確實な王朝たる殷《イン》王朝はまさにそれである。

六、インドの原始文明

アーリア人のインド移住　アッシリア、バビロニアのあとを受けて西南アジアの廣大な地域に大統一國家を建てたのはペルシアであつた。イラン高原の南部から起つたこの國は、バビロニア王國を征服し、西は小アジアを従え、エジプトを平げ、東はインドの西部を領有し、その王ダリウスの時代に最盛時をむかえた。

もともとインド・ヨーロッパ語系の民族は、おそらくは中央アジアの方面から南下したらしく、その一部がイラン地方にペルシアを起し、他の一部がインドに移住した。インド文化の主流をなすのはこのインド・アーリアの文化である。アーリアとは彼等が自らを呼んだ名稱で、イランというのも同じ語源から出た言葉である

インドの民族は現在に至るまで頗る複雑である。アーリア人がインドに發展した際に接觸した主要な民族としては、少くもドラビダ民族と南アジア民族（オーストロアジア）との大きな二つの系統がある。ドラビダ族は現在南インドに據つており、タミール族の如きはその代表的なもの

で、古くはその勢力が廣く北方にひろまつていた。南アジア民族は、現在北部インド、アッサム、インドシナ、マライ半島などに點々と島嶼の如くに殘つている民族で、インドのムンダ人、インドシナのクメール人（カムボジャ人）などがこれに屬しているが、かつてはインドの中部西北部にも廣まつており、東は日本人とも接觸したことがあるのであろう。日本語の中には南アジア語系の單語が發見される。インド・アーリア人はこれらの民族を征服しつゝ發展したものである。

インダス文明　しかしこのアーリア人のインド侵入以前、今から約五千年も前にインダス河の流域には既にすぐれた文明の華が咲いていた。この地方の遺蹟（モヘンジョダロなど）が考古學的に發掘された結果として、石器と金屬器とを併用していた時代の都市の存在が明らかになつた。家は煉瓦を以て築かれ、道路は鋪裝してあり、下水や浴場の設備がある。そして相當に設備のよい一般の住家が相連なつて立ち並んでいる。メソポタミアなどの古代の都市では神殿や王宮が特に大規模に構築され、一般の民家の發達が見られないのであつて、これと比較すると、この都市の樣相には著しい特色が認められる。インダス文化は西方のシュメール文化と密接な關係があり、文字を持ち、遠隔の地との間に物資の交流が行われていた。但しこの文化を興した民族の系統はまだ明確でないし、文字の解讀も充分にできていない。インド・アーリア人の文化とインダス文化とは全くその性質を異にしているが、インダス文化の要素の中には、後のインド文化に攝取されたものも認められるのであつて、インド教のシヴァ神の信仰の如きはその起源をインダス文化に求めることができる。

七、アメリカ大陸

アメリカ原始文明　これは謎のような文明である。中國やインドのように古くおこつた文明の系統が今日に生きのこつていればその起源もたずねやすく、オリエントの文明のようにその言葉が一度死滅しても今日學者が判讀出來れば研究が進めやすいが、アメリカ大陸の原始文明は全く考古學的な遺物だけで判斷するよりほかないから、學者により種々の解釋がなされているのである。これらの文明を生んだ人々は、人種系統からいうとモンゴル系とされており、アメリカン・インディアンと同様に、ベーリング海峽が未だ陸續きだつた時代に、シベリア東部から北アメリカ大陸に移り、ついで中米および南米にひろまつたものと思われる。

マヤ文明　中米のマヤ文明は一種の繪文字を發明し、ピラミッドや天文臺を造り、また暦をもつていたことがわかつているが、その文字はまだ解讀できない。その盛時は、今まで見たオリエントの場合とくらべて非常におくれ、紀元六世紀と紀元一千年頃の二度であつた。遺跡には奇怪な彫刻が多く存し、シュメール人の都市に見られたように、神官が同時に政治的支配者ではなかつたかと考えられる。此の文明は千二百年頃メキシコ平原から侵入したインディアンのために滅びたが、メキシコのアズテック族がこの文明を繼承して、新大陸發見後イスパニア人に征服されるときにまで及んだ。

インカ帝國　インカ帝國は南アメリカ西部にあるペルーのクスコ市を中心とした強力な王國であつた。此處はアンデス山脈の傾斜面であるが、斜面に石の土どめ工事を施して農耕した。オリエントで見たような大河の流域ではないが、すばらしく大きな石を用いて土どめの堤防や數哩に及ぶ水路を作つて農業を營み、また石造の神殿や宮殿を造つている。アメリカ大陸の土人は車というものを知らなかつたので、土木のための石は山から多分人間の力で牽《ひ》いてきた筈である。此處では文字の使用は遂に知られなかつたが、青銅器を使用するに至つた點はマヤ文明より進んでいた。インカ帝國の社會については種々に説明されているが、その一つによれば、國土は三分され、一部はインカすなわち支配者のもの、一部は太陽神のもの、一部は人民のものであつた。そして人民は終生自分の職業にしばられ、移動の自由もなかつたとされている。この人民の立場はオリエントの臣民のそれと通ずるように思われる。インカ帝國は十六世紀の前半にポルトガル人の征服にあつて滅び、その社會制度も崩壞した。

かように新大陸は舊大陸に比して社會の進歩が甚だしく立ちおくれ、結局ヨーロッパ人の文明に負けてしまつた。此の大陸にはとうもろこしの他には米、麥のような穀物がなく、また家畜として利用出來る動物が殆どなかつた。これがアメリカ土人の社會、ひいては文化發展をおくらせた根本の理由と思われる。

第二節　自然に文明の起つた地域

第二章　古典文明の生成

第一節　ギリシア文明

一、ギリシア世界の成立と發展

概観　ヨーロッパ文化の傳統はヘレニズムとヘブライズムにあると言われる。それはギリシア精神とキリスト教精神ということであり、キリスト教はヘブライ人のユダヤ教の地盤の上に生まれたのでヘブライズムというのである。それ故さきにオリエント社會の特別な産物として述べたヘブライの宗教は、西洋文明に至大の役割を果すのであるが、それも後にキリストが出て新しい生命をこれに吹き込み、たまたま當時のユダヤがローマ帝國の一部に入つていたために西方への布教が容易だつたからであつた。若しキリストやパウロが出なかつたならば、ユダヤ教は全く單にオリエントの數多い宗教の一つに終つたであろう。

オリエントの社會はむしろ東洋の古代國家のそれに共通なものを多くもつていることは先に述

べた通りであり、本當に西洋らしい社會、從つて政治、文化の生まれたのは、ギリシア人が文明に入つてからのことである。それはギリシア人にあつては、オリエントの社會、ひろくは東洋の古代社會に見られなかつたポリスという都市國家が出來て、一人の專制王や特權ある祭司の支配の代りに自由な市民團が形成され、宗教によつて日常生活一切が束縛されるようなことがなかつたからである。きわめて狹いけれども一家を支えるに足る土地をもち、それを自ら耕したり、奴隷に耕させたりして、自由なまた暇のある生活を送り得るものが市民の間に多數に存在した。そしてかような人々が、東洋風の隱遁とはまさに逆に、市の廣場やお互の家で政治や學問や文藝を論じ得たこと、これがギリシアにあのように高い文化の生まれ得た根本の理由と思われる。

ギリシアの風土　このギリシアの土地はエジプトやメソポタミアとは全くちがつた風土で、舟航のできる河はほとんどなく、灌漑農業を行うべき沃野もほとんどなかつた。その上にギリシアの本土、つまりバルカン半島の南端の、昔ヘラスと呼ばれた地方は山また山で平野は全面積の五分の一位に過ぎなかつたから、穀物は常に不足がちであつた。しかし果樹の栽培には甚だ適し、たとえば酒と言えば葡萄酒ときまつていた。山の多いという地形は、紀元前二千年代の末頃から紀元一千年頃までの間に此處に侵入して定住したギリシア人が、原始の氏族社會を脫して國家生活に移るに當つて、國家の領域を狭いものとし、實に多數の都市國家を形成せしめた。海岸線は非常に複雜で、東のエーゲ海には小さな島々がたくさん連つて小アジア西岸に及んでいる。この島々も小さなのは一つの都市國家となり、クレタ島のように大きなものは、その中に澤山の國家が分れて出來た。

ギリシア人はローマ人やドイツ人と同じくインド・ヨーロッパ語族に屬し、バルカン半島から南下定住したはじめには、他の原始民族と餘りちがわぬ社會をもつていたらしい。彼等は占領した土地を自分等征服者の間に平等に分配する習慣があり、このことがギリシア市民の自由や後に發達した民主政治の出發點となつた。無論ギリシアの文化も單にギリシア人の力のみでつくられたのではない。それにはオリエントに古くから種々の實用的知識が生まれていたことが非常に役立つた。このことは、たとえば小アジアのギリシア植民地イオニアのタレースが前五八五年の日蝕を豫言して的中したという人類科學史上の劃期的事實について考えただけでも明らかで、この豫言のための材料は、バビロニア方面の永い年代にわたる天文記録であつたにちがいない。

先進文化の攝取とエーゲ文明

しかしギリシア人にとつてはもつと手近いところに文化生活上の教師があつた。それはクレタ島のクノッソスを中心とし、ギリシア本土のミケーネ、チリンスや中部ギリシアからあのトロヤ戰爭の傳說で有名な小アジアのトロヤにまでひろまつていたエーゲ文明であつた。この文明のことは十九世紀後半以後ようやく明らかになり、クレタの繪文字はまだ解讀出來ないのでその社會も一向明らかでないが、クノッソスの大きな宮殿の遺跡から推して强力な王の支配があつたらしく、前二十—十三世紀がこの文明の盛時であつた。鐵器の使用はギリシアでは、おくれて南下したドーリス人がもたらしたので、エーゲ文明は靑銅器文化以上に進まず、その文明はオリエントの影響を受けながら獨自の發展を遂げ、とくに陶器、壁畫に見られるように繪畫に秀で、その寫實性や運動表現などはオリエントのものと本質的にちがつている。クレタ島でこの文明を生んだのは前述の小アジア人であつたが、この文明の末期はギリシア本土に榮え、その頃にはすでに早く侵入したギリシア人が定住していた。ギリシア人の文明にいかにエーゲ文明が影響したかは、ギリシア語の中に小アジア語系の借用語が澤山あることで明らかである。

ギリシア人はその方言の差によつてイオニア人、ドーリス人、アイオリス人その他に分れていた。アテネはイオニア人の、スパルタはドーリス人の最も有力な都市國家で、これらでも日本の一縣位の大きさであつた。アテネから山一つ越えると、向うはまるでちがう方言を語る外國という有様で、都市國家の間には戰爭の絶え間がなかつた。しかし根本において共通の言語、宗教をもち、またホメロスの詩篇はあらゆる都市でうたわれ、オリンピアの祭には各都市から人があつまり、デルポイの神託は各都市により求められた。從つて一民族としての感情は失われず、異民族は「聞き苦しい言語をしやべる者（バルバロイ）」としてこれを輕蔑した。後にはオリエントの民が專制君主に臣屬していることが、自由なギリシア人との根本の差異と見做された。

政體の變遷　勿論ギリシア人もはじめは各都市で王を戴いていた。しかしこれは原始社會の王の繼續であつたから、東洋風の專制君主ではなく、やがてスパルタのような例外を除いて、王政はなくなり、貴族の支配がこれに代つた。貴族は土地財産において他にすぐれ、騎兵として戰時に活躍したもので、だいたい紀元前七世紀頃までは、自由人の一部に過ぎぬ貴族が、政治の上ではばをきかしていた。

植民市の建設　ところで八世紀中葉から六世紀中葉にかけて、ギリシア人は大規模な植民運動を行つた。早くから小アジアの西岸にはアイオリス、イオニア、ドーリスの三植民地が出來、澤山の都市國家が相連つていたが、今度は本土や小アジアの個々の都市が、各々獨立に黒海岸、地中海沿岸に植民したのであり、イオニアのミレトスの如きは黒海方面に多數の植民市をつくつた。

新しく出來た都市の中にはビザンチウム（今のイスタンブール）やマッシリア（マルセイユ）のように、今日まで大都會として榮えているものがある。この植民はギリシア人の見聞をひろめ、その世界觀の形成の上にも大事な役割をなしたが、その社會の變化を促した點も大事である。

社會的政治的變動　ギリシア人の植民市は近世の植民とちがつて新しい獨立國家の建設であつたが、ギリシア人の廣い世界への進出の結果商業取引が發達し、購買奴隷も多數もたらされることとなつた。紀元前七〇〇年ごろに小アジアのリュディアで今日の意味の貨幣が使われはじめ、やがてギリシア人の間に貨幣經濟が普及し、手工業もこれにつれて盛んとなつた。その結果甲冑が今までより安く入手できるようになり、中小土地所有市民の重裝密集步兵部隊が國防の主力となつて、貴族の政權が動搖してきた。他方貨幣の流通は、借財のために自由人から奴隷の身分におちいるものを生み、大きな社會問題となつた。

これから民主政の完成するまでには種々の興味ある政治現象が見られる。その一つは僭主（タイラント）の出現であり、これは貴族權力の動搖と民衆の不滿に乘じて獨裁權を握つた人物で、名門出身のものが多かつたが、非合法な一人支配だつたから、その地位を孫まで傳え得たものはなかつた。初代のタイラントは必ずしも暴君ではなく、アテネのペイシストラトス（六世紀半頃）

などは小農の地位を保護して民主的と言われた。また貴族、平民両派の爭を市民の依賴により調停する者も出た。六世紀はじめのアテネのソロンの活動はこれに屬し、彼は財產の大小に應じて市民の權利と義務を定めた。

民主政の第一段階　このように中・小地主の參政權が伸び、五世紀のはじめ頃までは重裝步兵たる土地所有者の間の民主政治の時代であつた。スパルタでも市民はすべて一定の土地の所有者で、この制度の保たれた間、スパルタはギリシア第一の陸軍國とうたわれた。

債務奴隸については、ソロンが身體を抵當にとつて貸金することを禁じ、この法がギリシア人の間に普及したので、ギリシア文化の高潮期たる五、四世紀には、生產のために、また家庭の下僕として使われた奴隸は、商品として輸入された異民族であつた。スパルタやクレタのドーリス人諸市では、被征服民である原住ギリシア人が一般の奴隸とちがつて家族をもつことを許されて代々農業生產に働いた。

ペルシア戰役　このように制限された民主政治が生まれていた時に起つたのが、有名なペルシア戰役であつた。前五〇〇年にイオニアのギリシア人はペルシアの支配に反抗して立つたが失敗し、ペルシア王ダリウス一世はイオニア人を應援したアテネを討つため軍を送つた。ここにペルシア戰役が始つたのである。しかし、六世紀末に僭主政を倒し、クレイステネスのオストラシズム（陶片追放）その他の民主的改革で意氣上つたアテネ市民は、マラトンの戰でこれを擊破した（四九〇年）。そこでダリウスの次の王クセルクセスはみづから大軍をひきいてギリシアに侵入した。スパルタとアテネとは力をあわせてこれに當り、アテネのテミストクレスの指揮した海軍は、ペルシア海軍をサラミスの海戰に大いに破り（四八〇年）、翌年陸上でもギリシア連合軍は勝利を得たのである。ここに至つてはペルシアも武力を以てギリシアを征服することを斷念するほかなかつた。ペルシア戰爭はオリエントと西方との大決戰であり、ギリシアの勝利は專制政治に對する市民團の自由・獨立の勝利であつた。ペルシアが勝利を得た場合にも、ギリシア都市國家の社會を變革することは出來なかつたであらう。

アテネの隆昌　しかしこの民族的な試煉にうち克つたことが、前五世紀のアテネを中心とする**民主政の徹底**　るギリシア文化最高潮期をもたらしたのは疑を容れない。ペルシア戰爭に最も功績のあつたのはアテネであり、海戰に軍艦を漕いだ無產市民の發言權が俄に增大した。これによつて民主政治が徹底し、財產の有無に拘らず市民一般の總會たる民會が國政に最終決定權をもつような政體がアテネに生まれ、他の諸市にもひろまるに至つたのである。この政體では、役人は任期一年、その選出は選擧のほかに抽籤によつた。今日の民主政とちがう點は參政權が成年男子たる市民のみに限られたことである。アテネが民主政治の模範となつたのは有名な政治家ペリクレスの力によることが大きかつた。アテネはペルシア戰役における功績の故に、ペルシアの復讐に備えてエーゲ海岸の諸市を集めて作つたデロス同盟の盟主となつていたので、その共同資金をペルシア戰爭で破壞されたアテネ市の復興や無產大衆の政治參與のために流用することが出來たのであつた。五世紀中ごろ所謂ペリクレス時代のアテネは、古代民主政治の最も華々しく實現した時代であり、また學藝において最高の作品が次々に生まれた時代であつた。

ポリス社會の變化　しかしアテネの繁榮は永續しなかつた。ペロポネソス半島の覇者だつたスパルタとの間に、やがて二十七年（四三一年—四〇四年）にわたる大戰役が起つたが、ペリクレス亡きあと、民主政治は煽動政治家に操られる衆愚政治となり、ついにアテネの屈服となつたのである。紀元前四世紀のギリシアは都市國家の分立抗爭の弊害の最も著しかつた時代で、老大國ペルシアは黃金の力でギリシア政局を左右し、漁夫の利を得ていた。殆ど慢性的戰爭狀態による農業の荒廢、都市國家內部の黨爭の結果としての多數市民の亡命、貨幣經濟の進展による貧富の差の增大と傭兵使用の流行とは市民皆兵の原理に立つたポリス的生活を崩壞に導きつつあつた。

このとき擡頭したのがギリシアの北方にあつたマケドニア人であつて、アテネの雄辯家デモステネスの努力も及ばず、アテネ、テーベの連合軍がその王フィリップ二世に敗れたため、スパルタを除くギリシア本土の都市はすべてマケドニアの實權下に立つこととなつた（三三八年）。既に早くからマケドニアの力で東方のペルシアを討つべしとの聲はギリシア人の間に上つていたが、これを實行したのがフィリップの子アレクサンダー大王であり、この無比の名將によつてオリエントの天地がギリシア人に開かれることとなり、ここにギリシア人はヘレニズム時代と呼ばれる新しい時代を迎えたのである。

アレクサンダー　アレクサンダー大王は前三三四年ペルシア遠征の途に上り、ペルシア軍に連戰連勝してエジプトに入つた。かくてナイル河口にアレクサンドリア市を建てた後、東に轉じてアルベラの戰にダリウス三世を破り、三三〇年ついにペルシアを滅した。大王はさらに東進してインドに入つた後、バビロンに凱旋し、ギリシアとオリエントに跨る大帝國の支配者となつたが、その政治的手腕を示す前に病死した（三二三年）。

大王の死後その部下の諸將が相爭い、永く戰亂が續いたが、前三世紀に入り、エジプト、シリア、マケドニアの三國が對立した。ギリシア本土はその間に處する爲に、二つの都市同盟を作つて自衛につとめたが、經濟的、文化的繁榮はエジプトのアレクサンドリアを中心として東方に移つたので、東方への移住者が多く、ギリシア本土は衰頽の一路を辿つた。エジプトはプトレマイオス王朝の下にオリエント風の中央集權國家を形成し、首都アレクサンドリアでは王室の保護のもとに學藝が大いに榮えた。シリア王國のセレウコス家はその廣大な版圖に多數のギリシア都市を建設したが、イラン方面の領土はパルチア（安息）、バクトリア（大夏）兩國の獨立により失われた。ヘレニズム時代の三王國は自家の勢力の擴大に汲々として、西方のローマの實力をさとらず、互に結束してこれに當ることを怠つた。從つて前二世紀の前半にマケドニアが滅され、シリアも領土の大半を失い、エジプトもローマの實權下に入り、前一世紀にこれらの兩國も滅びて、ギリシア人は悉くローマの支配に服することとなつたのである。

しかしこの三百年の間に、ギリシア人はオリエントの古い文化の傳統の世界に大いに進出し、アレクサンドリアをはじめ、シリア王國の首都アンチオキア、小アジアのペルガモンなどがギリシア風文化の中心として榮え、メソポタミア方面までギリシア文化は普及して、こゝにオリエント風とギリシア風を結合した新文化が生まれることとなつた。これをヘレニズム文化と言い、その影響は遠くインド、さらに日本にまで辿られる。それならば本來のギリシア文化とは如何なるものであつたろうか。

二、ギリシア文化

概観　ギリシア文化は、東方先進國からの刺戟を無視しては考えられないが、その本質はこれと全くちがつたものであつた。それは專制的な王の支配、また宗教の强大な權力の下では生れ得なかつたもので、要するにポリス市民の自由の意識、現世肯定の世界觀の上でのみ可能なものであつた。自然と人間についての合理的な考察、肉體と精神との調和の尊重、これらはみな市民共同體の公共生活の中で生まれたのであつた。人間個性の自覺も亦はじめてギリシアで見られたものである。しかし近代の個人とちがつて、ギリシアの個人はあくまでポリス共同體の一員としての個人であり、ポリスという共同體の支配力は極めて大きかつたことを忘れてはならない。尤もヘレニズム時代になつて、ポリスの完全な獨立が失われると、ポリス的生活の價値を否定し、個人の安心立命を說き、世界市民の立場を主張する哲學も生まれたが、現世肯定的な考え方は、古代末期にキリスト教が勝利を得るまで古代市民の世界觀の基調をなしていた。

宗教　このことはギリシア人の宗教、神話を見れば明らかである。ギリシア人の宗教はヅェウスを主神とする多神教であるが、此處ではオリエントのように特權的神官身分は生まれず、市民が一年交替で神職に就いた。そして神々はオリンポス山に宮居して、完全に人間と同じ姿をし、人間と喜怒哀樂を共にするものと考えられていた。宗教の專門家がなかつたと同時に、キリスト敎やイスラム敎のように固定的な經典がなかつたから、人々は自由に神々を解釋することが出來た。文學的にも極めて價値の高いギリシア神話は、このような宗教生活の中から生まれたのであつた。神々は、ギリシア最古の文學であり人類最高の詩篇の一つとされるホメロスの「イリアス」、「オデュッセイア」の叙事詩でも大いに活躍する。ホメロスがどんな人だつたかは明らかでないが、紀元前九世紀の人との傳えがある。神話を體系づけたのは七〇〇年頃のヘシオドスで、彼にはまた「勞働と日々」という詩があり、勤勞の尊さをうたつたが、奴隷制度の古代社會では、實際には勤勞を餘儀なくされた市民が澤山あつたけれども、このような人世觀は支配的になり得なかつた。貴族支配の動搖した頃から、個人意識の目ざめによつて抒情詩が生まれ、古代では例外である女流詩人サッポー、酒の德をたたえたアナクレオン、オリンピア、デルポイの體育競技優勝者への頌詩で知られるピンダロスをはじめ、澤山の詩人が出た。次いで演劇の隆盛期となり、殊にペルシア戰役の勝利に誇るアテネでは、アイスキュロス、ソポクレス、エウリピデスの三大悲劇詩人が出てこれを大成した。悲劇の題材は殆どすべて神話傳說であつたに對し、喜劇は當時の政治、人情を諷刺し、アリストパネスを以てその代表とする。これらの劇は俳優と合唱團により演ぜられ、外見的には日本の能樂などと似たところがあるが、それが酒の神ディオニュソスの祭典の國家的行事として、露天の公共劇場で市民大衆を前にして行われ、且つ劇作家の競演であつて、市民の中から選ばれた素人が投票して作の優劣を定めた點、まさにポリス的生活の產物であつた。それ故ポリス的社會の衰頽と共に劇も生氣を失い、ヘレニズム時代の初めにアテネで新喜劇のメナンドロスが出た位であり、ヘレニズム時代にはアレクサンドリアで訓詁《クンコ》の學は榮えたが、新しい文學的創造は前三世紀のテオクリトスの田園詩位のものであつた。

美　術　神々を人間の姿で考え、同時に人間の肉體に價値と美を認めたこと、これがギリシアの彫刻を比類なき作品たらしめた。生きている人間の觀察から、オリエントに見られぬ寫實性が生まれた。しかし神々の像は單なる寫實に止まることは出來ない。そこには一つの理想が加わらねばならない。紀元前五世紀のギリシア美の性格は均齊と調和にあつたとされるのはそのためである。有名なパルテノン神殿のアテナ女神像に崇高な神像の模範的作品をのこしたアテネのフィディアス（五世紀）、また女神裸像で知られるアテネのプラクシテレス（四世紀）、パロス島出身のスコパス（四世紀）などが名匠中の名匠であつた。四世紀には神像も著しく人間味を増したが、ヘレニズム時代には此の傾向が一層進んだ。誰でも知っているミロ（メロス島）のヴィーナスは此の時代の作である。またこの頃には均齊と調和が忘れられ、技巧の末に流れた。

建築　均齊の尊重はギリシア建築においても同様で、その柱の様式は今日の西洋建築にも生きている。主として柱の様式によつて莊重なドーリア式、典雅なイオニア式の區別が生まれ、四世紀頃から華奢で優美なコリント式が流行した。五世紀の中ごろに、ペルシア戰爭で破壞されたアテネのアクロポリスのアテナ女神殿を再建したのが、古今建築美の極致と言われるパルテノン（「處女神殿」の意味）で、これはイクチノスの設計によつた。

歴史記述　ギリシア人の學問も彼等のポリス的生活と密接に結びついていた。理想の市民は暇をもつて政治、軍事に當るべしとする人生觀が支配し、歴史家自身が都市の政治生活に關係していたので、彼等の歴史記述は政治史、軍事史であつた。そして政體の循環というような史觀すら生まれたが、オリエントの年表風の記録ではなくして、個々の重要事件を主題とする個性ある歴史記述を生んだ點が重要である。小アジアのハリカルナッソスの人ヘロドトス（四八四頃―四二五頃）は廣く各地を旅行し、ペルシア戰役を主題とする史書を著して「歴史の父」と呼ばれる。その書には彼の見聞したオリエントの風俗や歴史が多く織り込まれており、物語り的な記述なので頗る興味が深い。アテネのツキュディデス（四七一頃―四〇一頃）はペロポネソス戦役の歴史を書いたが、批判的で史實の正確なる點、後世の範となつた。ヘレニズム時代では、前二世紀のポリュビオスの歴史が最も重要である。これはローマの世界支配確立を中心とした世界史で、政體循環の史觀に立つている。

哲學、思想　ギリシアの學問の中で後世への影響の點では哲學が第一であろう。哲學ははじめ自然科學と未分離の形で小アジアのイオニア、殊にミレトスに發達した。これをイオニアの自然哲學といい、萬物の根元の追求が重要な題目とされた。此の學派によつて自然現象を神話的說明から解放し、法則に支配されるものと考えることがはじまつたのである。ミレトスには、日蝕豫言でも知られるタレース（六世紀前半）が出て、萬物のはじめは水であるとした。ピタゴラスの定理で知られるピタゴラス（六世紀後半）は南イタリアに學園をひらき、此の學派はとくに數學を尊重した。その他辯證法を說いたエペソスのヘラクレイトス（五四四頃―四八四頃）、元子論を創唱したアブデラのデモクリトス（四六〇頃―三七〇頃）などが初期の哲學者として有名である。

前五世紀民主政治が流行した頃になると、青年子弟の立身出世に必要な辯論術や修辭術を教える職業的教師たるソフィスト（「智者」の意）が現われ、人々の關心が人間とその制度、風習などに移つた。彼等は多くのポリスを遍歷して教授し、その傳統に對する批判的な言説は青年たちに大いに歡迎された。しかしその議論は相手を說得することを目的とし、道德律も國法も相對的價値しか持たぬとの主張すら行つた。

かようなソフィストに對して、客觀的眞理の實在と知德合一を、獨特の對話術を以て說いたのが、アテネのソクラテス（四七〇―三九九）であつた。しかし彼は市民に誤解され、傳統的宗教に異を唱える不敬の徒であり、青年を誤らす者として訴えられて死刑を宣告された。その際國法を重んじて從容として毒杯を仰いだことは彼の人格の偉大を示すものとして有名であるが、同時に古代市民に對して國家の支配が如何に大きかつたかを教えるものである。ソクラテスの弟子としてはプラトンをはじめ、小ソクラテス派と呼ばれるアンチステネスやアリスチッポスが出た。アテネのプラトン（四二七―三四七年）は經驗的事物を超えて存在する眞實在としてのイデアを說いて觀念論哲學の體系を立て、後世に大きな影響を與えた。社會思想については初期の作「國家論」では婦人、財產の共有者たる統治者、戰士と、別に生產者の身分を區別した理想國家を說いたが、晩年の「法律論」では市民は各ゝ家族と一定の土地と奴隷とをもつべきものとされている。アリスチッポスの學派をキュレネ派或は快樂派といい、アンチステネスの派をキュニコス派（犬儒學派《シニック》）というが、この兩學派の哲學はプラトン、アリストテレスと異り、共にポリス的生活に對して面《おもて》をそむける傾向にあつたことが注目される。

アリストテレス（三八四―三二二年）はプラトンの最大の弟子であり、また古代における最大の體系的博學家であつた。形式論理學の大成者であり、哲學では質料と形相の二元論を說いた。「ニコマコス倫理學」「國家論」（いわゆる「政治學」）なども古代におけるそれらの部門での最高の體系的研究であり、「人間はポリス的動物である」という國家論の言葉で知られるように、あくまで小さな都市國家のみを考えたのは、彼がマケドニア宮廷で敎えたアレクサンダーがヘレニズム時代を導いたことを思えば皮肉である。國家論の基礎となつた多數のポリスの制度史研究、文學、修辭學、天文學、動物學、心理學などあらゆる學問の分野に通じ、とくにその學說が西洋中世のスコラ哲學の基礎となつた點で重要である。

ヘレニズム時代の哲學としては四世紀末から三世紀始めにかけてのゼノンのたてたストア學派とエピクロスのたてた學派とが新しい時代の特色を示すものとして注目される。彼等は共にアテネでその教えを説いたが、ポリス的生活の衰頽を反映して、世界市民主義《コスモポリタニズム》、政治的活動からの逃避、個人の安心立命などを賢者の理想とした。

自然科學　イオニアの自然哲學の中で、天文學などに關して既にすばらしい見解が出されていたが、五世紀のアナクサゴラスは太陽を灼熱した岩の塊と說き、またピタゴラス派の中に、地球が動く球體であるとの說が生まれた。同じ頃イオニアのヒッポクラテスは人間の疾病には一定の生理的な原因のあることを說いて科學的な醫學を確立した。しかし自然科學が特に隆昌を極めたのはヘレニズム時代初期の前三世紀であり、プトレマイオス王朝の保護の下アレクサンドリアがその中心となつた。此處にはムーセイオン（王立學士院）、大圖書館などの研究設備が整つていたが、この圖書館長には當代の碩學が代々就任した。その一人キュレネ出身のエラトステネスは、非常な博識家であつたが、自然科學方面では地球の周圍の大きさをほゞ誤りなく測定し得た。また地動說を發展させて、太陽中心說を說いたサモスのアリスタルコスにせよ、數學、物理學、及びその應用技術において不朽の名を留めたシラクサのアルキメデスにせよ、平面幾何學の大成者エウクレイデス（ユークリッド）にせよ、みな此の市で研究した。醫學が大成されたのも、この紀元前三世紀、殊にアレクサンドリアの醫學校においてであり、解剖學を基礎として醫學を前進させたヘロピロスがとくに有名である。ギリシア人に新しい世界が開けプトレマイオス家の隆盛期であつた前三世紀が、實に古代科學史の最も華々しい時代をなしたのである。

第二節　ローマ帝國の成立とキリスト教

一、ローマ帝國の成立

概觀　ローマの歴史は、その初期においてはギリシア都市國家と本質的に同じ社會の歴史であつた。しかしローマは、アテネがデロス同盟の覇者の地位をやがて失つたのとちがつて、都市同盟の盟主としてイタリア半島を統一し、ローマ市民權を先ずイタリア半島內の自由民に擴大して大領土國家を生んだ。その軍事力と巧みな統治術により、ローマの實權は地中海周邊に擴大し、さらに今日の西ヨーロッパまでもその支配に服するに至り、ここにその後ヨーロッパの歴史に再び出現したことのない大帝國を建設するのに成功した。文化においてはギリシア人のような獨創は少く、おおむねその亞流であるが、ギリシア・ローマ系文化を西歐に普及せしめた意義はまことに重大である。その上ローマ帝國の一屬州に生まれたキリスト教が、統一せる帝國の內部に短期間に傳播し、ここにギリシア人のヘレニズムとヘブライ人のヘブライズムが後世永くヨーロッパ思潮の二つの基盤をなすに至つた。この事實は、ローマ帝國という、地中海地方と西ヨーロッパとを包含する政治體を、拔きにしては理解できぬことである。同時にローマの世界征服は空前の奴隷供給を可能にし、紀元前後の數世紀間典型的な奴隷制社會を形成したが、やがて此の生産樣式の行きづまりから、土地にしばられた農民をして生産せしめる農夫制（コロナート）が生じ、中世の農奴制の先驅をなした。ローマ史は、小土地所有市民から成る都市國家の、世界帝國への發展の歷史であるが、それは一面から見れば大土地所有制の支配的となることであつた。この點でも古代の末期は中世封建社會につながるものであつた。

初期のローマ　紀元前七世紀の頃、イタリア半島には北部に小アジアから移住してきたエトルリア人があり、進んだ文化をもつていた。中部イタリアにはインド・ヨーロッパ語族のイタリア人がおり、ローマは、此の一派であるラテン人の一小都市國家であつた。南部にはギリシア人の植民市が點々として存し、シシリー島西部にはフェニキア人の植民市カルタゴが植民していた。初期のローマは王政であつたが、七代の王の中にエトルリア系の名のものが見られ、其の他の傳えから推して、ローマがエトルリア人に一時支配され、その文化的影響を多分に受けたことは明らかである。

共和制の實體　ローマは前六世紀の末に異民族の王政を倒して共和政となつた。しかし共和政とはいつても、地主貴族であるパトリキのみが政權を握つていた。任期一年の統領(コンスル)をはじめ、政務官はみな任期一年で、神官という特別の身分のないこと等はギリシア民主政と原理上同じであつたが、ローマでは、貴族のみから終身の議員を出す元老院が、後まで政治の實權を握つていた。しかしそれも護民官の制度が出來、平民(プレブス)とパトリキの通婚が認められたり、政務官に平民もつき得るようになつたりして、五、四世紀の間に民主化は大いに進んだのである。そしてローマでは海上發展がなく、農業國家であつたため、アテネとちがつて、土地を所有する者の間での民主政の狀態が永く續いたのである。このことが元老院の制度と並んでローマの政體を保守的たらしめたと共に、この國の着實な勢力擴大を可能にした。非常時の任期半年の獨裁官などもギリシアにはない制度であつた。貴族、平民の身分的差別がなくなつた後には、富裕市民と貧市民との階級的對立が著しくなつたが、アテネの民會の如きものは生まれぬ前に、一都市の民會は廣大な國家の機關として不適當となり、有名無實化したのである。

領土的發展　重裝兵市民團が健在で、民會の決定權を握つていた紀元前四、三世紀の間に、

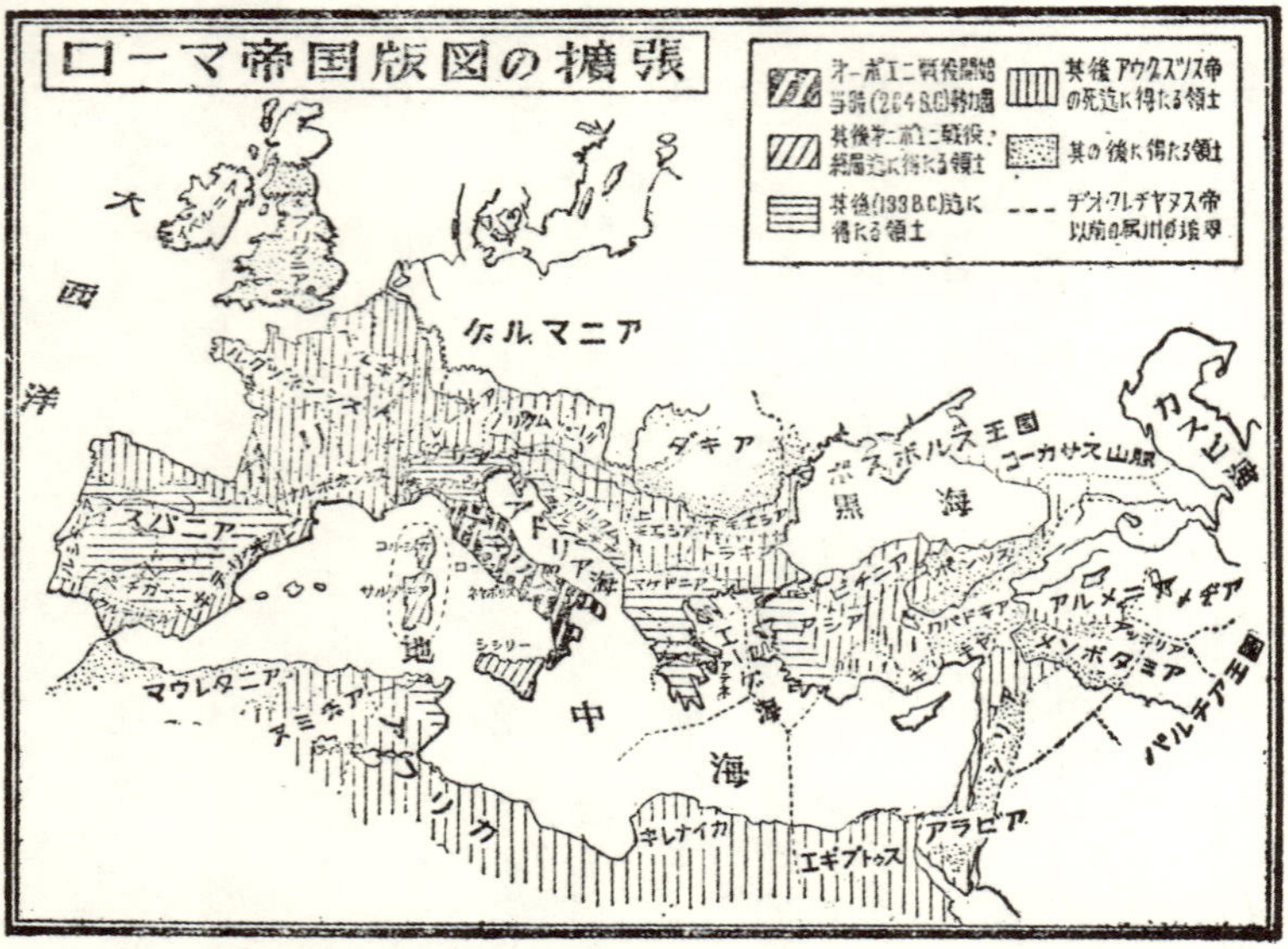

ローマはエトルリア人、サムニウム人、ギリシア植民市を次々に平定し、前二七〇年頃までにイタリア半島を實權下に收めてしまつた。そして征服された都市と色々差別のある同盟條約を結び、また軍道を設け、ローマ市民の屯田兵からなる植民市を要所に設けて、都市が團結して反抗するのを防いだのである。三世紀中ごろには、海上に雄飛し地中海の商權を握つていたカルタゴを第一次ポエニ戰役（ポエニとは「フェニキア人」の意）に破つてシシリー島を領有したのをはじめ、同世紀末には復讐戰を起したカルタゴの名將ハンニバルを永い苦戰の末に屈せしめ、イベリア半島を得た（第二ポエニ戰役）。二世紀に入ると、東地中海方面に進出して、マケドニア王國を滅ぼし、シリア

王國の小アジアにおける領土を失わしめ、一四六年にはカルタゴを全く滅ぼし、かくて地中海は事實上ローマの內海と化した。

社會の變動　この華々しい軍事的、政治的成功はまことに偉大であつたが、このことは同時に、戰爭に最も働いた重裝兵市民團の墓穴を掘ることとなつた。その結果前二世紀の後半からイタリア內部で社會的動搖著しく、ついに內亂狀態となつたが、元老院を中心とする閥族派も、無產市民も政權を獨占できず、かえつてローマ人が最も嫌つた一人支配への道をひらくこととなつてしまつた。廣大な海外領土や戰利品はローマ市民の地租を永久に免じ得たが、農民出身の兵士は多年の從軍のために離農する者多く、また奴隷制農業の熱が富裕者の間に高かつたので、土地を兼併される者も出た。屬州からは多量の穀物がローマ市に輸入され、市民に安く賣られ、または無代で配給されたから、離農した市民はローマ市に集まり、パンと見世物を要求する遊民と化した。奴隷制の農業の大發展は、奴隷使用を今迄になく殘酷なものにしていたが、二世紀後半に至つてシシリー島で未曾有の奴隷叛亂が起つた。そこで奴隷制大規模農業の發展による國防力の減退をおそれた名門出のグラックス兄弟が、護民官として、有力者の占有する國有地の一部をとり上げ、自作農を創設する大改革を試みたが、閥族に妨げられてさしたる効なく、奴隷制農業（主に牧畜と果樹栽培）は、その後度々の奴隷叛亂にも拘らず帝政初期まで盛であつた。都市國家本來の制度たる市民皆兵の原理は維持できなくなり、前一世紀に入ると軍隊は傭兵のようになり、また將軍の私兵に化した。

かくして有力な政治家がその兵を以て相爭うこととなり、先ず貧民派のマリウスが、ついで閥族黨のスルラが政權を握つた。その後閥族黨のポンペイウスが平民派のシーザー（カエサル）と結び、さらに大富豪クラッススを加えて紀元前六〇年に第一回三頭政治をたて、互の間にその支配範圍を分つた。大體いまのフランスに當るガリアを得たシーザーは、これを征服して大いにローマの領土をひろめると同時に、自己に忠誠の部下を養成し、彼をねたんで元老院と結んだポンペイウスを滅ぼし、天下を平定した。彼は共和政の要職を一身に兼ね、事實上獨裁君主と異らなかつたが、王政を最も嫌つた元老院派のために暗殺された（前四四年）。その後シーザーの養子のオクタヴィアヌスがアントニウス等と第二回の三頭政治をたてたが、プトレマイオス家の最後の女王クレオパトラと結んだアントニウスを、オクタヴィアヌスはアクチウム海戰に破り、翌年エジプトを平定し（前三〇年）、ここに約一世紀に亘つた內亂も漸く終りを告げたのである。

帝政期の政治と社會　オクタヴィアヌスは元老院よりアウグスッス（尊嚴者）の尊號を受け、

文武の要職を一身に兼ねたが、シーザーの失敗にこりて、元老院と共治の形式をとつた。この政治を元首政というが、事實上は帝政といつても差支えない。アウグスツスは武人としてはシーザーに及ばなかつたが、人心を察するに巧みで、またこれまで無敵だつたローマ軍が今のドイツの西南部でゲルマン人に大敗したとき、ライン、ダニューブ兩河を以て北の國境とする守勢の方針を定めた。その後間もなくブリタニアの島（今のイギリス本國）の南部もローマに征服され、ここに、東はユーフラテス河から西は大西洋に、南はサハラの砂漠に接する空前の大帝國が出來上つたのである。奴隷の叛亂に對する自由民の恐怖は絶えなかつたが、此の廣大な領土にわたつて約二世紀の間治安が確立し、帝國の細胞をなす無數の都市では、市民が現世を享樂していた。アウグスツスの天下平定以後の平和を「ローマの平和」という。昔獨立だつたギリシアやイタリアの都市はせまい範圍の自治を認められ、かかる都市はガリアやライン左岸やブリタニアにも多く發生し、今日でも此の地方の都市でローマ起源をその名に示しているものが甚だ多い。ロンドンとか、ケルンやリヨンなど、みなその例である。都市は中流の土地所有者を代表的市民とし、これが都市から帝國への納税の責任者であつたが、商人、手工業者も多く、かような生業に従う者の中に解放奴隷が多かつた點は古代社會の特色であつた。紀元一、二世紀の頃までは帝國内の經濟活動も盛んで、香料産地たるインドとの季節風による貿易すら行われた。

政治上では、歴代の元首のうちには暴君の典型のように言われるネロをはじめ、暗愚な人物もあつたが、ネルヴァ、トラヤヌス、ハドリアヌス、マルクス・アウレリウスの如く賢帝と稱せられた人々が、一世紀末から二世紀末にかけて帝位にあつた。しかるに二世紀末から帝國の政治は亂れはじめ、軍隊が專橫をきわめるに至り、三世紀に入ると各地の軍隊が勝手に皇帝を廢立し、いわゆる「軍人皇帝」の時代となつた。

ディオクレチアヌス帝（在位二八四―三〇五年）が天下を平定した時彼はその大領土を一人で治めることの不可能を察し、帝國を二分して各々に正帝、副帝をおき、正帝の後に副帝が帝位につくように定めたが、この方式も國內の亂れを防ぎ得なかつた。しかし彼の時以來東方風の儀禮を採用し、皇帝禮拜を行わしめ、ここに共和政ローマの傳統は全く失われ、いわゆる專制君主政（ドミナーツス）の時代がはじまる。此の帝は貨幣制度の亂れによつて物價騰貴したとき、大規模の價格統制をも行つたが無効であつた。この頃から古代市民の自由は次々に失われ、古代オリエントの國家のようになつてゆく。

コンスタンチヌス帝（二八六―三三七年）は、共和政の傳統をつぐローマを去つて新都をビザンチウムに移し、コンスタンチノープルと改稱した。この帝の最も有名な仕事は後に述べるようにキリスト教を公認したことであるが、ローマの政治、社會の變革の上でも重要な人物である。なぜならばその後永くビザンチン帝國の制度となつた東洋風の官僚制度は此の帝がはじめたものであり、またギリシア、ローマでは、自由人の間では、身分の制度は封建社會のような意味はなかつたのに、この帝が職業、身分の固定により、崩れ行くローマ帝國を維持しようと圖つたからである。しかし帝の力を以てしてもローマ帝國を舊に復することは不可能だつた。

テオドシウス帝（在位三七九―三九五年）は天下を統一したが、帝國を二分して二子に傳え、東ローマ（ビザンチン帝國）はその後一千年餘つづいたが、西ローマは四七六年に滅びた。ローマ帝國の解體は古代社會の變質、古代文化の沒落と並行した現象で、これは決してゲルマン人の侵入というような外部の力で起つたことではなかつた。都市國家ローマは既に共和政期にその存立の基礎を失つていたが、世界國家ローマへの發展と共に、その矛盾は一層增大していたのであつた。自由農民の沒落と軍隊の職業化は國防の根本を危くし、古代人一般の工業的生產への蔑視から、科學が一部學者の間にあのように高い水準に達しながら、工業生產や交通や戰爭の技術には見るべき進步がなく、奴隷制農業が土地に縛られた小作農の制度（コロナート）に變化するに及び、交換經濟は次第に衰えて自然經濟の色彩が濃厚となつた。身分固定の試みにも拘らず、帝國を維持すべき大きな軍隊のための徴税の負擔に耐えかねて、帝國の最後の支えであつた都市の中流市民が沒落していつた。この階級が古代文化の維持者であつたため、帝國の末期に古代文化は急激に衰えたのであつた。

ローマ文化　ギリシアと同じような社會を出發點としたローマでは、ギリシアを凌ぐ獨創的な學藝を生むことは困難だつた。ここには古代市民の政治人としての面からの產物がその文化の特色をなしている。

宗教生活はギリシアのそれと似ていたが、ギリシア神話やホメロスの叙事詩に當るものはなかつた。ただ早くからギリシア文化の影響が著しかつたので、建國傳說をトロヤ陷落と結びつけ、アウグスツスの時代に出たローマ最大の詩人ウェルギリウス(ヴァージル)は、國民的叙事詩「アエネイス」にローマの建國とローマの使命を誇り高く謳《うた》つたが、ホメロスの影響が著しい。同じ頃詩人ホラチウス、オヴィディウスが出て、この時代はラテン文學の黃金時代といわれる。

ギリシア思想家の感化、模倣はローマ最大の雄辯家、散文家であつたキケロ(前一〇六―四三年)にも著しく、その思想はアカデミー派(プラトンの學派)やストア學派の哲學の折衷であつた。キケロ以後にもストア哲學が實踐哲學化されてローマ上流社會に流行し、自省錄の著者たる皇帝マルクス・アウレリウス、ネロ帝の師だつたセネカ（前四―後六五年）、「語錄」の傳わつている奴隷上りのエピクテトス（五〇―一三八年頃）などを代表とする。エピクロス派では前一世紀前半のルクレチウスの哲學詩「事物の性質について」が今日まで殘つている。しかし一般民衆の間にはヘレニズム時代からオリエント系統の祕儀宗教が流行し、迷信や神祕的思想がギリシアの合理主義科學思想の普及を妨げていた。ローマ帝政期には此の傾向は更に著しく、哲學においても三世紀の新プラトン派のプロチノスに至つて宗教的、神祕的色彩は頗る濃厚である。

史學ではローマ史の大著をあらわしたリヴィウス（前五九―後一七年）、「ゲルマニア誌」その他で有名なタキツス（五五―一二〇年）などのラテン作家が出で、シーザーの「ガリア戰記」も有名である。英雄傳で有名なプルタルコス（プルターク）のようにギリシア人の作も多く、總じて帝國の東半では依然としてギリシア語が文藝學術書の用語であつた。地球中心說で知られ、古代の天文學を集大成した紀元二世紀のプトレマイオス（トレミー）はその一例である。

ローマ人が後世に最も大きな影響を與えたのはローマ法であり、ローマ市民のみに適用された市民法から發達して萬民法が成立したが、有名な法學者が多く出たのは紀元二世紀から三世紀初めの頃であつた。これらの學者の見解は六世紀のユスチニアヌス帝の時編纂されたローマ法大全の中の學說彙纂《イサン》に收められている。

土木、農業のような實用方面もローマ人は得意で、それらの著書も現存するのはみなローマ人の作である。ギリシア都市と同樣に、市民の公共建築が多く作られ、道路、水道、闘技場、公共浴場、凱旋門などが作られた。それらの遺跡は帝國領土內の各地に今日も殘つている。サハラ砂漠に近いタムガヂの都市の跡の如きは、ローマ人の都市の最もよく殘つた例であり、彼等の土木技術や、都市を通じての文化普及に貢献した事情を察せしめる。

二、キリスト教

キリスト教の發展　ローマの屬州となつたユダヤでは、オリエントの章で述べたように、排他的な、また律法の形式のみを重んずるユダヤ教が行われ、度重なる政治的悲運の結果、メシア（救世主）を期待する聲が高かつた。かかる環境の中に出たのがイエス・キリストである。彼はユダヤ教の世界觀に立ちながらパリサイ人の戒律主義を痛烈に批判し、身分、階級、貧富の差別を越えた神の絶對愛、隣人愛、最後の審判に成就するとともに既に人の心に內在する神の國を說いた。しかるに祭司やパリサイ人の憎惡を招き、また彼にメシアの期待をかけた民衆も失望し、ローマに對し反逆を企てるものとして總督に訴えた。イエスは捕えられてイェルサレム郊外のゴルゴダの丘《おか》で十字架の刑に處せられた(紀元三〇年頃)が、一たび葬られたイエスが復活したとの信仰が弟子たちの間に新しい力を與え、彼の說いた福音がひろめられ、ここにキリスト教が生まれたのである。

キリスト教の發展

福音の傳道はペテロ、パウロなどの熱烈な使徒により行われ、殊にローマ市民權をもつていたパウロの功績は大きかつた。イエスの教えは政治制度、家族、生產勞働などに對して價値を認めぬ徹底せる個人倫理であつたが、パウロに至り奴隷制度、一夫一婦制の肯定に見られるように保守的となり、それによりギリシア、ローマの市民への布教が容易になつた。かくして帝國內各地に教會が生まれ、キリストの言行を誌《しる》す福音書、初代使徒の活動を述べた使徒行傳、パウロその他の使徒の書翰などがここに經典として認められた。これが新約聖書で、ユダヤ教から受けついだ舊約聖書と共にキリスト教のバイブル(もと「書物」の義)として西洋文化の古典中の古典をなしている。

さてローマ帝國は宗教に對しては寛大であつたが、キリスト教徒が皇帝禮拜を絕對に認めなかつたこと、彼等の宗教がギリシア人に嫌われていたユダヤ人の間に生まれたこと、彼等の信仰生活について甚だしい誤解があつたこと、などのために、ネロ帝にはじまりディオクレチアヌス帝に至るまで約二五〇年間に度々迫害が行われ、多くの犠牲者を出した。しかし四世紀の初め頃には、キリスト教徒を敵としては帝國の統一は不可能となるに至つた。そこで三一三年コンスタンチヌス大帝によつて信教の自由が認められ、テオドシウス帝の時ついにこれが國教とされ、ギリシア・ローマ系の宗教行事は異端として禁止されることとなつたのである（三九二年）。

この頃になればキリスト教の教義もパウロの頃とは大いにかわって、現實との妥協が見られた。たとえばキリスト教徒が兵士として戰爭に出ることも正當化され、イエスが富者の天國に入ることを最も難いとしたのに反し、大土地所有者に化しつつあつた教會は、ストア學派の理論をかりて現世の貧富や身分の差を肯定するに至つた。神學上の論爭も生まれていたが、三一五年のニケーアの宗教會議でアタナシウスのイエスに神人兩性を認める說が正統教義とされ、アリウス派は異端とされた。この頃にはヘレニズムの立場の著作が殆ど跡を絕つたのに對し、教父の著作が澤山あらわれたが、その中でも「神の國」や「告白錄」で知られるアウグスチヌス（三五四—四三〇年）が最も大きな影響をのこしている。

第三節　インド文明の展開

バラモン文化とカスト制度

さて眼をアジアに移すと、アーリア人が最初に侵入したのは、インダス河上流のパンジャブ（五河地方）で紀元前一五〇〇年頃のことらしく、元來遊牧生活を送つていた彼等は、次第に農耕定住の生活に入るようになつた。初期のアーリア人の生活は、神々に對する讃歌を集めたリグヴェーダが現在迄傳わつていることによつて窺い知ることが出來るのであるが、彼等は聖火を中心として家父長の下に大家族の生活を行い、部族には統率者《ラージャ》（王）があり、宗教としては雷電・太陽・風などの自然現象を神格化してこれを崇拜していた。そして彼等が漸次東南のガンヂス河流域に向つて發展して行くにつれて、社會階級の分化個定化が進み、リグヴェーダに續くべき讃歌や祭式や呪法に關する記載を盛つた諸ヴェーダが作成された。

ヴェーダを中心として宗教儀禮が頗る複雜なものとなり、この儀禮を行うための特別の知識と資格とをもつ祭司の階級が發達し、彼等即ちバラモン（婆羅門《ブラーフマナ》）が社會上最高の地位を獲得した。バラモンに次いでは武士階級（クシャトリヤ）があり、次に農業商業などに從事する一般庶民の階級（ヴァイシャ）があり、是等三階級の下に奴隷階級（シュードラ）があつた。即ちこれが後世までインドの社會を規定したカスト制度の初期の形態であり、各カストは職業を世襲し、他のカストとの間には婚姻を通ずることが禁止され、食事を共にすることも出來ない定めであつた。祭司と武人と庶民との差別はイラン系民族にも認められるところであるが、カストとして固定したのはインドにおいてである。特に第四の奴隷階級はアーリア人の征服した異民族が大部分であつた。

佛教の成立　バラモンの社會上の地位とヴェーダに見える祭祀の重要性が確定すると共に、一方哲學思想（ウパニシャッド哲學）の展開にも見るべきものがあり、この哲學においては、宇宙の根源（梵《ブラーフマ》《ボン》）と人間の非人格的な本體（我）とを一致せしめることによつて、繰返す輪廻《サンサーラ》《リンネ》の束縛を離れて解脱《ゲダツ》に至るという思想が現れた。この哲學思想の中には既に祭儀萬能のバラモン敎の傳統に相反する要素が認められるが、特にカストの組織の上に立つバラモンの支配に反抗する宗敎の革新運動として展開したのは佛敎及びジャイナ敎であつた。シャカ族出身のカピラ城主の王子（釋迦《シャカ》）によつて開かれた佛敎は、カストを無視して一切の平等を唱え、徹底した無常觀をとり、神靈の存在を否定したのであつて、まずこの敎は當時ガンジス河下流域に興起したマガダ國王の保護を受けて次第にひろまつて行つた。インドの二大敍事詩として有名なラーマーヤナとマハーバーラタは極めて長い年月を經て現在の形にまとめられたのであるが、その原形が作られたのは大體右の宗教革新の運動と相前後する時期であるらしく、これら文化の變動に際しては武士階級の動きの活潑であつた事實が注目される。ラーマーヤナには王子ラーマの英雄的事蹟が物語られており、マハーバーラタにはバーラタ族の戰闘が描かれていて、その題材も王者武人を取扱つている。國家的集團の形成發展に伴つて、政治軍事を擔當する王者武人の社會的地位は當然向上した筈である。他方一般庶民の商業活動も盛になつていたのであり、初期の佛教徒の中に商人のあつたことを注意する必要がある。

統一國家の形成　一體インドの全歴史を通じてインド人自身による統一國家の作られた時期は甚だ少いが、それが最初に實現したのはマウルヤ朝の時代である。而もそれは外國勢力の刺戟を受けて實現した。マケドニアのアレクサンダー大王の遠征軍は、メソポタミア、ペルシアを從えて東に進み、西北インドに侵入したが、この時に當つてインドにおいてはチャンドラグプタが現れ、マガダ國を亡ぼしてこれに代り、インダス河流域からギリシア系勢力を討ち拂い、アレクサンダーの死後その東方領を受け繼いだセレウコス朝と和して、西はアフガニスタンから東はベンガルに至るインドの主要部分を統一した。そしてこのマウルヤ朝は彼の孫たるアショーカ（アソーカ）王の時代に最盛期に達し、その支配は略〻インドの全領域にわたつた。王は佛教を信奉し、灌漑、醫療の設備を行い、統治組織を整え、また各地に磨崖碑、石柱碑を作つた。この碑文を刻するということは、かつてペルシアに行われていたところをまねたものであり、アショーカ王の用いたアルファベットから、その後インド各地の文字及びインド文化の及んだ東南アジア各地の文字が派生するのである。カストの區別を認めない佛教は、社會の小集團を超えて實現した統一國家の宗教として、極めてふさわしいものであつたに相違ない。

西北インドの動搖　しかしこのマウルヤ朝の統一はアショーカ王以後崩れていつて、ガンヂス河流域とインダス河流域は分裂する形勢となり、西北インドには外民族の侵入が著しくなつた。

先ず侵入したのはバクトリアであり、後れてクシャーナが發展した。バクトリアはアレクサンダーが東征の際に中央アジアに置いた軍事的據點のギリシア人が獨立して建てた國であり、クシャーナはアム河（オクサス）南岸から起つた國で、さきに蒙古方面に強盛となつた匈奴《キョウド》の壓迫を受けた大月氏が西にうつつて西トルキスタンに移住した際には、この大月氏の支配下に屬し、後に獨立の國をなしたものである。クシャーナの盛時の支配者たるカニシカ王は佛教の保護者として有名であるが、この國の勢力は南は深くインドに入り、東北は中國の漢と境を接し、世界交通路の要衝を扼していたところから、そこではインド、イラン、ギリシアなど各種の文化の融和混合が行われた。原始佛教とは異る大乘佛教が發展し、多くの菩薩の信仰が展開するのも、この地の文化交流の情勢に負うところが頗る多い。佛教徒ははじめは佛像を作らず、佛の傳記を表わすのにも特別のシンボルを用いたに過ぎないが、人間の姿を以て神々の像を作るギリシア文化と接觸した結果、佛像を作成するようになつた。このギリシア式佛教美術が所謂ガンダーラ美術であり、佛像の相貌は頗るギリシア彫刻に類似している。そして佛教はこのクシャーナの地を通過し、インド・ヨーロッパ系の民族が居住していた中央アジアの地を經て中國に傳えられて行つたのである。

インド教の發展　久しい間小國分裂の狀態であつたインドが再び統一されるのは四世紀になつて起つたグプタ朝においてである。そしてこのグプタ時代には一種の古文藝復興の機運があり、經典に對しては權威ある註釋が書かれ、戲曲其他物語など、古典梵語文化の最盛期を現出した。しかも一方この時代にはシヴァ神、ヴィシヌ神などを中心とするインド教の發展がみられた。インド教はバラモン教の系統をひくものではあるが、一般民衆の宗教であり、その中にはアーリア人以前の先住民族の信仰が多分に取入れられたものであつて、これが現在に至るまでインド宗教の主流となつている。グプタ朝の盛時を過ぎて西北インドには遊牧民エフタル族（白匈奴）の侵入があり、その後七世紀の初にハルシャヴァルダナ（シーラーディティア）が再度インドを統一して、そのころ中國を支配していた唐朝との間に使者の往來が開かれた。しかし彼の死後インドはまた分裂の狀態に陷つた。グプタ朝からハルシャヴァルダナ時代にわたつて、佛教は相當に行われ、グプタ式佛像の如き勝れた様式をも生んだのであるが、大勢からいうと佛教は次第に衰徴する傾向を示し、その後インド本土においては消滅するに至つた。カストを超越し世界的性格を持つ佛教は外國に布教されて發展したが、カストの强固に支配するインドの本土では遂に生息の餘地がなかつたのである。

なお南インドのドラビダ族は、アーリア系文化を攝取しつゝ獨自の國家、文化を發展させ、殊に古くから海上貿易に活動していた。東は中國、西はローマ、ギリシア其他と交易し、ローマからは盛んに金がもたらされ、南インド海岸にはローマ人の居留地ができていた。

ササン朝ペルシア　さてインドの歴史が右のような推移を辿つていた間にイランの形勢はどうであつたかというと、そこにはパルチア及びササン朝ペルシアの興亡がみられる。パルチア

（安息）はイラン高原の北部から起つたイラン民族の國でセレウコス朝の勢力を驅逐してこれをシリアに後退せしめ、このシリア王國の勢力に代つてローマが西アジアに發展してくるとローマと抗爭を繰返していたが、三世紀に至つてゾロアスター敎を奉ずる同じイラン人の別個の勢力が勃興し、パルチアを滅してササン朝のペルシアを建設した。ササン朝の盛時には、その版圖は西は黑海、東は中央アジアに至り、南アラビアにも勢力を及ぼしており、文學美術の面においても著しい發展を遂げた。この文化は東は中央アジアを經由して中國や日本に、西はヨーロッパに影響を及ぼしている。ササン朝の國敎はゾロアスター敎であつたが、その領內の宗敎事情は頗る複雜で、西部にはキリスト敎、ユダヤ敎があり、東部國境には佛敎、または佛敎類似の宗敎があり、同じくキリスト敎といつてもヨーロッパで異端とされたネストリウス派其他が傳えられた。ことにメソポタミアの地方は宗敎的に最も混亂を呈していたのであつて、この間において多くの宗敎融合運動改革運動が現われた。殊にマニによつて唱えられたゾロアスター敎、キリスト敎、佛敎の合一による新宗敎（マニ敎）の如きはその著しいものであつた。當時宗敎は個人生活社會生活のあらゆる面の基本原理であり、社會運動は何れかの宗敎集團を通じて行われたのであるから、宗敎の分裂はまた政治的な分裂を意味するものであつた。

第四節　中國の古典文明

殷と周　この間にあつて黃河の中流、下流の地帯にあつた中國人は、東アジアの他の地方よりも遙かに早く青銅器時代に入つた。諸部族の統合が行われて小國家群がおこり、また城壁をもつ都市らしいものも現われてきた。こうしたものの中で最も勢力の强かつた殷《イン》は、やがてこれらを支配するに至る。殷が河南の地を中心として國家を形成したのは、およそ紀元前千五百年ごろと考えられる。殷の時代の歴史はまだよくわかつていない。ただ殷の最後の都城の跡が河南省安陽縣の地にあり、この周邊が殷の直轄地であつたようである。この都城は二十世紀になつて發掘され、數多い遺物と共に、龜甲や獸骨に彫りつけた記錄類が出土した。これに使用されている文字は甲骨文字と呼ばれ、漢字の源流をなすものである。

殷は紀元前千年ごろ、陝西《センセイ》の渭水《イスイ》流域に起つた周に征服され、これより殷に代つて周が黃河の流域一帯に支配力をもつこととなつた。周の君主は王と稱し、その支配下の諸國の長は諸侯とよばれた。殷周交替の際、諸小國家はかなり整理され、周はその中の有力なものを諸侯としたが、それよりも多く周の王と同姓のものや功臣を各地に諸侯として封じた。王と諸侯の下には卿《ケイ》、大《タイ》夫、士などの役人があつて、これらが支配階級を形成し、身分はいずれも世襲であつた。諸侯は周に對して貢ぎ物を納め、事あれば、軍隊を供する義務があつた。こうした國家の體制は「封建制度」とよばれ、封建の語はここから起つたのである。

これらの時代の主要な産業は農業であつた。殷代では牧畜が相當さかんに行われていたようであるが、やがて時代と共に農業は牧畜を全く壓倒してしまつた。農業は共同體を組織している一般農民によつて行われたが、王室や諸侯は奴隷をも耕作に使用した。農耕具としては石器、木器が用いられ、黍《ショ》、稷《ショク》（高梁《コウリャン》）などが栽培された。養蠶も殷代には既に行われている。

春秋戰國時代の形勢

黄河文明地帶の周圍の異民族は、こうした中國文明の影響を受けて發達し、やがてこの地帶に侵入を開始した。紀元前八世紀ごろになると、その侵寇のために周は都を渭水流域から東の方、今の洛陽《ラクヨウ》まで移さねばならなくなり、周王の威權は地に墜ちた。

周の東遷以後紀元前五世紀の末頃までは春秋時代、さらにそれ以後秦の中國統一までは戰國時代とよばれている。周の王室は洛陽附近を領土として國を保ち、春秋時代にはまだ王として一應尊ばれていたが、戰國時代になると各國がそれぞれ王を稱し、周はあるかなきかの存在と化したのである。

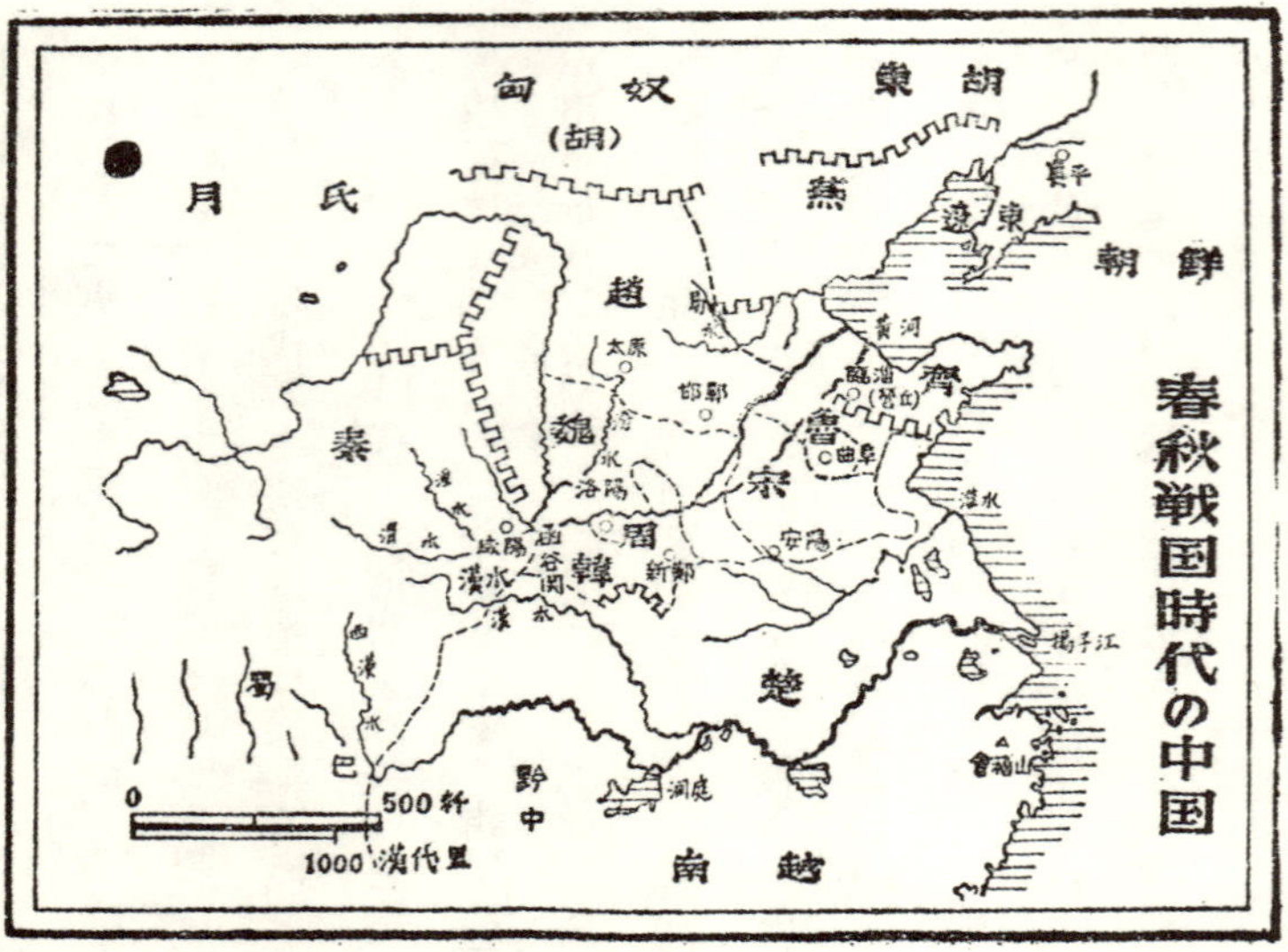

春秋戦国時代の中国

周の支配力が衰えてくると、諸侯は強力なものが弱小のものを併呑、或は糾合し、次第に領土國家として生長して行つた。その有力なものは、山東省にあつた齊《セイ》と山西省にあつた晉《シン》であつたが、一方從來黄河文明地帶の外にあつた楚《ソ》が揚子江中流に勢を得、さらに揚子江下流域には呉と越とが興つて强國となつた。こうして中國文化圏は揚子江流域にまで擴がることとなつたのである。このころ秦が陝西《センセイ》に、燕《エン》が河北に發展し、紀元前四世紀になると齊・楚・秦・燕・韓《カン》・魏《ギ》・趙《チョウ》の七國が附近の小國を併呑して相對立するに至つた。韓・魏・趙の三國は晉《シン》國の分裂して興つた國々である。七國は互に攻伐し、紀元前二二一年、秦が他の六國を併せてついに中國を統一するまで、はげしい軍事と政治の爭が續いた。しかしこの間これら戰國の諸國は外方にも發展し、秦は四川方面を平げ、楚は貴州方面まで勢力を伸ばし、燕は南滿洲の一部を領有した。また北朝鮮には中國人の植民地ができた。かくて廣大な中國文化圏が形成されることとなつたのである。

中國文化の進展　中國では紀元前六、五世紀頃鐵器が農耕具に使用され始め、前四世紀にはそれが一般に普及してきた。もつとも鐵器とならんで同じころ牛に犂《すき》《り》をつけて耕すことが行われ始めた。從來の農耕は人力でのみ行つていたのである。これらによつて農業の生産力が高まつたことは言うまでもない。春秋末から戰國を經て秦の統一に及ぶまでの大國家の形成も、こうした生産力の增大に基礎をおいている。またこの結果、これまで共同體の共有或いは國家の所有であつた土地が各々の家に分割されることとなり、戰國時代には大土地所有者が數多く發生するに至つた。いわゆる封建制度の下における世襲身分、またこれに伴つた氏族的緊縛が弱まつてきたのもこの頃であつた。戰國時代には士人に定主なく、何人も何處へ仕えてもよく、また一般人民の中から支配者階級に入るものが現われてきた。商工業も從來の諸侯の束縛から離れて任意に行われるようになり、都市の間の商業活動は榮え、新たに商人が勢力を得てきた。戰國時代における戰爭の連續はこれを助長し、その富が王侯と等しいものさえ生じた。

孔子が世に現われたのは、こうした變革のはじまつた春秋末であつた。孔子はソクラテスや釋迦より少し早いが、この三人の人類の教師は共に紀元前五世紀の前後に活躍したのである。これらの中で孔子の教は明かに政治と倫理の説であつた。これはまた舊中國思想の根本的な特色でもあつた。孔子は人間相互間の秩序のあり方を、從來の迷信、俗習から切り離し、純粋に實地について述べ、根本として忠恕による仁の完成を説いた。

孔子の死後その弟子達は各地にその教を傳え、これに刺戟されて博愛を説く墨翟《ボクテキ》、自愛と快樂を論ずる楊朱などが現われ、互に論戰して思想界はこれより非常な隆盛をみた。孔子の道を説く徒は儒家とよばれたが、その中で孟子と荀子《ジュン》とが特に重要である。一方無爲自然を説き、自給自足の小國の上に大國がそのまま支配する形を理想と考えた道家の説は、老子や莊子の説と傳えられて、後世に大きな影響を及ぼした。

春秋以前の詩歌を集めた詩經は、中國文學のみでなく中國思想の古典となつている。また南方の文學たる楚辭は後世の文學に甚だ影響を與えた。なおこの時代の美術品としては怪奇な模様を鑄出《いだ》した青銅器が著名である。

秦の統一國家　紀元前三世紀の後半、秦は中國を統一し、ここにほぼ現在の中國本部に等しい範圍を支配する中國民族の統一國家が出現した。從來の殷、周の支配は殆ど中原、陝西の地を出でず、しかも直轄地以外は諸侯國の存在をみとめた間接支配であつたから、眞の意味の中國の古代統一國家は秦から始まるといつてよい。秦は郡縣制をしき、全國を三十六郡（後には四十八郡）に分けて治めた。郡縣制は春秋末から國王の直屬地に行われ、新領土獲得と共に增加してきていたが、秦は征服がおわると一氣に全國にこれを行つたのである。

かくて秦王は自らを始皇帝とよび、天子の稱たる皇帝の語はここから始つた。始皇帝はさらに度量衡、通貨、文字の統一、言論の統制を行つた。萬里の長城が築かれたのもこの時である。北の蒙古高原に興つた匈奴《キヨウド》の南侵を防ぐため、戰國の諸國はそれぞれ長城を築いていたが、始皇帝はこれらの舊長城を綴りながら、西は甘肅《カンシユク》から東は南滿洲にいたる北邊に長城をつくり、守備兵をおいてこれを守らせた。さらに始皇帝は南方へも兵を進め、海岸地帯の異民族を征服した。かくて北は滿洲、蒙古に接し、南はインドシナにまで至る大帝國が建設されたのである。

しかしこうした急激な改革と、征服と土木事業への人民の狩り立ては、人民をますます苦しめ、その反抗は始皇帝の死と共に動亂となつてあらわれた。困窮した民衆のやむにやまれぬ反抗は、やがて六國の舊貴族や新興の大土地所有者などにその指導權が移り、これらはついに秦を倒した。中でも項羽《コウウ》と劉邦《リユウホウ》が最も有力であつた。そして兩者たがいに爭つた末、紀元前二〇二年、劉邦は項羽を破つて中國を統一するに至つたのである。その王朝は漢といい、彼は高祖と稱された。

漢帝國の國家體制

漢では始め秦の郡縣制を改めて、近親、功臣を遠隔の地に封じて王とし、中央の直轄地にのみ郡縣制をしいたが、やがて諸王侯の權力を奪い、前二世紀の中ごろから事實上郡縣制が再び全國に行われることとなつた。これを完成したのは武帝である。武帝の時、大規模な外國遠征が行われ、北朝鮮とインドシナ東北部とが漢の領土となり、また漢の兵は匈奴を壓してトルキスタンにまで進み、これより西方との交渉は盛となつた。しかしこの遠征のため國費が足りなくなり、重税を課するほか、鹽鐵の專賣など種々の經濟政策が行われ、ために國内の經濟界は惡化して社會不安が漸く表面にあらわれてくるようになつた。

紀元前一世紀の中葉には匈奴の勢が衰えたので、漢は東トルキスタンの諸小國に號令したが、一方この頃から漢の王室内では宦官《カンガン》と外戚の跋扈《バツコ》がはげしく、ついに一世紀の初めには外戚たる王莽《オウモウ》が漢の帝位を奪つて「新國」を樹てるに至る。しかしいたずらに儒教の古制による政治の復活を行わんとしたので、社會の混亂をきたし、地方の豪族の反抗となり、新はたちまち倒れてしまつた。これに代つて漢の一族の劉秀（光武帝）が王朝を樹て、後漢といい、都を長安から洛陽にうつした。一世紀の後半には一時漢の威力はカスピ海以東五十餘國を制した程であつたが、その後、漢王室では外戚と宦官との禍が絶えず、民心は次第に離反し、ついに豪族によつて漢帝國は倒されることとなるのである。

漢代の社會と文化

戰國時代以來増加しつつあつた大土地所有は漢に入ると一層その傾向を强め、大土地所有者は多數の奴隷をつかつて直營すると共に、投入してくる貧民を半奴隷的狀態で使役した。漢の國家は屢〻土地と奴隷の數を制限しようとしたが、遂に實行できなかつた。これらの大土地所有者が政治と結びつき、代を經るにしたがつて豪族となる。豪族は前漢の末から擡頭してゆき、後漢では甚だ勢力を得た。彼らは土地を兼併する一方、奴隷などを使つて開墾を行い、耕地の擴充をはかつた。漢は徵兵を行い、その供給源は主として自作農であつたが、武帝の遠征や經濟政策はさらに彼等の沒落を促して貧富の懸隔は増大して行つた。事あれば小亂が起されたが、その極まるところ一世紀の終りには黃巾《エウキン》の亂となつて爆發したのである。

四百年にわたつて續いた漢の統一は、春秋戰國の間に發達した文化を固定結實させた。武帝の時から儒教は官學となり、漢の統一國家を支える原理として確固たる地位を獲得した。そして漢の學者は儒教古典の訓詁《クンコ》に力を注いだ。また文字は隷書《レイショ》に統一された。漢代は歴史書に傑作の出た時で、史記、漢書《カンジョ》などは名高い。さらに紙の發明が後漢の蔡倫《サイリン》によつてなされたことは世界文化史上の大きな業績であつた。絹布、漆器、青銅鏡は優秀なものが作られ、國外からも求められた。こうして割合純粋に發展してきた中國文明に一つの變化を與えたのが後漢末からの佛教文化の浸透であつた。

第五節　民族の大移動

一、アジアの民族移動

北アジアの形勢　さて北アジアに威を揮つた匈奴は、戰國時代に蒙古の南邊、長城地帶を根據として活躍しはじめた騎馬民族で、元來は遊牧がその生活の基礎であつた。やがて次第に諸方面に進出し、經濟的にも文化的にも發展し、戰國時代の北方諸國を惱ましたのである。そうして秦が中國を統一した紀元前三世紀の終り頃には、匈奴に頭曼《トウマン》が出て諸部族を連合し、こゝに匈奴の民族國家が成立した。頭曼の子冒頓《ボクトツ》が父を殺して全部族の統率者「單于《ゼンウ》」となるや、東は興安嶺以東によつた東胡《トウコ》を征服し、西は甘肅以西にいた月氏を討つてこれを破り、南はオルドス地方に進出し、北はトルコ族の地たるオルコン河畔よりイェニセイ河上流域一帯を支配するに至つた。そして更に長城の南に侵入して、大いに漢軍を苦しめたのである。冒頓單于が死んだ後も匈奴はなお盛で、月氏を撃滅してこれを遠く西方に逐い、甘肅地方を經略し、匈奴と羌《キヨウ》（チベット種）とが連合して中國を侵す機緣を作つた。

月氏は甘肅地方を根據地とし、牧畜を主に農耕を副とする生活を營み、また中國と東トルキスタンのオアシス國家群との中間に立つて、仲繼貿易による巨利を博していた。そこで匈奴はその商權を奪取し、併せて中アジアに對する覇權を確立せんとして、月氏の討伐を試みたのであつた。かくて甘肅方面から驅逐された月氏の主力は、西走を餘儀なくされ、天山方面に移動した。當時キルギス草原からイリ盆地にわたる地方には塞《サカイ》族が遊牧生活をおくつていたが、月氏はこれを西アジアの山岳地帶方面に追い拂い、自らはイリ地方を暫時占據した。しかるにズンガル地方にあつて匈奴の支配を受け、北方より月氏の討伐に協力した烏孫《ウソン》は、遂にイリ盆地に進出し、こゝに一時落ちついた月氏を再び南方に追い、月氏はアム河北岸方面に遷つていつた。この月氏再遷の結果、甘肅は匈奴の領有に歸し、その中アジア經營の基地となり、イリ盆地は烏孫の國土に確定し、アム河を境として北方には月氏、南方にはスキタイ族たる塞《サカイ》及びそれと同類の大夏《タイカ》が並立す

北アジアの民族移動

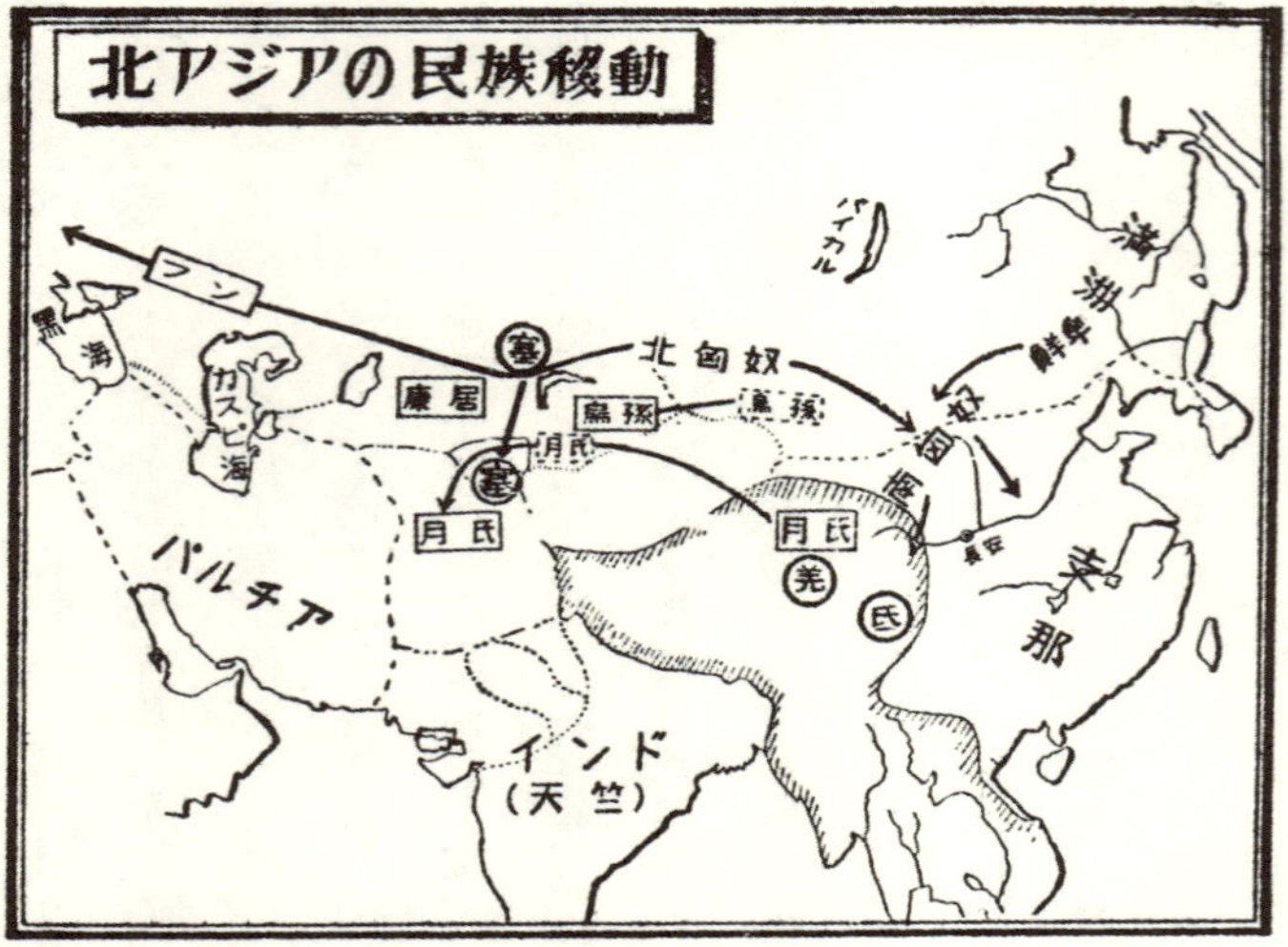

る形勢となつたのである。やがて紀元前一世紀にには前者は後者を服屬することとなり、こゝにアジアの内陸における騎馬民諸族の形勢に大變動が起つた。これが匈奴の勃興によつて惹起された最初の大規模な民族移動に他ならない。

この間にあつて匈奴は長城地帯を境に秦・漢の中國民族大帝國と對峙し、寧ろこれを壓迫する形勢にあつた。然るに前二世紀の後半、漢の武帝は匈奴の大討伐を敢行し、この形勢は一擧に逆轉した。これより匈奴の中心はゴビ以北の北蒙古に移り、漢の勢力に對し守勢に立つに至つた。かくて匈奴は次第に衰退におもむくのである。前一世紀の中葉、匈奴内部に勢力争いが起つて東西に分裂し、東方の匈奴は漢に服屬したが、西方の匈奴は遠く西シベリア、キルギス草原方面に移動して、この地方を支配することとなつた。やがて東匈奴と中國の漢帝國との間に同盟が成立し、西匈奴を討滅した結果、こゝに匈奴と漢の兩者間に一時和平の時代を現出した。

匈奴の西進　これによつて東北アジアの形勢は一時平和を得たが、紀元一世紀に至り、匈奴は再び南北二匈奴に分裂した。南匈奴は漢に歸服して、その一部は長城以南にも移り住み、土著して農耕生活に入る傾向も現れたが、一方北匈奴は頻りに南匈奴を侵し、中國北邊を脅かしていた。この形勢は一世紀の末、漢が深く北匈奴の本據を衝いて、遂にこれを瓦解させるまで續いたのである。このとき北匈奴の一部は先ず烏孫へ逃れ、更に遠く西進して、四世紀ヴォルガ・フンとして南ロシアに出現し、その地を占領した。かくてこの世紀の後半ドン河をわたつてヨーロッパに侵入し、五世紀の中葉にはアッティラ指揮のもと一時ヨーロッパ全土に猛威を揮つた。またこの匈奴の西進と壓迫によつて、ゴート族等の移住を惹起し、ヨーロッパにおける民族の大移動が開始されることとなつたのである。

二、ゲルマンの移動

ゲルマン　匈奴（フン）が東ヨーロッパに突進してくると、それをきつかけにヨーロッパ各地に民族移動の嵐が吹きまくるに至つた。その中心をなしたものはゲルマン民族の移動である。

ゲルマンはインド・ヨーロッパ人種に属し、古くからバルチック海沿岸地方に住んでいたようであるが、ローマが大帝國を建設しつつあつた頃、ケルト族を追つてライン右岸に達した。彼等は數十の小部族に分れ、それぞれ一人の王《キング》又は數人の首長《プリンス》を戴いていたが、政治上一般自由民の發言權が強かつた。幼稚な農耕や牧畜を營んでいたが、狩獵を好み戰鬪に長じ、極めて勇猛で、シーザーがガリアを征討した際にも、ローマ軍に激しく抵抗した。其の後もローマの歴代皇帝はゲルマンを征討せんとしたが、後にはその侵入に備えることに意を用いなければならなくなつた。ことに時代が降るにつれてローマ帝國は次第に弱體化していくのに對して、ゲルマンはその間に勢力を増大してダニューブ下流地方にまで擴がり、ローマと樣々な交渉を持つことによつて次第にその生活が向上し、戰術が進歩し、また小部族が大部族に纒まるなど、ローマの衰微に反比例して優勢になつた。

ローマの沒落　ローマが沒落の兆《きざし》を見せはじめたのは既に共和制時代の末期であつた。ローマ軍の中堅となつた一般市民——自由人が經濟的に沒落し、マリウスやシーザーなどが私兵を養つて獨裁的權力を揮うようになると、ローマの國運は少數の有力者のみの擅ら所となり、一般市民の愛國心は衰えていつた。そのような風潮の上に帝政が成立したのであつたから、帝政ローマはもはやローマ市民の國家ではなくて皇帝個人のものとなり、且つ地中海周邊のあらゆる民族の集合體と化し、ローマ市民權は廣く領內の民に與えられることとなつた。かくてローマ帝國は廣大な領域を統一することに成功したけれども、活潑な國家活動は不可能になつた。かかる矛盾は時と共に表面化し、政權は不安定で、軍隊が橫暴を極め、戰亂が相次ぎ、有力者は地方に大所領を獲得し自由身分の農民を束縛して これを耕作せしめ、かくて 豪族となつて 割據した。かかる情勢の中に商工業は衰え、一般に農業を中心とする自然經濟に還つた。遂には大帝國の統一を維持することも困難となつて、既にディオクレチアヌス帝（在位二八四―三〇五）は三人の同僚と共に帝國を四分して統治し、コンスタンチヌスが都をコンスタンチノープルに移した後は益々東方と西方との差違が著るしくなり、テオドシウス（在位三七九―三九五）の死後その二子が帝國を東西に二分して以後、ローマ帝國は再び統一されることがなかつた。かかる事情の中で文化的活動もまた衰え、更に商工業の不振や戰亂或いは惡疫のため人口も減少し、帝國は沒落の一途を辿つた。そこへゲルマン諸部族が相次いで侵入したので、國內は全く混亂に陷り、遂に西ローマ帝國は四七六年傭兵隊長オドアケルのため滅され、東ローマ帝國もまた、ユスチニアヌス帝（在位五二七―五六五）の治世を除いては、全く振わないままに中世末期に及んだ。

ゲルマン諸族の大移動　未開の民族が或程度開化し勢力を増大して近隣の文明地帯に侵入する例は世界史上に多いが、ゲルマンのローマ領内侵入はその最も著るしいものの一つであろう。彼等が大部族に纒まつて大規模な活動を起しやすくなつた頃、丁度ローマは國力が衰えて彼等の侵入を防ぎきれなくなつていたのである。かくて匈奴に壓迫されたゲルマンの一派西ゴート族が南下して東ローマに侵入し、帝國が混亂に陥ると、東ゴート、ヴァンダル等のゲルマン諸部族が續々とローマ帝國の領内に移動し、約二百年間ヨーロッパの地は動搖を續けた。その間に匈奴はアッティラ王（在位四三三―四五三）の下にヨーロッパ各地を荒らし廻り、又ロシア方面のスラヴ族もゲルマンの移動したあとのエルベ以東の地に擴がつた。

西ゴートはダニューブを渡つて東ローマの本土マケドニア、ギリシアを荒らした後イタリアを經て、南ガリアからイスパニア方面に西ゴート王國（四一九―七一一）を建てた。其の後東ゴートも移動をはじめ、テオドリックの指導の下にイタリアに侵入し、オドアケルを殺して東ゴート王國（四九三―五五五）を建設し、またヴァンダルはオーデル河上流地方の故郷から各地を移動

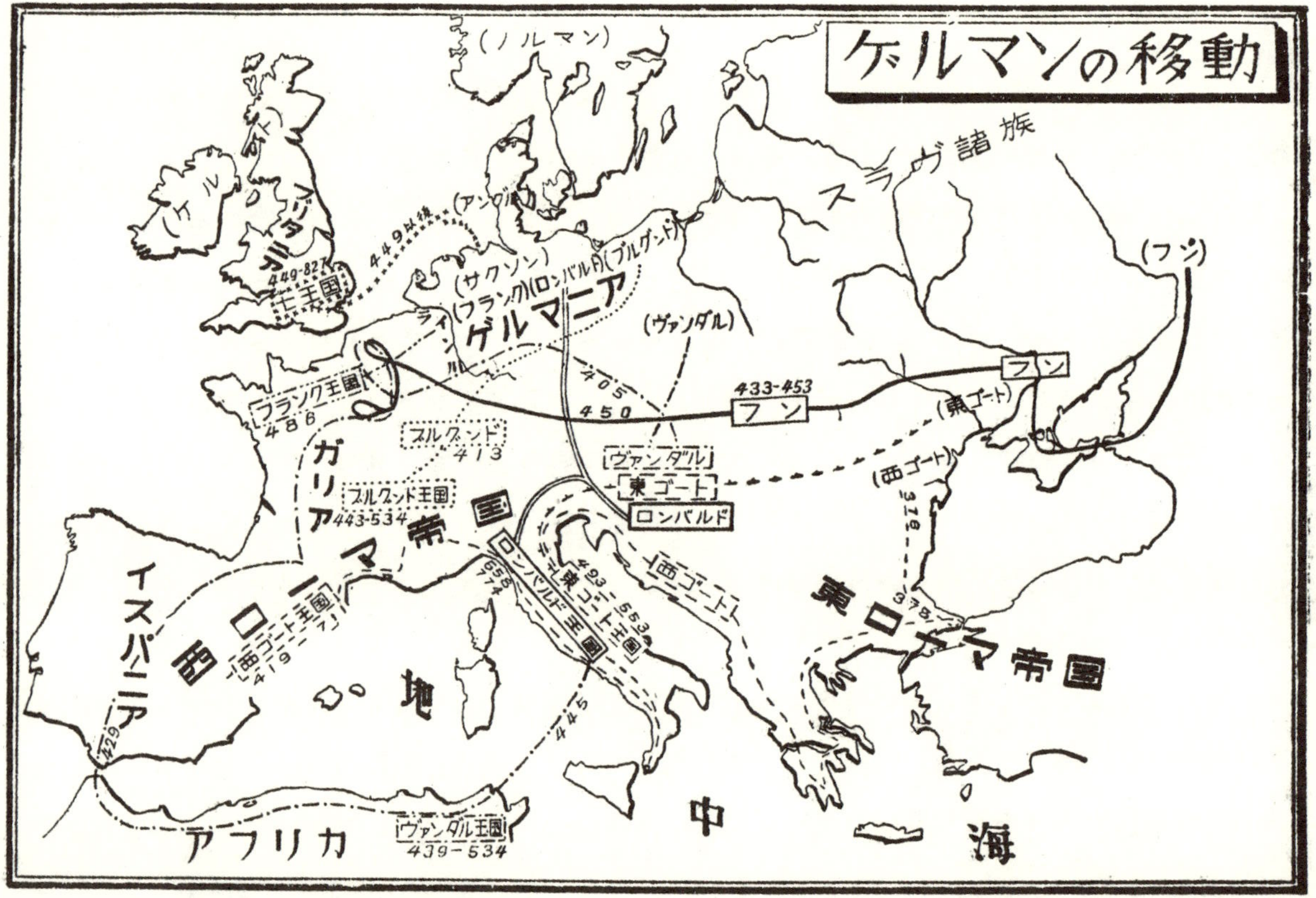
ゲルマンの移動
(ノルマン)
スラヴ諸族
(フン)
(ケルト)
ブリタニア
(ケルト)
449-827
七王國
449以後
(アングル)
(サクソン)
(フランク)(ロンバルド)(ブルグンド)
ゲルマニア
ライン
(ヴァンダル)
フン
433-453
フン
(東ゴート)
405
450
フランク王國
486
ブルグンド
413
ヴァンダル
東ゴート
ロンバルド
ガリア
ブルグンド王國
443-534
西ローマ帝國
(西ゴート)
376
西ゴート
378
東ローマ帝國
ロンバルド王國
568
774
東ゴート王國
493-553
イスパニア
西ゴート王國
419-711
地
中
海
429
445
アフリカ
ヴァンダル王國
439-534

しつつ、遂にアフリカ(今のチュニス地方)に達してヴァンダル王國(四三九—五三四)を建て、ブルグンドはバルチック海南岸の地から出て、東部ガリアに王國(四四三—五三四)を建てた。またエルベ下流に居たサクソンの一部及びユトランド半島のアングルは、海を越えてブリタニア(今のイギリス本島)に渡り、幾つかの小王國(いわゆる七王國)を建てた。かくして西ローマの舊領は全くゲルマン諸族の支配する所となつたが、その中でもライン右岸の地から次第にガリアに進出していつたフランクが最も有力になつた。そしてヴァンダル及び東ゴートは六世紀に東ローマ皇帝ユスチニアヌスの派遣軍に滅され、ブルグンドはフランクに征服せられ、西ゴートも勢振わずして遂にはイスラム教徒に滅され、また六世紀後半にイタリアに侵入したロンバルドも八世紀に至つてカロリンガ朝フランクのチャールス大帝に滅され、北ヨーロッパに残つたノルマンは未開のまま九世紀に至つてはじめて移動を開始したのであるが、その中にあつて獨りフランクのみは順調な發展をとげ、民族移動の混亂を拾收する役割を果した。なおブリタニアに渡つたアングル及びサクソンは其の後様々の變遷を經つつも永く殘り、今日のイギリス人——いわゆるアングロ・サクソン民族の母胎となつた。

第六節　東アジア諸國家の變遷

一、異民族の中國侵入

三國の分立　中國では二世紀頃から著しくなつてきた貧窮民の漢帝國への反抗は、この世紀の後半になつて黃巾の亂として大亂化した。彼らは主として河北、河南で起ちあがり、忽ちにして各地に擴がつた。政府はかろうじてその主力を平定することができたが、なほ各地の反亂は止まず、一方この討伐に從つた諸將たちや各地の豪族は自ら兵を擁して各地に割據し、こゝに後漢の統一國家は事實上瓦解するに至つた。しかし北シナはやがてこれら諸將の一人たる曹操《ソウソウ》によつて統一され、漢の帝位を奪つて魏《ギ》と稱した。これに對し江南には吳の國が立ち、四川には蜀漢國がつくられた。かくて中國は三分されたからこの頃を三國時代という。

異民族の中國侵入　魏はまもなくその將司馬氏に帝位を奪われ、國號を改めて晉《シン》と號した。晉の力で三世紀の後半には再び中國が統一されたが、それも三十餘年にして異民族の侵入によつて破れてしまつた。かくて晉は江南に根據を移し、こゝに東晉王朝を立てた。北シナは諸異民族の支配するところとなり、當時の中國人の豪族の多くは隷屬者をつれて晉室と共に江南に去つた。東晉百餘年の間、北では異民族の支配する十餘國が興亡し、いわゆる五胡《コ》十六國の時代となる。この時の中國人の南遷は從來から開發されつつあつた揚子江流域の社會と文明とを急速に高め、これ以後、中國文明の中心はもはや黄河流域だけではなくなつた。

中國に侵入した異民族は主として匈奴、鮮卑《センピ》、羯《ケツ》、氐《テイ》、羌《キョウ》などである。匈奴は一世紀の末、漢に歸降して山西に居たものが、晉王朝の內爭とその支配階級の不健全なのに乘じて兵をあげ、晉を南に逐うに至つたのである。鮮卑は元來熱河の地にいたが、匈奴の衰亡と共に勢を得、二世紀中葉には統一國家を形成し、滿洲から甘肅に至る北方の地を占めて漢の邊境を侵略していた。その後この統一は破れたが、なお中國の北邊には鮮卑族が分布していて、これが四世紀初め匈奴によつて起された動亂に乘じて中原に南下し、王權を爭つたのである。この他、羯は匈奴の別種、氐、羌はチベット系の種族であつた。これらによつて中國の霸權をめぐる戰は續いたが、五世紀のはじめに、綏遠《スイエン》地方にいた鮮卑の拓拔《タクバツ》氏が再び北シナを統一して北魏の王朝を建てた。こののち北シナでは四つの王朝がこもごも興り、南方では東晉がその部將によつて倒されてから、同じく四つの王朝が興つては倒れていつた。かくて中國においては南北對立の形勢が一世紀半餘にわたつて續けられたのである。よつてこの時代を南北朝時代という。やがて北朝には隋《ズイ》が興つて北シナを統一し、さらに南下して五八九年南朝を征服した。かくて中國は約四百年にして再び統一されることとなつたのである。

大土地所有の發達　この間に豪族は漢代から引續いてその地歩を固めた。そして魏や晉のときに行われた九品中正という官吏任用制度は、上級官僚を豪族が獨占することを容易にするものであつた。豪族はかくて政治權力を握つて貴族となり、門閥を形成した。そして異民族の侵入によつて江南に移住した豪族も、土着の豪族と共に土地を兼併し、政治的權力を握つていた。北方では漢末の亂以來しばしば戰亂がおこつて、多くの農民が困窮流亡し、奴隷が増加した。晉の南遷のとき北シナには中國人の下層民のほか、豪族でなお居殘つたものがあつた。彼らは共に支配階級を構成し、土地を兼併した。當時の南北を通じての諺に、耕は奴に問うべく、織は婢に問うべしとあるのは、こうした豪族たちが奴隷を如何に生産勞働に使用していたかを物語つている。

北魏の孝文帝が均田制を實施したのはこうした土地兼併の制限と農民の流亡を止める意味をもつものであつた。均田制はこの後もずつと行われたが、北朝時代には國家が直接支配する農民の確保には役立つても、大土地所有の制限には殆ど無力であつた。なおこの時代からは佛教の寺院が大土地所有者としてあらわれてくる。

北方に侵入した異民族は、その數が北シナの中國人より遙かに少く、その上これら異民族は元來すでに中國化しかけていたのであるから、彼らが支配者となつても、彼ら自身が中國に同化しようとし、事實そのようになつていた。これら異民族の上層は豪族、貴族となつたが、多數の民衆は一般中國人とまじわつて、兵士や農民となり、やがて中國人に同化されてしまつたのである。

佛教文化の隆昌　この時代の最も著しい文化現象は佛教の流行と、それによる佛像の製作、堂塔の建造であつた。佛教は一世紀ごろ西域から中國に入つたが、やがて豪族たちに信仰されて廣まり、南北朝を通じて盛に佛寺が營まれた。敦煌《トンコウ》の遺蹟、また雲崗《ウンコウ》、龍門の石窟《クツ》石佛は、當時の佛教文化を示す優れた遺品であり、思想上では佛教の教義の研究が進み、嘉祥《カショウ》の三論宗の如きが現われた。また佛教教團に刺戟されて道教が成立したが、道教は元來は民間の俗信がもととなり、教義としては老莊思想を利用したものである。

文學においては詩に優れ、陶淵明が名高く、文章は對句を用いて飾つた形式が尊ばれ、名文を集めた文選が編纂された。建築、彫刻と並行して繪畫も發達し、顧愷之《コガイシ》は最も有名である。書道の王羲之が出たのもこの時代であつた。

二、中國の統一國家

隋の中國統一　六世紀の終りに中國を統一した隋は、國家權力を强固にしようとし、官位を貴族が世襲するのを制限するため、試驗による官吏採用法すなわち科擧の制を開き、また均田制を實施した。また隋は國內では大運河を開くなど盛に土木工事を行い、外に對してはしばしば外征をおこした。しかしこのような民衆の酷使は、當然社會の不安をかもしだすもとであつた。かくて高句麗《コウクリ》征討に大敗したのを機として反亂がおこり、統一後三十年ならずして亡びてしまつた。

唐の統一國家　さて蒙古高原では五世紀には柔然《ジュウゼン》が强盛であつたが、六世紀の中葉トルコ人の國家たる突厥《トックツ》がこれに代つた。突厥の勢力はさらに中央アジアにも伸び、ペルシアを壓するに至つた。中國の北朝の諸王朝はこれらと結び、その意を迎えていたのであるが、突厥は六世紀末に內訌をおこして、蒙古地方の東突厥と中央アジヤの西突厥とに分裂した。

ときに中國では隋に對する反亂が起り、山西に起つた李淵《リエン》、李世民の父子は、東突厥の援助を得て、再び中國を統一したのである。かくて國號を建てて唐と號し、隋の着手した統一帝國確立の事業を受繼ぐこととなつた。

やがて即位した李世民は、六二八年天下を全く平定し、二十餘年に及ぶその治世は貞觀の治と稱えられた。彼は太宗とよばれ、その子の高宗と合せて、七世紀後半にわたる五十年は唐朝の全盛時代であつた。この時代に整えられた諸制度は日本、朝鮮、渤海《ボツカイ》、安南などに大きな影響を及ぼした。唐が大いに四周を征したのもこの時期である。國初とは逆に突厥を討ち、チベットを破り、トルキスタンの諸國を勢力下に入れた。高句麗、百濟《くだら》が亡んだのも唐軍の遠征の結果である。

しかし八世紀の後半になるとこうした唐の勢力もそれぞれの地方から衰退してしまつた。その頃はまた唐の統一國家も事實上くずれてきた時である。八世紀中葉の安祿山《アンロクザン》の亂後、國內では地方の軍閥たる藩鎭が自立し、時と共に勢力を得て、ついには唐朝は一地方政權と化するに至る。そして一種の農民暴動たる黃巢《コウソウ》の亂を契機として十世紀の初めに名實共に亡んでしまつた。

隋唐時代の社會　隋唐時代の支配階級は相變らず貴族であつた。彼等は學校を設け、科擧の制を實施しても、無能者を退けるには力があつたが、豪族、名門が上級官吏を占めていることに變りはなかつた。均田制は男子十八になれば口分田八十畝、永業田二十畝を給し、老死すれば口分田は國家に回收するという制度で、授田されたものは租、調を政府に納め、また庸として二十日の勞役に服する制度である。しかし貴族の大土地所有は一應の制限のもとに認められていたし、またこの均田制が全國にどれほど實施されたかも明らかでない。さらに均田制は兵制と密接に結びついていた。唐は徴兵制をとり、北朝時代からあつた府兵の法によつたが、これは均田農民から兵をとり、その代りに租庸調を免ずる方式である。主として首都長安附近の關中や河南に行われ、唐はこの兵をもつて外征の功を得ることができたのである。しかし連年の外征の結果、田土は荒廢して府兵の制度は沒落の運命をたどつた。一般の均田農民も庸のほかに雜徭《ヨウ》などの徭役が重く、しかも授田數も規定より減少するなどのために貧窮となり、或は田地を賣つて流浪し、或は大土地所有者のもとに投入するものが増加した。かくて八世紀前半には均田制、府兵制ともに崩壞してしまつたのである。

　そこで政府は募兵制をとり、一方王公貴族や寺院の大土地所有の増加を默認した。これらの土地は莊園と呼ばれているが、一所有者の莊園は各地にあり、奴隷をもつて耕作をし、また半奴隷的な小作人を使用した。この莊園も九、十世紀になると地方に興つた新興階級のため王公貴族の手から離れることゝなり、永く中國を支配してきた豪族は唐朝の衰亡と共に全く衰え、また莊園そのものの内部にも變化が起つて、中國史はこゝに新しい時代に入ることとなつたのである。

中國文化の發展　隋唐時代の文化は、東洋の諸國家間の通交、また商人たちの往來が頻繁であつたため、中國固有の文化のほかに諸外國、とくに西方からの文化が流入して燦然たる華を開かせた。文學にあつては、唐詩は中國文學史上甚だ高い位置を占め、李白、杜甫さらに白居易が有名である。文章や繪畫にも一つの變化がおこつてくるが、文章での韓愈《カンユ》、繪畫での李思訓、王維はこれを代表するものであつた。

思想では中國固有のものには見るべきのがなく、佛教に當時の中國知識人の叡知が集つたようである。法順の華嚴宗、智顗《チギ》の天臺宗、玄奘《ゲンジョウ》の法相《ホッソウ》宗など南北朝以來の教義の研究を大成したものといえるであろう。禪宗が盛になつてきたのもこの頃からで、前代に始つた淨土宗と共にやがて新時代の佛教として中國人の間に根を下すことゝなる。道教は帝王が尊崇保護したので一時流行した。ペルシアの祆《ケン》教（ゾロアスター教）、キリスト教の一派たる景教（ネストリウス派）、或はマニ教の入つたのもこの時代であるが、これらは中國人の間には殆どひろまらなかつた。

唐の貴族文化は首都長安がその中心であつたが、長安は當時中國のみでなく中アジア以東の諸國の都のような觀を呈していた。この他、洛陽、揚州などいくつかの大きな都市が榮え、そのため奢修的文化が發達した。當時の絹織物、金屬工藝品、陶器などにその一端をうかがうことができる。

三、東アジアの諸國家

東南アジアの形勢　さて次に目を轉じて東南アジアの半島部（インドシナ半島）、群島部（インドネシア）方面の形勢を見よう。是等の地方は地勢が頗る複雜で多くの島と半島と山脈があり、現在こゝに居住する民族の種類は甚だ多い。これは複雜な地形のところへ、古くからたびたび民族移動の波が押しよせてきたからであり、またこの方面の海上を經て東西の交通が盛んに行われ、各種の文化や民族が渡來したためである。民族の移動は大體において大陸からインドシナ半島へ、更に群島部へと動いた場合が多かつた。歷史上活動した主要な民族にもオーストロネシア系（マライ・ポリネシア系）、オーストロアジア系、チベット・ビルマ系、タイ系など多くの種類がある。そこにインド文化、中國文化、イスラム文化が攝取された。要するにこの地方の歷史は外部からの働きかけで受身の形で動いて行つた。

インド文化の波及　東南アジアの諸民族が國家を建てて活動するようになつたのはインド文化の刺戟を受けてからである。初期にはメコン河流域に起つた扶南《フナン》が盛んであつて、マライ半島方面にも勢力をのばし、大きな船を造つて海上貿易に從事した。インドシナの東南海岸にはチャムパが據つており、後れて扶南の北方からカムボヂャが起つて扶南に代つて發展した。また南方の群島部ではジャワが古くから史上に現れ、七世紀末からはスマトラにシュリーヴィヂャヤが勃興して東西の貿易路線を掌握し、數世紀に亘つて活動した。インド文化を受けた是等の諸國には佛教或はインド教が行われたが、なかでもシヴァ信仰が多かつた。インド教の傳播に際しては、本來この宗教の中に、東南アジアの土着民の信仰と相通ずるものがあつたことを注意しなければならない。ジャワのボロブドゥルやカンボヂャのアンコル遺蹟など獨自の特徴を持つた美術建築の發達がみられる。

中央アジアの情勢　現在東西トルキスタンの地方は、その名の示す如くにトルコ系民族が多く居住しているが、これはウィグル人が移住してから以後のことで、古くはアーリア民族が主流をなしていた。この地方は乾燥した砂漠も多いが、オアシスに於ては農業が行われ、町が作られ、小國家が起り、また是等の國々を連ねて東は中國、西は西南アジアからヨーロッパへ、またインドにも通ずる重要た交通路が走り、隊商がこの道を往來していた。中國の名産としての絹が漢の頃からヨーロッパに知られたのも中央アジアの交通が行われたからである。この地方でも特にソグド地方出身の商人の活動は目覺ましく、遠隔の地に出向いて貿易に從事した。そしてインドや西アジアの文化は中央アジアを通り、幾分形を變えながら中國に傳えられて行つた。東アジアに唐が榮えた時期に、唐の文化とインドの文化との刺戟を受けてチベット（吐蕃《トバン》）が勃興し、その勢力は一時この東トルキスタンを壓し、唐の都を陷れたこともある。

朝鮮の形勢　さて朝鮮半島にあつては、四世紀の後半から百年の間、南方に據つた新羅、百濟、それに南端の加羅地方を根據にした日本の勢力、また北朝鮮から南滿洲を領有した高句麗が、互に勢を爭つていた。しかし七世紀後半に及び、新羅は中國の唐帝國と結んで先ず百濟を滅ぼし、日本の勢力を半島から逐い、さらに高句麗をも滅ぼしてしまつた。これより半島の大部は新羅の支配するところとなつたのである。新羅の統一は十世紀に新しく興つた高麗に滅ぼされるまで續いた。

渤海の活動　高句麗が滅亡したとき、その一族は中滿洲にのがれ、大祚榮《ダイソエイ》にひきいられて「渤海」一國を建てた。七世紀末のことである。渤海國の人民は大部分が未開の滿洲人であつたが、支配階級は高句麗系のものであつて、中國の文物をとり入れ、佛教を信仰し、唐と修交を結び、また日本にも入貢していた。渤海は五京を設け、唐の官制を模倣したほか、學藝の輸入にもつとめたから、「海東の盛國」とまで稱せられた。しかしこれは支配階級の間だけの文化であつて、一般滿洲人は穴居生活を營んでいるような狀態であつた。

第三章　中世世界の展開

第一節　イスラム世界の發展

アラビアの形勢　アラビア半島から起つたイスラムの勢力はその後の世界史の上に一大轉換を與えた。イスラム教は西南アジアから西は北部アフリカを經てイベリア半島に及び東はインド、インドネシア、中國に傳播し、各地をイスラム化すると共に、他の諸文化に外部から刺戟を與えて新しい活動を起させたのである。それではイスラム勃興當時のアラビアの形勢はどうであつたろうか。アラビア半島は大部分が不毛の砂漠であるが、海岸沿いの狹小な地帶は東西交通の要衝に當り、貿易の利を占めて古くからかなりた繁榮を示していた。ササン朝のペルシアが東ローマと衝突を繰返し、この方面を通じての交通が困難になると、ヨーロッパのインド方面との連絡には自然パレスチナ、エジプトから紅海を經てインド洋に出る路線を利用することが多くなつた。アラビア半島西海岸の海陸の交通もそのために活潑になつて行き、中繼商業を營む都市としてメッカ、メジナが盛んになつて富裕な支配階級が生まれた。

マホメット　イスラム教の創始者たるマホメットはメッカの出身で、若い頃には貧困な生活を送り、隊商に加わつてシリア方面に往來し、キリスト教徒、ユダヤ教徒とも接觸しており、彼等セム民族の間に發達したところの最高の人格神を崇拜する傳統に基づいて唯一神アラーに對する信仰を唱道したのである。このイスラム教の創始は、宗教の改革であると同時に、政治上社會上の重大な變革を意味する。これまでアラビア人の間には、各部族を中心として信仰の對象を有していたが、ここに彼等は部族を越え階級を越えた宗教を持つことになつた。イスラム教は神の前にはすべての人間は平等であるという考えによつて階級を存在を認めない原則であるから、その傳播は社會の革命を伴うわけである。マホメットはメッカの名族たる富裕な支配層から異端として迫害を受け、六二二年その信者と共に難を避けてメジナに逃れたのであつて、そこにもかかる事情を讀みとることができよう。イスラム暦（太陰暦）の紀元はこのメジナ遷住（ヘヂラ）の年を以てはじまる。

さてマホメットはやがてメッカの敵對勢力を倒してアラビア半島の統一を行つたが、その後彼の後繼者として相次いで立つた四代の教主のもとに、イスラム教を奉ずるアラビア人はササン朝ペルシアを倒して中央アジアに進出し、シリア、エヂプトを征服し、小アジアにおいて東ローマの勢力に強壓を加えるに至つた。ササン朝ペルシアは、既述の如くその盛時を過ぎて國內分裂の傾向があり、アラビア人は忽ちにこれを滅して、ササン朝時代に土地の占有者として繁榮した豪族の勢力をくつがえし、隷屬的地位にあつた農民に土地を與えてイスラム教徒としての忠誠を誓わしめた。アラビア人の征服した異教徒はイスラム教に改宗するか、そうでなければジズヤと稱する人頭税を支拂う義務を負つて彼等に服從するか、何れかを選ぶ以外にはなく、これまで複雜に分裂していた西南アジアの宗教事情はここに一變するに至つたのである。

イスラム教の教主ははじめは選擧によつてその任についたもので、そこには遊牧民族の君長選出の傳統が存續していたが、シリア總督であつたムアウィアが第四代の教主アリを壓迫し、自ら教主となつて都をダマスクスに置いてから以後、その地位は世襲となつた。これが卽ちウマイヤ朝であり、この王朝の時代にイスラムの勢力は更に飛躍的に發展を遂げ、東方は唐の領土に接し、西方は北部アフリカを從え、ジブラルタル海峽を越えてイベリア半島をも征服した。そして彼等の勢力はヨーロッパ世界にとつて久しいあいだ重大な脅威となつた。

アッバス朝　イスラム教の勢力圏の中でもペルシアは以前からの文化の傳統を有する特色あ

る地域であり、また教主の地位爭奪に敗北したアリー派（シヤ派）はこの地方に到つて獨自の教義を廣めていたが、やがてこの形勢を背景としてウマイヤ朝に反抗する勢力が起り、これを滅ぼして新たにアッバス朝を建てた。そしてアッバス朝は都をバグダッドに置き、イスラム文化は統治組織の上においても學問藝術の面においても目覺しい發展を遂げるに至つた。殊に教主ハルン・アル・ラシッド治世の前後はイスラム文化の最盛時としてうたわれている。アッバス朝の國家財政は被征服地の上納に負うところが頗る多いが、またその國家の中心部たるメソポタミアの農業生產を高めるために灌漑施設の整備に力を用いて多數の運河を造り、そのために多くの奴隷を使役した。製造工業としては奢侈品が作られ政府の御用工業というべきものが多かつたとはいえ、東方の中國からその製法技術の傳えられた紙の製造もはじまつている。陸地を通ずる商業と並んで、海路よりする貿易も盛となり、アラビア人はインドに出向いて賣買を行い、更に進んで中國に至つて貿易するものもあり、中國の海港にはアラビア人の居留地ができるまでになつた。

イスラム文化　イスラム世界の學問文藝は、決して單にアラビア文化の發展した姿ではない。傳統の古いイラン文化、ギリシア文化、インド文化を取り入れて、これらをイスラム教の支配下において新しく展開させたものである。イスラム文化の根本はイスラム教自體で、經典コラーンがその核心をなしており、コラーンを中心として發達したイスラム神學、法學、文法學、修辭學などは「自國の學問」(アラビア學)と呼ばれているが、そのほかに「外來の學問」というのがあつた。イラン系の知識層は政治上のみならず文化の上でも最も重要な地位にあり、一方ギリシア文化の輸入も盛に行われて、アリストテレス・プラトン以下多數の哲學者、科學者の書物がアラビア語に飜譯された。歴史學、地理學、數學、天文學、化學など何れも著しい發達を遂げ、文學にあつては「千一夜物語」の如き作品を生んだ。

アラビア文化がヨーロッパ文化に影響を及ぼしたことは甚だ多く、現在ヨーロッパ諸語の中にみられるアラビア語からきた單語をみてもその事實を推測することができるであろう。英語に例をとつてみれば、代數(algebra)、化學(chemistry)、アルコール(alcohol)、ソーダ(soda)アルカリ(alkali)、ガーゼ(gauze)など何れもアラビア語起原である。

トルコ民族の活動　さてイスラム文化の支配する廣大な地域の中で、後れて活動を開始した民族にトルコ族がある。はじめアルタイ山脈蒙古方面に活動し、後に中央アジアに移住したトルコ族の中で最初にイスラム教を奉じて有力な王朝を建てたのはカラカン朝(イレク朝)であるが、同じトルコ族の一部は別にアフガニスタンのガズニ王朝を開いて兩者互に爭つた。このガズニ朝はインド西北部のパンジャブ地方を征討しインド回教化の端緒を開いた王朝である。カラカン、ガズニ兩朝が爭つている間に、更に有力なトルコ人セルジュック族が移住して來たが、彼等はホラサンに進出して王朝の基礎を固め、遠征軍を興して忽ちにアム河からユーフラテス河に至る廣大な國家を建設し、バグダッドに入城してアッバス朝の教主から「スルタン」の稱號を與えられた。そしてこの國はやがてシリア、パレスチナを領有し、小アジアから東ローマの勢力を一掃し、東は天山山脈、西は地中海に至る大國となつた。このセルジュック朝を滅亡に導いたのは中央アジアに起つた同じトルコ族のホラズムである。

第二節　中世ヨーロッパの形成

フランク王國の建設　民族移動期に當つてフランク族は幾つかの小王國に分れたまま次第に南に擴がつて行つたが、やがてその中でメロヴィンガ家が勢力を得、その王クローヴィス（在位四八一―五一一）はフランクの諸小國を統一し、中部ガリアにまで領土を擴げて、テオドリック治下の東ゴートに對立する强國を建設した。クローヴィスはまた、南下したゲルマン諸部族が多くキリスト教のアリウス派を信じたのに對して、正統派として優勢であつたローマ・カトリック派に歸し、これと提携して西ヨーロッパの中心勢力となるべき素地をつくつた。其の後もフランクは、王權に動搖はあつたが、故郷を捨てず傳統的な剛健の精神を忘れず、しかもカトリック教會と提携しつつ、勢力を增大していつた。

ローマ・カトリック教會の成立　キリスト教は、アタナシウス派が正統と認められ、やがてローマの國教とされるに至つて、益〻普及した。この正統派に屬する多くの教會の中、帝國の首府たるコンスタンチノープルと舊首都ローマの二教會が最も有力となつたが、帝國が東西に分れるようになると、同様兩教會も分離する傾向を示し、ローマ教會はコンスタンチノープル教會の優位を認めつつも次第にこれに對立するに至つた。更に西ローマが滅亡し、その舊領をゲルマン諸族が支配して東ローマとの交渉が斷たれると、兩教會の對立は一そう顯著になり、後チャールス大帝が西ローマ皇帝と稱するに至つて、兩教會は全く分離し、それぞれ東西の總本山となつた。東をギリシア・カトリック教會（正教）、西をローマ・カトリック教會（又は單にカトリック）と呼ぶ。

ギリシア正教の首長を東ローマ皇帝が兼ねたのに對して、ローマ・カトリック教會はローマの司教を首長（法王）とし、世俗的權力から離れていたが、民族移動の混亂期に西ローマ領民の動揺を鎭めた役割は大きかつた。そしてやがてフランク王と結んでゲルマンにも布教を進めた。僧侶の布教態度は極めて熱心で、十世紀頃までには北歐までもキリスト教化し、かくて西部ヨーロッパの殆どすべての人がカトリック信者となつた。斯様にしてキリスト教は、ローマ系民族及びゲルマン系民族の兩者を精神的に結びつけ、殊にゲルマンに對してはローマ的文化を傳えることに努め、全西歐を一つの纒まつた文化圈とする役割を果した。それ故その指導者として法王以下各地の司教等から成るローマ・カトリック教會は大きな力を持つこととなり、後には土地の寄進を受けて經濟的實力をも具えるに至つた。

チャールス大帝　フランク王國では七世紀にはいると、王子の分割相續による國内の分裂や權臣の跋扈《バッコ》による政治の混亂などのため、國力が衰えたが、やがて宮宰の地位に就いた重臣が政治の實權を握つて事態を拾收するようになつた。中でも宮宰チャールス・マルテルは七三二年イスパニアから北上したイスラム教徒の軍隊をツール及びポアチエに於て撃破し、フランク王國とキリスト教とを外敵の手から守つた。その子ピピンはついに七五一年王位を奪つて新王朝を創《はじ》めた。ついで王位に卽いたのがチャールス（カロルス）大帝で、この王朝はカロリンガ朝と呼ばれる。チャールス（在位七六八―八一四）は北はサクソン族を征し、南はイスラム教徒を退け、イタリアのロンバルド王國を征服して、大帝國を實現し、治安の維持をはかつた。これによつて今日のドイツ、フランス、イタリア等西歐の主要部分がはじめて統一された譯で、チャールスの事業はローマ・カトリック教會の文化的活動と相俟つて新しい西歐世界の形成に寄與する所甚だ大なるものがあつた。彼はまたフランク王としてゲルマン的傳統の上に立ちつつもローマ文化を尊重し、教育の普及に努めた。殊に八〇〇年にローマ法王から帝冠を受けて西ローマ皇帝を稱したことは、彼の文化的立場を示す最も好い例であろう。

ビザンチン帝國　フランク王國とローマ・カトリック教會との協力のもとに舊西ローマ領とゲルマン地域とを打つて一丸とする西歐文化圏が次第に成長しつつあつたのに對して、東ヨーロッパでは民族移動の嵐を外《そ》らしイスラム教徒の攻撃に耐えた東ローマ帝國が、ローマ帝國というよりはむしろギリシアを中心とするオリエント文化の中心として、古い傳統を維持し、一つの文化圏を形成していた。

コンスタンチノープル即ちビザンチウムを首府とする此のいわゆるビザンチン帝國は、民族移動の先頭を切つた西ゴートに荒らされたが、其の後移動の嵐が西ローマに集中したため難を免れ、且つ中興の大帝ユスチニアヌス（在位五二七―五六五）が積極的に東ゴート、ヴァンダル等ゲルマンの國を討つたので、國力は回復した。彼はまたいわゆるユスチニアヌス法典を編纂せしめてローマ法を集大成し、盛んに建築を起すなど、文化的にも大きな業蹟を残した。そのため、もともとローマ帝國領内の學藝の中心であつたギリシアをふくむこの國は、先進文明國として高く評價され、ビザンチン文化は中世の西洋に於て指導的な地位を認められた。その西歐に與えた影響の大きかつたことは言うまでもないが、新興イスラム世界の文化にとつてもビザンチン文化は重要な要素をなしたのであつた。ことにこの國の皇帝を首長とするギリシア正教は北方スラヴ系諸民族の間にも行われるに至り、そのため正教を中心とする東歐文化圏ともいうべきものが見られるようになり、その影響は長く後世に殘つた。

しかしかかる高い文化的地位を有したにもかかわらず、ビザンチンの國力はユスチニアヌスの死後は概して振わず、彼の征服した土地をもやがて失い、イスラム教徒の進出に脅かされ、更にササン朝ペルシアと爭つて疲れ、後にはトルコに攻められ、ギリシア、マケドニア、小アジアのみに狹められた領土を守るのに汲々として中世末に及んだ。

第三節　西歐封建社會

概　観　イスラム世界が急速に發展したのに對して、西歐世界が成立するためには民族移動以來長年月を要した。チャールス大帝の帝國建設はその一應の整備に過ぎなかつたのである。しかもイスラム教徒が政治と宗教との特殊な結合のもとに廣汎な範圍の統一を實現したのに對して、中世の西歐世界は政治的には分裂の方向に進み、封建社會體制をとつていつた。そしてこれを一つに纒める役割を果したのはローマ・カトリック教會の精神的權威であつた。なおこの間にあつて注目すべきは西歐各地に幾つかの王國の成立を見たことである。封建時代にはそれらの多くは單に地理的稱呼に過ぎず、王位は名目的のものであつたが、しかもそれらが基礎となつて後に次第に政治的統一體が生れ、その中から民族的團結を生じて今日に及んでいるのである。

一、西歐諸王國の成立

フランク王國の分裂と獨佛伊の形成　フランク王國ではチャールス大帝の死後その子ルイ（信心王）が位を繼いだが、ルイの三子は紛爭の末ヴェルダン條約（八四三年）によつて國土を三分し、ロタールはイタリアと中部フランク、ルイ（ドイツ王）は東フランク、チャールス二世は西フランクを領有した。更にメルセン條約（八七〇年）によつて中部フランクは東西フランク王國に分割された。かくて後のイタリア、ドイツ、フランス三國の基が出來ることとなつた。しかしその間に地方の豪族が勢力を得、チャールス大帝がこれを抑える爲に置いた公・伯等の地方長官もかえつて大豪族となり、かくて封建的地方分權の傾向が強くなつた。

東フランク王國卽ちドイツでは、國王に傑出した人物がなく、サクソニア公、バヴァリア公、フランコニア公、スワビア公などの大諸侯が勢力を增して國內が亂れた。十七世紀の始頃カロリンガ王統が絕えて、諸侯の選擧によつてフランコニア公が、次いでサクソニア公ヘンリーが、王位に卽いた。その子オットー一世(在位九三六―九七三)は東から侵入した蒙古系のマジャール族を擊退し、イタリア北半を占領して武名を擧げた。彼は更にローマやチャールス大帝の版圖の如き大帝國建設の夢を抱き、これをキリスト教擁護の理想に結びつけて、ローマ法王から帝冠を受けて「神聖ローマ皇帝」と稱した。其の後王位はフランコニア朝、更にスタウフェン朝(スワビア公家)に移つたが、歷代のドイツ王は槪ねこの皇帝の稱號をとり、國內の不統一をそのまゝにしてイタリア經營に熱中し、ドイツに表面的な榮光をもたらすと同時に樣々な不幸の種を蒔いた。

西フランク(フランス)でも有力な諸侯が地方の實權を握り、國王の勢力は弱まつた。この傾向に拍車をかけたのはノルマンの侵入で、この北方の蠻族の荒掠はフランスに於て最も激しく、彼等の一部はその一角に定住してノルマンディー公國を建てた程であつた。それで九八七年、カロリンガ王朝斷絕の後をうけてパリー伯ユーグ・カペーが王に選出されると、王は實質的には單に二流の一諸侯に過ぎなくなつた。但しこの國ではローマの傳統が根强く殘り、國王諸侯等支配者がゲルマン系であつたにも拘らず、言語もラテン系のフランス語が發達し、封建制度の典型的な成長と相俟つて中世西歐文化の模範が見られるに至つた。その點でゲルマン的要素の强いドイツと對照的な立場を示している。

イタリアはローマの故地で、しかも今や西歐世界の指導原理たるキリスト敎の總本山(法王廳)の所在地であつたので、その文化的地位は高かつた。しかしロタール王の系統は早く絕えて諸侯や都市が各地に勢力を揮い、やがてドイツ皇帝の勢力が屢〻はいつてこの國を脅かし、更に法王が政治的勢力を得るに及んで皇帝と爭い、かくて國內は亂れがちであつた。

ノルマンの活動とイギリス王國の建設　ブリタニアの島は元來ケルト族が住んでいたが、シーザーの征服以後ローマの屬州となつた。民族移動時代にアングル及びサクソン族が渡來して幾つかの小王國を建て、後これが統一されて、アルフレッド大王(在位八七一—九〇一)の時には國威大いに振つた。其の後ノルマン(イギリスではデーン人と呼ばれる)の侵入が起り、かれらはカヌート王に率いられて此の島を征服し、更に一〇六六年ノルマンディー公ウィリアムが英佛海峽を渡つて攻め込み、イングランド王位に卽いた。以後イギリスでは比較的强力な王權の許にフランス、ドイツなどに較べて特色のある封建制度が發達した。

ノルマンは北歐を根據地として九世紀頃から急に海外に活動し、はじめは亂暴な海賊的行爲が多かつたがやがてノルマンディー公國、イングランド王國をはじめ各地に國家を建設するようになつた。ロシアの如きもルーリックに率いられるノルマンの建國にかゝり、又地中海方面ではシシリー、南イタリアにノルマンの支配する國が出來、やがて兩シシリー王國が成立した。ノルマンの故鄕でもノルウェー、スエーデン、デンマルク等の王國が出來た。其の外西ヨーロッパではイベリア半島の大部分はイスラム教徒の支配する所であつたが、北部の一隅に殘存するキリスト教徒によつて二、三の小王國が建てられた。

二、カトリック教會の權威

教會の組織と經濟的實力　以上の様に各地に王國が建てられたが、何れも鞏固な國家とはなり得なかつた。一方ローマ・カトリック教會は、その間にも布教を進めて全西歐を教化し、その精神的權威の上に立つて、世俗的な方面に於ても勢力を增大していつた。

敎會の組織は、ローマ司敎が法王として首長の地位に立ち、各地の主要都市には司敎が駐在し、數箇の司敎管區を統べるため大司敎が任命せられ、又司敎管區は多數の敎區に分れてそれぐ司祭がその責任者となつていた。彼等はそれぐ寺院に住したが、寺院・禮拜所は其他數多く、僧侶の身分も右の外に樣々なものがあつた。殊に修道院が發達すると、その院長の地位は重要になつた。そしてこれらの組織は、敎會が世俗的勢力とからみ合うようになると、ようやく統制强化の必要が感ぜられるに至つた。

敎會は元來信徒の喜捨する淨財によつて維持されたのであるが、代々のフランク王は司敎等に次々と地所を寄進し、司敎座・修道院等各地の大敎會は廣大な土地を所有するに至つた。殊にカロリンガ王朝を創めたピピンはローマ法王にいわゆる法王領を寄進し、又ドイツの大司敎等は大諸侯に匹敵する所領を獲得した。しかもこれら大土地を所有する各地敎會は封建制度の發達に伴つて政治的に殆ど獨立の地位を得ることとなつた。かくて今や敎會は精神的權威のみならず、政治的にも、諸侯に伍して土地・人民を支配するに至り、軍事的實力さえ具わつた。

教會の肅正運動と法王の指導的地位

しかし教會の優勢もこゝに至つては却つて弊害を生ずる。富裕な司教領や修道院領地は世俗諸侯の羨望する所となつて、ここに僧職賣買の悪風を生じ、且つドイツ皇帝など世俗君主は教會を支配せんとした。かゝる風潮の中で僧侶はややもすれば安逸に流れがちであつた。既に六世紀のはじめベネディクトがイタリアに創めた修道院運動は、もともとかゝる僧侶の墮落を匡正せんとするものであつたが、その修道院もまた前記の如く大所領を有して俗化した。そこで十一世紀になるとフランスのクリュニー修道院を中心とする肅正運動が起り、その運動の洗禮を受けた法王グレゴリー七世(在位一〇七三—八五)は斷乎として教會刷新に乗り出したのであつた。

彼は僧職賣買や僧侶の結婚を禁じて熱心に宗教界の腐敗を救わんとしたが、こゝで最大の問題として法王による教會の統制を强化せんとし、司教等の僧職任命權を完全に自己の手中に收めんとした。しかるにこれは世俗君主の利害と相反する所であり、殊に國内に多數の宗教諸侯を有し且つ最も有力な君主であつたドイツ皇帝とは、遂に正面衝突するに至つた。かくて法王はヘンリー四世(在位一〇五六—一一〇六)と爭い、これに破門を宣して遂に屈服させ、皇帝はカノッサにおいて法王に謝罪するの止むなきに至つた。グレゴリー七世は其の後勢力を盛り返したヘンリ十四世のために敗れたが、彼によつて法王の權威は世に實證せられ、其の後歴代法王はイタリア經營に熱中するドイツの神聖ローマ皇帝と爭い、世界帝國を夢みる皇帝に對してキリスト教による世界支配を理想とし、ドイツやイタリア等の諸侯を巧みに操縱して勢力の伸長をはかつた。殊にインノセント三世（在位一一九八―一二一六）はドイツ皇帝の外フランス王とも爭い、イギリス王ジョンを破門して遂に屈服せしめ、全西歐に威を揮つた。かの十字軍も、法王の指導の下に諸國の君主諸侯以下殆どすべての階級を動員したもので、かゝる絶大な法王權なくしては到底考えられない。かくて中世の西歐に於ては教會は殆どあらゆる面で指導的立場を持したのである。

三、封建制度の發達

封建制度の意味　中世の西歐諸國に於て封建的地方分權の傾向が強かつたことはこれまで屢ゝ述べた所であるが、西歐にあつては封建的なものは、單に政治上にとゞまらず、社會の構成、經濟の樣式、更には思想文藝に至るまで、殆どあらゆる部面に亘つて深く根を降していた。中世西歐世界は一面キリスト教によつて代表されると共に、他面、封建制度によつて特徴づけられていたのである。「封建」という言葉は元來中國古代史上、周代における公・侯・伯等による地方分權的政治形態を指し、かゝる意味ではエジプト古王朝の末期の諸侯割據の狀態をも封建的と言い得る。これに對して此處に用いる封建制の語は直譯すれば「封土制」で、西洋史上封建制度と言えば、封土《フィーフ》（土地其他收益を伴う種々の權利）の授受から生ずる樣々な社會組織の一切を總稱するのである。その中には地方分權的政治組織も重要な要素として含まれているが、その他身分關係や種々の權利義務の關係が含まれる。實はこの語は後にフランス革命の頃、特權階級を溫存する舊來の社會制度を指して盛んに用いられたもので、それ以後中世的な社會的政治的組織の總稱となり、近時更に學問的に規定されて、おおよそ次に述べるような內容を意味することとなつた。從つて嚴密に言えば、封建制度《フユーダル・システム》は西歐の中世史上にのみ見られるものであるが、日本の中世における如く中世西歐社會に酷似する組織についてこの譯を用いることは差支えないであろう。

莊園の發達　封建制度は右に見た語源によつても明らかな如く、特殊な土地の授受關係をその經濟的基礎とした。そしてここに封土として扱われた土地は多くの場合、單なる地所ではなくて、それを耕作する人間を伴つており、その上國王などから種々の特權が許されていた。かかる特殊な意味を持つた土地がすなわち莊園《ショウ》と呼ばれるものである。

莊園の制度はフランク王國の中で徐々に發達したが、その萠芽は既にローマ時代に見られる。

すなわち帝政時代にはいつて、皇帝や有力者は廣大な土地を持ち、これを耕作せしめるのに奴隷の外に自由身分の者を小作人として使用したが、後には法律によつてこの自由な小作人を束縛して地主の土地から離れることを禁じ、更に地代として貨幣や農作物を取立てる外に彼等を勞役に使用した。かくて小作人は一種の農奴となり、地所の賣買に際しては小作人もそれに伴つて賣買されるに至つた。このコロナート制度はローマ領内に廣く行われていたが、その後ゲルマン諸族が侵入すると、彼等はローマの地主から土地を分割して取り或いは舊皇帝領を接收した際、その土地制度をそのまま承け繼いだのである。それはガリアを征服したフランクにあつても同樣であつた。かくて初期のフランク王國内には、農奴的な小作人や奴隷をして土地を耕作せしめる地主が貴族として上層部にあり、これと共に、自己の所有地を自ら耕す自作農民が自由身分に屬し、フランクのみならず被征服者たる舊ローマ領民にも從來通り自由の身分が認められた。隷從身分の多くは右に見たローマ系の小作人であつたが、その外にゲルマン系及びローマ系の奴隷や種々の半自由人があつて、家内勞働と共に農耕にも使役された。そしてかゝる身分制度を伴つた土地制度は、フランク社會の變遷と共に次第に變化を蒙り、やがて莊園制度を生むこととなつた。

フランクの王權はクローヴィスの時から急速に强大となり、征服事業の進展と共に國王の所領は増大し、多數の私的部下を養つて、舊來の自由民の權利は次第に微弱になつていつた。そして國王の部下のうち武勳を建て或いは政務に參與する者は王から土地を受け、その本來の身分の高下に拘らず勢力を得て、在來の貴族を壓迫するに至つた。

彼等が王から受ける土地は一種の俸給で、忠勤の義務を伴い、原則として王か彼等自身かの何れかが死ぬと、その土地に對する彼等の權利は消滅した。これを恩貸地と言う。しかるに事實上この恩貸地は世襲される傾向が強く、しかもこれを貸與された部下の方ではこの土地に對する免税の特權を得ることに努め、やがてはこの土地を耕す農民に對する裁判權をも獲得するに至つた。かくて恩貸地は或る程度國家權力を離れた私領となつた。これがすなわち莊園で、メロヴィンガ朝の末期には一般的な土地所有の形態となつた。そこで有力者は爭つて斯樣な莊園の獲得に努め、彼等は更に中小の地主乃至自作農民の土地をも兼併して自己の莊園を增した。また大莊園領主はその一部を更に自己の部下に恩貸したが、中小の地主は有力者の保護を求めてその土地を献じ、改めてこれを恩貸された。この形式は教會への土地寄進に多く用いられ、かくて教會の所領は國王から受けた土地と共に尨大なものとなつた。斯樣にしてカロリンガ朝時代には莊園は全國の土地の大部分を蔽うようになり、國王の直接所有する土地もまた他の莊園と同じ性質のものとなつた。かゝる莊園の典型的な經營形態は、領主又はその部下の管理人の住む事務所を中心にして、耕地を直營地と小作地とに分ち、小作地はこれを隷從身分の農民又は自由身分の小作人に貸與し、その地代として若干の貢納を取る外、いわゆる賦役として彼等を直營地で働かせ、そこから上る收益をもつて領主の主なる收入とした。そしてこれら農民の領主に對する隷屬の度は封建制の發達と共に次第に强化されていつた。

封建制度　以上のような莊園制度の發達の上に立つて、封建制度はカロリンガ朝時代以後次第に完成されていつた。

封建制度の起源として莊園制度と共に重要なのは從士制度で、これはゲルマンの間で王などの有力者が私的な部下を養つていたことに由來し、なおローマの共和制末期以後にも同樣な風があつた。前に觸れた如くこの私的な部下はフランク王國の下で大いに增大し、王の武力の主要なる要素となり、或いは官僚として國政の中心勢力となつた。そして彼等は國王に忠誠を誓い、その代り國王から恩貸地や其の他の形で俸給を受けたのである。かかる私的な部下が從士で、國王以外の有力者も從士を養つた。かくて從士制度という私的主從關係は大いに發達し、チャールス大帝は、この關係を利用して治安の維持をはかつたのであつた。

やがてカロリンガ朝の末期になると王権が衰え、これに乘じて有力者は益々莊園を集め、中小の領主や自由身分の自作農を壓迫して纒まつた一地方を支配するようになつた。他方ノルマンの侵入等社會不安が續いたので、彼等有力者はそれぞれその地方の治安維持に當るため多數の從士を養い、人々はまた彼等の支配下に入ることを望み、かくて各地にいわゆる諸侯が出現し、殆ど獨立の地位を得ることとなつた。

この頃になると從士制度と莊園制度とは一層の發達をとげ、恩貸地は封土と呼ばれるようになつた。すなわち諸侯は從士を採用するに當つては嚴粛に忠誠の誓を求め、これに對して封土として莊園を與え、從士は主君に對して軍役や出仕の義務を負つた。かゝる從士がすなわち騎士で、この主從關係が封建制度の中心となるのである。かくて諸侯と騎士とは協力して治安の維持に當り、騎士は封建社會の儀表とされた。諸侯と騎士との關係は形式上國王と諸侯の間にも適用され、國王自らも多數の騎士を召抱えていた。騎士はまた從卒を從え、時には更に下級の騎士を養つて小諸侯となつた。斯樣な主從關係の階層が整つたことも西歐封建社會の一特色であつて、それは教會における法王・大司教・司教・修道院長・司祭等僧職の階層の發達にも影響を與えた。

莊園に働く農民は、封建制度の整つてきた頃には、多くは一樣に農奴と呼ばれ、從來の奴隷・

半自由人・ローマ系農奴・自由小作人等の複雑な身分の區別は消滅した。そして彼等と領主との關係もまた封建的主從關係に準じ、農民は領主に對して賦役・貢納等の義務を有し、領主はこれに土地を貸し且つかれらの生命財產を保護する責務を有した。但し實際には農民は領主の土地に縛りつけられ、その搾取をも忍ばねばならぬ立場に陷つたことは否定出來ない。

四、西歐中世文化

西歐中世世界は或る意味ではカトリックの世界であつたから、中世文化といえば全くキリスト教文化と稱しても差支ない。しかしその中からも世俗的な傾向が徐々に生じ、やがてはルネッサンスに通ずる途を想わしめるものも見られるようになつた。

學　術　學問の中心をなしたものは言うまでもなく神學であつたが、はじめのうちはアウグスチヌス等古代末期の教父たちの著述を、貧弱なラテン語の力で讀んだ程度にすぎなかつた。しかし僧侶は次第に古典文化に親しむようになり、殊に後に十字軍以後ギリシアの哲學も知られるようになつて、神學の內容は豐富となり、いわゆるスコラ哲學を生んだ。その最も代表的な學者は十三世紀に出たトマス・アキナスであつたが、その外にもアベラールをはじめ、ベルナールやドゥンス・スコッスなど多くの學者が出た。

學僧たちは更にラテン文學を讀み、後にはイスラム文化の影響を受けてギリシア語やアラビア語を解する者も現われ、數學等も盛んになつた。また敎會法の發達は法學を進歩させ、ローマ法が研究されるようになつた。

これらの學問は、はじめ修道院や私塾において敎えられたが、十二世紀頃からは各地に大學が出來るようになり、殊にイタリアのボローニャ大學は法學をもつて顯《あら》われ、フランスのパリ大學、イギリスのオックスフォード大學は神學の研究で有名であつた。

藝術　中世初期にはラテン語を正確に解する者は殆どなく、ラテン語の著作にも見るべきものがなかつた。其の後學術の進歩と共にラテン語の知識も進み、學術的著作は專らラテン語に依つたが、其の外ラテン語の詩文も現われはじめた。

しかし中世文學の華は傳說に基づく物語詩で、それは俗語によつて作られ、吟誦された。これは十一世紀頃數多く現われたフランスの武勳詩と呼ばれるものが優れ、殊に「ローランの歌」は有名である。更に十二世紀頃になると文體の洗練された騎士道物語が作られ、「アーサー王物語」「トリスタンとイソルデ」等の傑作が生れた。フランスの騎士道物語はドイツにも影響を與え、

「ニーベルンゲンの悲歌」等立派な文學作品を生んだ。

中世の美術を代表するのは寺院建築で、十一世紀まではビザンチン式が模倣されていたが、やがてローマ時代のアーチ式に改良が加えられて、いわゆるロマネスク式の建築が現われた。それは先ずイタリアに起り、ついで西歐各地に擴がつた。ピサの大寺やミラノの聖アンブロジオ寺などはこの代表的なもので、莊重な感じを與え、中世の敎會の雰《フン》圍氣によく適している。其の後十三世紀になると、アーチを高く持ち上げて肋材《ロクザイ》で骨組を造つた輕快な感じのするゴチック式が行われ、北フランスから起つて各地に擴がつた。ゴチック建築にはドイツのケルン大寺やロンドンのウェストミンスター寺など有名なものが多く殘つている。其の他、繪畫や彫刻は一般に寺院建築の裝飾に用いられたに過ぎず、見るべきものがない。

第四節　中國社會の變化と征服王朝

新しい社會情勢の展開　ここで中國の情勢を見よう。揚子江沿岸殊に下流の地域は、晉が南に遷《うつ》つてから五世紀、六世紀の間に、大いに開發され、水田耕作技術の進歩と耕地の擴大が行われた。唐代の中葉になると單位面積當りの生產量が增大し、この趨勢は十世紀を迎えてますます顯著となつたのである。また同じ頃北シナの乾地農業地帶でも二年三毛作が普及してきた。こうした生產力の發展は當然社會に大きな變化をあたえるものであつた。均田制を崩して發展してきた莊園內部でも、耕作者は奴隷或いは半奴隷的な小作人といつた古代的な性格のものから中世的な農奴と變つてきて、十、十一世紀になると、大土地所有者の土地は殆どこの農奴によつて耕されることとなつたのである。

一方莊園の所有者であり、同時に唐の統一國家の支配層であつた貴族は、地方から擡頭した新たな勢力のためにその莊園を奪われて政治權力を失い、全く沒落する。これに代つて新たな支配層として現われたのが、宋代に士大夫《シ・タイフ》階級或いは官戶《カンコ》とよばれる層で、彼らは農奴制の大・中土地所有の上にその基礎をおいた。この支配層は唐中葉以前の貴族や豪族に比べて遙かに廣い範圍に互り、科擧の制度もこゝに至つて初めて門閥によらない官吏登用法としての實功をみたのである。

稅法では均田制が崩れると租庸調が實行できなくなり、政府は八世紀の終りに人民の實在地で實有資產によつて夏秋二期に課稅する兩稅法を布いた。この稅法はこののち明代にに至るまで行われた。文學において形式より內容が重視されるようになり、また美術界において自己の意志を表現しようとする水墨畫が盛となつてきたのも、こうした變化が文化上に現れたものである。宗教にあつても、禪宗が士大夫階級の間に擴がり、一般民衆の間には淨土教が浸み込んだのも、この變化の時代以來のことであつた。

このような變化をきたした九、十世紀の時代は、中國の王朝では唐朝の末から五代、宋初にあたる。五代とは唐王朝が衰亡の極、節度使の一人朱全忠によつて倒されて後、五つの王朝がかわるがわる中原に國を立てた九十餘年間を指すのである。しかしこれらの王朝の領域は北シナの一部であるといつてよく、中國の各地には、群小諸國が並び立ち、これらが統一をみたのは十世紀後半の宋王朝になつてからであつた。

新興階級の發生　こうした諸國分立の傾向は安祿山の亂後、治安のため內地に置かれた節度使が、時代と共に增加して各地にできてきたことから始まつた。節度使はその地方の兵力、財力を握り、部下の任免も意のままであつて、その地位は世襲か部下の繼ぐところとなり、殆ど中央から獨立の狀態となつて互に交戰していた。唐朝が倒れるとこれらの中の有力なものが獨立して諸地方に王朝を稱したのである。唐朝を倒して梁朝を建てた朱全忠は、元來雇傭耕作者であつたが、窮民によつて支持された黃巢《コウソウ》の反亂の中に入り、やがてこれを裏切つて唐朝に降り、節度使に任ぜられて勢力をもつに至つたのである。節度使及びその有力な將にはこうした微賤の出身が多いが、これと妥協し、相助け合つたのが地方の大中土地所有者層であつた。これらが武力を背景として舊貴族を沒落させ、後の士大夫階級の一つの母體になつたものと思われる。

宋の統一國家　宋の太祖趙匡胤《チョウキョウイン》が軍隊に擁立され、五代最後の王朝たる後周に代つて帝位に即いたのは九六〇年であつた。宋王朝は國内統一に力を注ぎ、その後十餘年して中國の統合に成功した。宋王朝はこの統一國家を維持するため、まず地方の節度使らの兵權を回收することから始め、節度使の缺けるごとに文臣をこれに代え、次第にこの體制を整えていつたのである。しかしこの背後には平和を望む一般の氣風があつたほか、節度使や武將らが莊園を基盤とする强固な封建的組織を形成していず、一般の大・中土地所有者層も日本のように武士化していなかつたことなどがあつたからであろう。

宋の統一國家はこの大・中土地所有者層の多くに官吏の身分を與え、ここに官戸という戸籍上の特別な階層をつくつた。彼らの所有地は「佃《デン》戸」と呼ばれる農民によつて耕されていた。佃戸は自己の小作地を耕し、收穫物は大體地主と折半し、また地主の不時の賦役に服していた。そして土地にしばりつけられていて任意に離れることは許されず、そうした場合は「逃」といつて罰せられた。土地所有者は佃戸の婚姻に制限を加え、また若干の裁判權をもつていた。

宋は傭兵制をとり、兵を中央に直屬させて禁軍と稱し、これで國家統一の强化を計ると共に北邊に備えた。當時北には準蒙古人の契丹《キッタン》が滿洲から北シナの北邊にかけて遼《リョウ》の國を立て、五代の諸國を壓し、宋朝でもこれと戰つて敗れることが多かつた。そこで十一世紀の初めには和議を結び、宋側から莫大な銀、絹を年々遼に送ることになつた。このほか西北にはタングート族の西夏國が成立して宋を侵し、宋はこれにも銀・絹を送ることによつて和を結んだ。

しかし十一世紀の中葉前後の約半世紀は宋の文化が成熟した時代で、歐陽修《オウヨウシュウ》、程明道《テイメイドウ》などの名臣、大儒がでたが、外には消極策をとつていた。十一世紀の後半、神宗がたつと積極政策に轉換し、王安石を用いて多くの改革を行つた。王安石の改革は新法とよばれる。その一つの募役法など、錢をとつて徭役を免じ、人を雇つてそれに當てる制度で、まさに時弊にあたつていたが、あまりに急激な變革が多く、弊害もあつた。そこで保守派たる舊法黨の反對をまねき、こののち新法黨と舊法黨との對立が續いて、政府の力を弱めることとなつた。一方神宗の對外策は徒らに大軍を失い、邊境の紛爭を多くしたに過ぎなかつた。こうしたことは朝廷の奢侈と相俟つて、十二世紀の初には人民を甚だ困窮させたのである。

この頃、北では契丹の東北から女眞《ジョシン》人が勃興した。やがて彼等は契丹を滅ぼして金國を建て、南下して北シナに侵入するに至る。十二世紀はじめ宋の都汴《べん》京（今の開封）は金軍のために陥落し、宋の皇帝とその一族は捕えられて、北シナは金の勢力下に入ることとなつた。かくて南に逃れた宋室の一族は、一一二九年臨安（今の杭州）に都して江南に國を保つた。これを南宋と言い、これ以前の宋朝を北宋という。中國はこののち一世紀半にわたり、異民族の支配する北シナと中國民族の王朝を守る江南の二つが分立する形勢を續けたのである。

征服王朝の出現　蒙古高原では突厥《トックツ》が衰えると、同じトルコ人のウイグル族が勢を得、遼河上流方面に據つていた契丹族もその支配下に屬していた。九世紀の中葉ウイグル族がキルギス族に攻撃されて四散すると、その制壓から解放された諸族は起ち上つた。その最も著しいのが契丹族である。まもなくその長に耶律阿保機《ヤリツアボキ》が立つと、十世紀の初には東蒙古を中心に强力な國家を形成した。滿洲の地には高句麗が亡んで後、その遺民が中心となつて八世紀の初、渤海國が建てられていたが、やがて契丹はこれを滅ぼし、また西方、蒙古高原の諸部族を制壓し、南は、五代の紛亂に乘じて北シナの北部をも領有した。契丹族は元來遊牧民に近かつたが、農耕民である中國人、渤海人を移住させて農耕をおこし、これらを統治するためには中國風の統治方式に依つた。

一方契丹族及び支配下の狩獵遊牧民には、その種族固有の部族制度を用いたのである。しかし契丹の貴族は中國文化の影響を受けることが多かつた。國號を中國風に遼と改めたなどその例といえよう。またウイグル文化の影響も可成り受けたが、契丹文字はこうした二文化の影響のもとに創作されたものといえる。北方の諸族が漢字以外の文字を用いることは突厥に始まるが、獨自の文字を創り出して使用したのは契丹が初めで、この後、西夏、金、元などの北族の諸國がそれぞれ獨自の文字を作るもととなつた。

從來北方におこつた諸國は、五胡十六國や北朝の場合のように全く固有の本土を離れて中國の中に侵入しきつてしまうのでなければ、中國の地を領有するものはなかつたが、契丹になつて始めて本國をたもちながら中國をも支配する國家が出現したといつてよい。これが更に擴大したものが金朝、元朝である。契丹は北シナの北部だけを支配したのだが、金になると北シナ全域に亙り、元は中國全體を支配するに至つた。これらは相連續した現象であつたが、中國は契丹以後こうした征服王朝というべきものの壓迫下にあることが約二世紀半にも及んだのである。

金は女眞族の國家で、北滿洲から起り、十二世紀の初にはその長の阿骨打《アクダ》に率いられて契丹を滅ぼし、**金國を建てた。金は更に北シナに進出し、滿洲から北シナにわたる國家となつた。金は**

やはり中國的なものと女眞的な制度とを併用していたが、次第に中國化する傾向にあつた。しかも國家が特權をあたえて北シナに移住させた女眞人の農兵が次第に貧窮となり、やがて女眞族の武力は殆ど衰えていつて、王朝を建ててから一二〇年を經て蒙古人に亡ぼされた。

中國文化の深化　この間江南では宋の南渡により、江西、福建方面が開發され、また南海貿易が發達し、今の廣東《カントン》、杭州《コウシュウ》、寧波《ニンポウ》、泉州などの海港が榮えた。南宋でも豪民、寺院などによる大土地所有は依然として盛行したが、これらは租税を巧みに免れ、宮廷の奢侈と軍事費の增大による負擔は苛酷な税となつて一般農民の上にかゝり、その流亡を促進し、社會は動搖していた。

中國の商業は唐末から宋代に至つて大いに繁榮した。都市と村落を結ぶ鄉鎭《キョウチン》ができ、紙幣の發行を見たのもこの時期である。印刷術が大成し、陶磁器は精巧を加え、茶が普及し、稻の品種が改良された。思想と藝術は新興の士大夫階級の手によつて大きな發展をみた。儒教の精神、哲理を明らかにしようとする宋學（理學）がおこり、南宋の朱子に至つて大成した。この朱子の學はこの後永く儒學の正統とみなされ、日本や朝鮮にも大きな影響をあたえた。歴史書、地理書などの著述がいくつも書かれ、中には資治通鑑《シジツガン》のような雄篇があらわれた。繪畫は山水畫が發達し、やがて南北二宗に分れ、その畫風は永く中國を支配した。文學では戯曲、傳奇小説がおこり、韻文では新體の「詞」が流行した。宗教では禪宗に名僧が輩出したが、道教では金末に改革が行われ、心性を重んずる全眞教が王重陽によつて創められた。

第五節　蒙古民族の發展

蒙古大帝國の成立　東アジアとヨーロッパはこれまで殆ど直接の交渉なく、西南アジアとの間も、中央アジアのオアシスの道を通る西域の隊商、或は南海を經てくるアラビア人の商人によつて文化の接觸が行われただけで、漢唐王朝のトルキスタンを一時制壓した頃を除いて政治的軍事的交渉は全くなかつた。ところが十三世紀の前半になると、北アジアの蒙古高原に國をおこした蒙古人が、東は中國、朝鮮を征服すると共に西は西南アジア、ロシアを征服し、ヨーロッパ、アジア兩大陸にまたがる未曾有の大國をたてたのである。更にはその軍隊は東ヨーロッパを蹂躙するに至るという現象をおこした。

この大國は後にロシアのキプチャク汗國、中央アジアのチャガタイ汗國、イラン方面のイル汗國及び蒙古、中國にわたる大蒙古國（元朝）の四つに分れた。元朝は一面において中國の一王朝

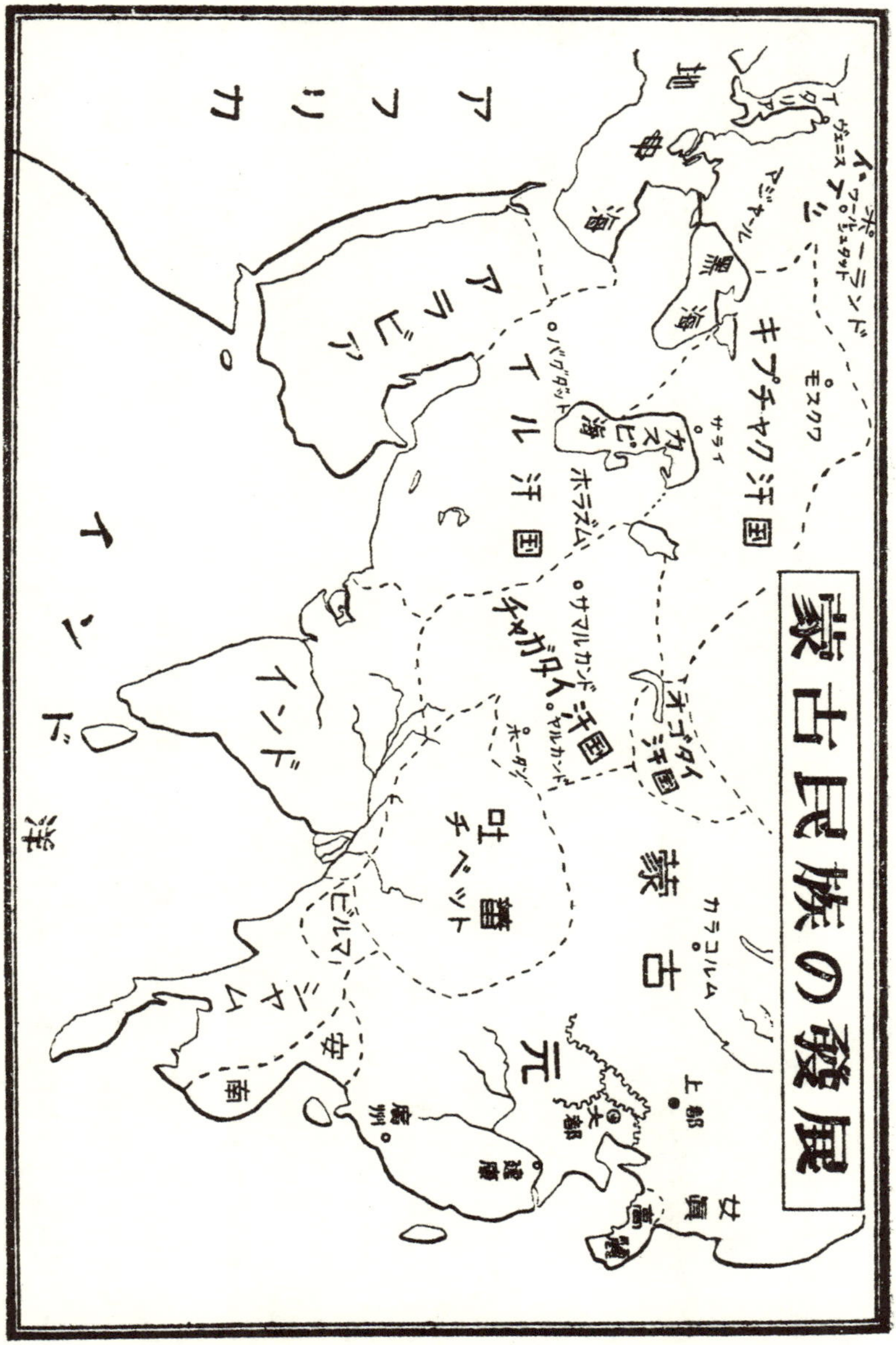
蒙古民族の發展
キプチャク汗国
イル汗国
チャガタイ汗国
オゴタイ汗国
蒙古
元
吐蕃
チベット
地中海
黒海
カスピ海
アラビア
インド
インド洋
アフリカ
ビルマ
シャム
安南
高麗
女眞
上都
大都
廣州
カラコルム
サライ
モスクワ
ホラズム
サマルカンド
ヤルカンド
バグダッド
ポーランド
イタリア
ヴェニス
マジャール
ワールシュタット

の性格をもつたが、共にチンギス汗の後裔を君長として戴き、元朝は名義上はこれら諸汗國の上に立つ大汗國の位置を保つていた。この結果、西南アジアと中國との文化の交流が行われたばかりでなく、ローマ法王、フランス王等から使節が蒙古の大汗のもとに派遣され、またマルコ・ポーロのようなヨーロッパ商人で中國に來るものがでて、東アジア世界はヨーロッパ世界にやや手近いものとなつてきた。

蒙古高原は九世紀中葉のウイグルの四散後、蒙古系、トルコ系の諸部族が各地に割據していたが、次第に統合に向う情勢にあつた。殊に十二世紀の初めに契丹の王朝が亡んで、その制壓がなくなると、急速に強力となつてきた。蒙古高原の東北部に遊牧していた蒙古部がチンギス汗の指揮下に結合されると、十三世紀の初頭にはこの部によつて蒙古高原の諸部族が統合され、蒙古國が建てられた。その後チンギス汗は中央アジアの諸國を滅ぼし、その軍の一部はロシアを侵略した。チンギス汗の死後もその侵略は擴大し、一二三六年の西征にはロシアの大半が征服され、更に西進してポーランド、ハンガリアに侵入したが、領有はロシアのみに止つた。このようにして金朝も滅ぼされ、やがて一二七五年には南宋も滅亡を見、中國全體はこゝに始めて異民族の支配下に立つこととなつた。

こうした征服がどうしてできたかはよく解つていないが、蒙古高原の從來の統一國家が氏族共同體を殘存させていたのを、蒙古國はそれを打破つた體制をとつた點に蒙古内部の活動力は求められよう。し、東方では契丹族や女眞人によつて、西方はトルコ人によつてその征服の前驅がなされていたこと、或は蒙古人が中央アジアの隊商の利益と結びついたことなども原因として擧げることができよう。總じて中國でもロシアでも當時の社會の矛盾に乘じ、その支配者に反抗的立場に立つ、或は容易に立ち得る有力者と結びついて支配を確立したことが指摘できる。

元朝の中國支配　十三世紀の後半には大汗フビライが位にあり、都を今の北平附近に移し、國號を中國風に「元」と稱した。朝鮮には十世紀時代に新羅に代つて高麗王朝がたてられていたが、これも元朝に服屬し、また十世紀頃以來中國から獨立していた安南もその壓迫をうけ、元朝の領土は蒙古、中國、滿洲を中心としてチベットにも及んだ。大汗フビライは更に日本、安南、ジャワにも侵略軍を送つたが、これは失敗し、元朝の領土擴大はほぼこの大汗の治世で終つた。蒙古人の中國支配は十四世紀の中葉過ぎで終末したが、征服者として中國に入つた蒙古人の數は甚だ少く、そのため當時色目人《シキモク》と稱した西域人を重用した。しかし兩者を合せても中國人の數パーセントにも達していない。中國人に對してもこれを差別して金の舊民を漢人とし、南宋のそれを南人とし、蒙古、色目、漢人、南人という階級の別を立てていた。

こうした異民族の支配下にあつても、中國の社會の基盤は前の時代と變りなく、南宋の舊地では依然として舊來からの大土地所有者が多く、その土地は農奴によつて耕されていた。もつとも大土地所有者はもはや、必ずしも官吏の身分を持たなかつた。寺院や道觀（道教の寺院）は相變らず多くの特權が與えられ、大土地所有者の優なるものであつた。北シナは金代以來の戰亂で人口が激減し、自作農が多くなつてきていたが、蒙古人による大土地所有者は主としてこの地に見られた。元朝では蒙古人、色目人の軍隊の外、漢人の中から多く兵をとり、戸籍を別かつて軍戸を作り、これを世襲させた。かなりの數の北シナの漢人がこれに編入されたが、軍役に從うものにはその殘りのものが費用を負擔する仕組で、この重荷のため沒落の傾向にあり、王朝末の反亂には何ら役に立たなくなつていた。

元朝は中國に對して從來の州縣制度を基本として、できるだけ中國風の統一國家の體制をとることにしていた。しかし本來蒙古人の征服國家であり、且つ中國のみの國家ではなく、漢字、漢語が一般に使用されていても、蒙古字、蒙古語は國字であり、國語であつて、中央政府の首腦は蒙古人の貴族が大部分で、地方行政機關も蒙古人を長とした。元朝はこの尨大な統一國家を維持するため交通の發達を圖り、驛傳の制を整え、米產地の江南から首都方面に米穀類の物資を運ぶため、運河を開き、また海上輸送を發達させた。貨幣は紙幣を政府の主要通貨として多額或は遠隔の取引の便を計つた。當時金銀はまだこうした取引の需要を滿たすだけの數量がなかつたからこれはかなり行使された。政府の貨幣收入も主として紙幣であつたが、その大部分は鹽の專賣からくるものであつた。鹽の專賣は宋でも行われたが、この後も王朝政府の大きな財源であつた。

元朝は內には汗位の爭が續き、蒙古宮廷の信仰するラマ教僧が財政の窮迫に拍車をかけ、外では苛酷となつてきた租稅に天災が加わり、流民が增加し、窮民を主體とする白蓮教《ビャクレン》の亂を契機として遂に各地に反亂がおこり、蒙古人たちは蒙古高原に逐い返されてしまう。なお元朝が衰亡した頃、西方の他の三汗國も皆衰えた。

元代の中國文化　蒙古の征服の結果、西方との奢侈品の通商が榮え、唐の盛時にも增して西方人が中國に入つた。アラビアの天文學、數學が傳わり、イスラム敎が廣まり、キリスト敎の敎會も立てられるに至つた。しかし中國文化の主流には大きな變化をみることなく、文化は宋代からの方向を發展させて行つた。俗文學、戲曲、傳奇小說などの盛行がこれで、戲曲は元曲として名高く、西廂記《セイソウ》、琵琶記《ビワ》などがその代表作である。繪畫も名手がでて、所謂元末の四大家が著名である。小説はこの時代に三國志演義、水滸《コ》傳の大體ができたといわれる。なおこの時代に木綿が普及し、きわめて安く買うことができるようになつた。

第六節　西歐中世世界の變化

一、十字軍とその影響

十字軍　西歐では十一世紀ころ一應イギリス、フランス、ドイツなど民族を單位とする諸國家が形成された。またその內部では封建制度が整つて社會秩序が保たれる一方、キリスト教が全歐に行きわたり、法王と教會との權威が確立されて、中世文化と言うべきものが大體形成されて來た。こうして西歐が成長をとげると、その力は內部で文化を向上させるばかりでなく、外部に向つても發散するに至り、この力が中世文化の象徴であるキリスト教とその教會のもとに結集され、社會の中堅である騎士たちに代表されて、東方に向つて大規模に爆發したのが、十字軍の大遠征であつた。

法王が全ヨーロッパのキリスト教徒の首長としてようやく王侯の上に立とうとするころ、東方ではセルジュック・トルコが興つて、從來活動したアラビア系のイスラム教徒に代わるに至つた。

當時キリスト教徒で聖地エルサレムに巡禮する者が多かつたが、この新興のイスラム教徒トルコ人は彼等を虐待した。その上トルコの攻撃に苦しむ東ローマ皇帝から法王に救いを求めて來た。そこで法王ウルバン二世は一〇九五年、クレルモンの宗教會議で聖地回復の聖戰「十字軍」を起すべきことを宣言した。アミアンの隱者ピーターはこの宣言に感激し、熱狂した群集と共に先ず出發した。次いでドイツやフランスの騎士が續々集まり、その數四十萬と傳えられる。翌一〇九六年ロレーヌ公ゴドフレーらの諸侯が指揮し、途を分かつて東に進んだ。行軍は困難を極め、途中の犧牲者は過半に及んだが、彼等の勇氣と信仰と、それかは見知らぬ國の寶を得んとする冒險の精神とは崩れなかつた。ついにイェルサレムに達して激戰ののちこれを異教徒の手から奪回した。出發して三年を經過している。諸軍の大半は歸國したが、一部はここにイェルサレム王國を建てて、ゴドフレーを王に推し、騎士たちはそれぞれ土地を割り當てられた。

第二回十字軍（一一四七―一一四九）は、ドイツ皇帝、フランス王が總司令となつて、トルコに苦しめられているイェルサレムの新キリスト教國を救いに向つたが、中途に挫折した。

第三回十字軍（一一八九―一一九二）はエジプトのイスラム教徒軍がイェルサレムを陷れたために起つた。ドイツ皇帝フレデリック一世、イギリス王リチャード一世、フランス王フィリップ二世がそれぞれ軍を率いて進んだ。勇猛で「獅子心王」と呼ばれたリチャードは、聖地に最後まで踏み止まつてエジプト藩王サラディンと戰つた末、これと和して引き上げた。

第四回十字軍（一二〇二―一二〇四）はヴェニスから海路をとつた。ところがこのころアドリア海の雄として大艦隊を有して盛んに貿易を營みつつあつたヴェニスの市民は、信仰のための軍隊輸送よりも、この兵力を利用して、自己の商權を擴張しようとし、アドリア海の東岸を征服するように要求して容れられた。そこで十字軍は東ローマの首府で最大の商業地であるコンスタンチノープルに向い、ついにこれを陷れて、ヴェニス商人はその財寶と商業權とを手に入れた。十字軍の將兵も豐富な分捕品に滿足して、聖地回復の目的は放棄した。そしてこの地にラテン帝國を建て、一二六一年勢力を盛り返した東ローマに奪回されるまで約六〇年間この地を占領した。

第五回十字軍（一二二八―一二二九）はイェルサレムまで進んでこれを回復したが、まもなくエジプト軍に奪回された。

第六回十字軍（一二四八―一二五四）、第七回十字軍（一二七〇）は共にフランス王によつて起されたが、失敗に終つた。しかも第六回はエジプト、第七回はチュニスを目標としている。これは、イェルサレムに手を伸ばすエジプトのイスラム教徒の根據地を衝こうとしたもので、熱狂的に聖地のみを目指して進んだ初期の十字軍に比して現實的な作戰ではあつたが、しかし素朴で純粋な信仰からは遠いものと言わねばならない。輸送に當つたジェノア、ピサの商人はもちろん、從軍將兵の中にも經濟的利害に重きを置いた者が多かつた。

十字軍の影響　以上の如く法王の提唱のもとに全西歐の帝王・諸侯・騎士らが續々と聖戰に參加し、しばしば聖地は回復された。これによつて法王の權威はますます高まり、十三世紀のはじめには、インノセント三世の法王權極盛時代を現出した。また十字軍において最もはなばなしく戰つたものが騎士であつたことは言うまでもない。

しかし十三世紀末になつて十字軍の興奮からさめてみると、騎士と敎會とによつて象徴される中世盛期の姿はいつのまにか光が薄らいでいた。たびたびの十字軍の總司令官として活躍した國王と、ヴェニスやジェノアのように十字軍を利用して飛躍的な發展をとげた都市とが前面に立ち現われていた。人々の十字軍に對する熱意が冷却したのと同様、神への信仰も敎會の權威も色あせて來た。また大遠征のたびごとに多大の犧牲を拂つた騎士階級は力が衰えた。東方との交渉はまた人々の見聞を擴め、その地のめずらしい物産を流入せしめた。そのためにまた西歐の經濟も文化も何らかの影響を受けないではいられなかつた。こうして十字軍を契機として西歐世界には大きな變化が次第に現われて來たのである。

二、都市の發生

古代都市の衰微とイタリア都市の活動　ローマの衰亡、ゲルマンの侵入などの混亂のうちに、道路は荒廢し治安は維持されなかつたので、大規模な通商は成立し得ず、人々は小さな地域の中で自給自足の自然經濟に甘んじたのであつた。それでローマ時代イタリア及び屬州各地に營まれた都市は、中世のはじめの頃にはただ人々が集つて住んでいるというだけで、住民の多くは城壁外の耕地によつて生活している有様であつた。

しかしその間にもヨーロッパが次第に安定して來ると、キリスト教徒のイェルサレム巡禮が多くなり、交通が再開され、封建貴族や教會がぜいたくな品々を求めて、商人の活動が始められるようになつた。ことにヴェニス市民は東ローマから東方の珍奇な物產を輸入して、早くから榮え、十一世紀になると、ジェノア、ピサ兩市も海上に勢力を得た。そしてこれらの都市は十字軍によつて飛躍的に發展した。かくて都市はまず地中海交通の中心に當たるイタリアの地に起つたのである。ヴェニスでは中繼貿易を營むだけでなく、みずから織物などを生產して西歐各地に賣るようになつた。

西歐都市の發生　イタリア商人は、アルプスを越え、あるいはマルセーユを經由して、フランスやドイツに絹・香料・寶石などを運んだ。フランスなどにも商人が多くなり、かれらは定期的に市場に集まつて取引した。十一世紀にはシャンパーニュ地方、續いてフランドル地方の都市が取引地になつた。これは、ドイツ、フランス更にイギリス、それからスカンディナヴィア諸國などの商人とイタリア商人とが會するのに最も便利な地方が選ばれたものである。

一方農村もいつまでも自給經濟を維持することは不可能で、次第に農民は農產物を日用品と交換するようになつた。教會の祭日などがその機會になつて、市場が開かれ、それらの地で商人や手工業者が活動するようになり、中でもフランドルのように國際的取引と結びついた地方の都市は最も活氣を呈した。アントワープ、リエージュなどは商業地でもあり、また毛織物などの工業の中心地にもなつた。更に海上及び河川の交通が發達すると、フランスのボルドー、ルーアン、イギリスのロンドン、ブリストル、ドイツのケルン、ブレーメン、ハンブルク、リューベックなどが榮えて來た。內陸でもイタリアでミラノ、フロレンスが盛んになり、またバルト海と黑海とをつなぐ路に當たるノヴゴロド、キエフ、それからイタリアとドイツ諸地方を結ぶ南ドイツのニュールンベルク、アウグスブルクなどが栄え、十字軍の終るころにはヨーロッパ各地に非常に多數の商工業都市が出現していた。

自治權の獲得　都市は新しく建設されることもあつたが、また古代都市の殘存しているところや司教・君主の居住地などに、從來の城壁のほかに新しい城壁を造つてその中に新市域が營まれる場合が多かつた。市民は君主たちの特許狀を得て、賦役の義務や移轉の制限などの封建的拘束を受けない自由の身分となつた。そこで農奴の中には莊園の束縛を逃がれようと都市に流れ込むものが出てきて、手工業者の數は多くなつた。且つ、商品の流入と共に奢侈に流れ商業の隆盛に伴う貨幣經濟の進行によつて財政の困難を感ずるようになつた莊園領主は、農民への搾取を强化したので、農民の都市へ逃れる者は一そう多くなつた。一方この事情はまた司教や君主を驅つて市民に對する租稅の要求を過大ならしめ、市民はこの重壓から逃れようと戰つた。

ヴェニスではすでに早くから國家權力を排除して選擧による統領のもとに自治都市國家を作り上げていたが、十一世紀はじめにはジェノア、ピサ兩市がこれに倣《なら》つた。市民に自由身分を許すことは商工業を繁榮せしめ、ひいては君主の稅收入を多くするところであつたが、自治權を與えるということになると都市の要求は常に抑えられた。しかし都市の勢力が增大するにつれて諸侯は譲歩を餘儀なくされ、前の兩市に次いでフロンレスなど北イタリア諸市が、更にイスパニアや南フランスをはじめ全ヨーロッパの都市が十一世紀末から十二世紀にかけて續々自治體になつた。都市によつて自治權に强弱の差があつて、ヴェニス、ジェノア、フロレンスなどは廣大な領土を有して獨立共和國の形をとり、ドイツでも有力都市は皇帝と結んで帝國直屬の自由市として諸侯に對立した。しかし多くは封建君主に貢稅を納めてその保護を受け、完全な獨立はできなかつた。

封建的割據の傾向に强い時代のこととて、各都市は概して封鎖的であつたが、時には同盟して商業活動や防衛の便を圖つた。中でも十三世紀にリューベック、ブレーメン、ハンブルクなど北ドイツの諸市はケルンなどをも加えたハンザ同盟を組織して、北海、バルト海の商權を握り、十四世紀にはデンマルク王國をさえ壓迫するほどの隆盛ぶりを見せた。

市民生活　市民は封建制度の外に立つて自由を享受したが、內部では富裕な市民が組合《ギルド》を支配して市政を獨占した。組合は業種別に組織されて、徒弟を養い職人を使用する親方を組合員とし、これを統制すると共に組合外の者の競爭を禁じて、ここにも强度の束縛があつた。しかしかような制約はむしろ未成熟な社會における組合や自治體の成長、ひいては市民の活動の保障ともなり、市民は農民に比してはるかに惠まれた生活を樂しむことができた。ことに上層の市民にあつては資本の蓄積が著しく進み、十五、六世紀になるとアウグスブルクのフッガー家のごとき皇帝の即位をも左右するほどの大金融資本家が現われるに至つた。そしてイタリアの都市から文藝復興が生まれたごとく、近代文明はこの新しい力を持つていきいきと活動した市民の間に成長したのである。

三、教會勢力の衰微

法王權の衰微　ローマ法王は十字軍時代約三〇〇年間全西歐に君臨した。この强大な法王權は人々の信仰に支えられて築かれたものであり、また各地に封建諸侯が割據して世俗的勢力に統一のなかつたことにもよる。法王はそれらの諸侯を巧みにあやつつて皇帝や國王たちに對抗したのであつた。しかし法王がしばしば世俗君主と争つているうちに、法王を地上の神とした民衆の素ぼくな信仰がしだいに薄らいだ。且つ騎士や諸侯が衰えると、勢い法王はその世俗的勢力の地盤を失うことになり、これに反して國王の力が增大して法王を抑えるようになつた。

はじめイギリス、フランス兩國王と爭つて氣を吐いた法王ボニフェース八世（在位一二九四―一三〇三）はついにフランス王フィリップ四世に捕えられ、悶えつつ死んだ。王は勢いに乘じて一二〇九年法王廳を南フランスのアヴィニョンに移した。それから約七〇年間代々の法王はこの地に留まつてフランス王の干渉を受けなければならなかつた。のち法王廳はローマに歸つたが、まもなくアヴィニョンに別の法王が立つて、兩法王はそれぞれ正統を主張した。この教會分裂《シスマ》（一三七八―一四一七）によつて法王の權威が大いにおちたことは言うまでもない。

宗教會議と改革運動　法王權が衰えたばかりではなく、僧侶の腐敗墮落もまたはなはだしかつた。これに對して教會の改革・肅清を考える人々がしだいに多くなつたが、ことにイギリスのウィクリフ（一三二〇―一三八四）は法王以下僧侶の墮落を痛烈に非難し、ボヘミアのフスなどこれに共鳴する人も多かつた。一方高僧・學者などによつてたびたび宗教會議が開かれ、教會の改革などを議し法王に代つて宗教界の統制を計る傾向が生じた。ところがこれにもまた世俗諸侯・國王などが干渉して事態をますます混亂させた。有名なコンスタンツの宗教會議はドイツ皇帝の主唱にかかり、僧侶のほかに諸侯も加わつて教會分裂の解決や改革問題を議題にのせたが、兩法王派、現狀維持派と改革派などの對立の中に、ようやくローマの法王が正統と認められ、且つ異端の取締りが決められて、フスを火刑に處した。しかしいつたん衰えた法王權はとうてい昔日の隆盛には復し得なかつたし、また僧侶の反省がない限り改革運動は終熄すべくもなく、このような氣運はやがて近世初頭の宗教改革となつて爆發するのである。

四、西歐諸國の中央集權化

封建制度の崩壞　教會と共に中世を代表した騎士階級も、十字軍以後衰え始めた。そしてかれらの沒落に拍車をかけたものは市民の活動である。商工業の繁榮とそれに伴なう貨幣經濟の普及とは莊園制度を崩壞させ、中小莊園領主であつた騎士を貧困に陥れた。莊園經營の基本であつた農民の勞役提供は、しだいに現物地代や貨幣地代と代わり、農民はそれだけ身體の自由を得て、本質的には「農奴」ではなくなつた。

一方國王や大諸侯は直轄領を増すことに努め、彼等から莊園を受けていた騎士はその土地を手離すものが多くなつた。また弓の使用や、後には更に鐵砲の使用による戰術の變化が重裝騎兵を不要にしたので、騎士はいよいよ沒落した。更に國王は諸侯を抑えて國家を統一しようと努め、市民階級がまた國王の中央集權化の努力を支持して、諸侯割據による通商上の不便を除こうとした。地方政治の實權を奪われた諸侯や、わずかに沒落を免かれた騎士たちは、しだいに國王の廷臣と化し、農民に對しては地代を取り立てるだけの地主となる傾向が強くなつた。

こうして中世末期から近世初頭にかけて封建制度は崩壊の過程をたどつたのであるが、このような形勢のうちに十五世紀ころには各地に中央集權國家の成立を見るに至つた。しかしそれは無論容易に達成されるものではなく、イギリス、フランスなどのように、中央集權化の成功するまでには、百年戰爭や其の他大小さまざまの內亂を經なければならなかつた。殊に政治・經濟・宗教などあらゆる方面に動搖のあつた時代のこととて、十四世紀には領主の壓制と經濟的な困窮から農民の暴動が各地に起り、社會不安が增大した。そしてそのような混亂を救うものは結局は強大な權力をもつた國王でなければならなかつたのである。

イギリス、フランスの王權の消長　イギリスではノルマン朝以來諸侯を抑えて國王の權力が強かつた。ついで王位に即いたプランタジネット家は、アンジュー伯領、ノルマンディー公國をはじめフランスの西半分の地を領していたが、そのままイギリス王になつたので、王家の勢力は絕大であつた。ところがジョン王は法王と爭つて敗れ、フランスにおける領土を多く失い、その上惡政を行つたので、貴族は一致して一二一五年王に迫つて大憲章《マグナ・カルタ》を承認せしめ、王權を制限した。

更にヘンリー三世の時貴族の首領シモン・ド・モンフォールは國王と戰つてこれを破り、その翌年（一二六五）議會を招集した。この時はじめて都市の代表者も國政に參加した。そののち三十年を經てエドワード一世の時代に議會の構成が確定された。このように王權はある程度制限されたが、諸侯は都市の代表者と共に議會を組織し、これによつて國政を運營する端緒を開いた。

フランスではカペー家が王位に即いたころは王とはいうものの實質はパリを中心とする地方を領する一諸侯に過ぎず、典型的な封建制が行われて國家は分裂していた。しかし王の勢力はしだいに増大し、フィリップ二世（在位一一八〇—一二二三）に至つて南フランスの異端の徒を討つてこの地方を支配し、第三回十字軍にはドイツ皇帝、イギリス王と共に總司令として出征し、また法王インノセント三世と爭つて屈しないほどになつた。フィリップ四世は法王ボニフェース八世を破り、更にアヴィニョンに法王廳を移して王權の擴充を圖つた。僧侶・貴族・市民の三階級の代表者を集めて三部會を開き、法王の指令に對抗したのもこの時である。

百年戰爭と英佛の中央集權化

イギリス王がフランス王の家臣の資格でフランス國内に廣大な領土を有していたことは、問題を起しやすかつたが、イギリスはまたフランドルの毛織物工業の原料輸出國として、この地方に多大の關心を持ち、フランス王の勢力がここに伸びるのを喜ばなかつた。たまたまカペー王朝が斷絶してヴァロア朝（一三二八—一五八九）があとを繼ぐと、イギリス王エドワード三世は王位繼承權を主張して、一三三九年フランスに攻め込んだ。戰爭は數回の休戰を挾んで、一四五三年まで百年餘りも續いた。最初イギリス軍が優勢で、クレシー、ボアチエーの兩會戰などにおいて、弓隊を使用したイギリス太子エドワード（黑太子）は、少數をもつて多勢のフランス騎兵隊を破り、勇名をはせた。フランスは多年にわたるイギリス軍の侵入、國土の荒廢などのため極度に衰え、チャールス七世の時には最も悲慘な狀態に陷り、まさに滅亡に瀕していた。その時現われたのがジャンヌ・ダルクで、彼女は寒村の一少女にすぎなかつたが、神託を受けたと信じて將兵を勵まし、ついにオルレアンの圍みを解いてイギリス軍を破つた。ジャンヌ・ダルクはのちイギリス軍に捕らえられて殺されたが、悲境のうちに目覺めたフランス人の愛國心は、彼女の出現によつてふるい立ち、ついにイギリス軍を國外に追い出して百年戰爭を終結させた。

この戰爭によつてフランスの諸侯・騎士は著しく衰え、これに乘じて王權が伸張した。チャールス七世が傭兵から成る常備軍を置いたことは、封建階級をいよいよ無力ならしめた。かくてフランスはヨーロッパにおける最初の大中央集權國家となり、十五世紀末にはイタリア遠征軍を出すほどになつた。

他方イギリスでは百年戰爭が失敗に終つたが、更にばら戰爭（一四五五―一四八五）と呼ばれる大內亂が起つた。それは王位にあつたランカスター家（一三九九―一四六一）のヘンリー六世が政治上の才腕に缺けていたのに乘じて、王家と同じくエドワード三世の血を引くヨーク家が他の大貴族と共に王を追い出したことに始まる。イギリスのほとんどすべての諸侯がこの王位爭奪戰に參加し、兩派に分れて、三十年の間互に爭つた。その間にヨーク家が王位に卽いたが結局失敗し、一四八五年ヘンリー七世が卽位してチュードル王朝（――一六〇三年）が始まつた。そしてここでも封建貴族はこの內亂に加わつたため、みずからその力を弱める結果になり、以後王によるる中央集權化が順調に進んだ。

ドイツの事情　ドイツではもともと大諸侯の勢力が强かつた。その上皇帝がイタリア經營に熱中して本國を顧みない場合が多く、ことにスタウフェン朝が絕えたのち皇帝に選出される者がなくて大空位時代（一二五六―一二七三）を現出し、ようやくハプスブルク家が帝位に卽いたが、これは實力がなかつた。

そうした事情からいつそう諸侯がほしいままにふるまうようになつた。ルクセンブルク朝（一三〇八―一四三七）のチャールス四世が金印勅書を出して、僧・俗の七諸侯を選帝侯として認めたのも、ドイツにおける大諸侯の勢力を物語る。一四三八年以後帝位は再びハプスブルク家に移つたが、皇帝はオーストリア公としての自家の領土を増大することのみに努めて、國内の統一は斷念した形であつた。

したがつて、ドイツ國内は皇帝の直領のほかに選帝侯をはじめ大小の諸侯、自由市など凡そ三百の地方主權が分立したまま近世に至つた。ただし諸侯の領内では封建階級の沒落、君主權の強化というような現象が見られ、その意味では中世末期の中央集權化の傾向の外に立つものではなかつた。かゝる諸侯の半獨立的國家を領邦と言う。

ハプスブルク家の所領スイス地方の住民が領主の壓迫に反抗して獨立を圖り、ついに十三州から成る連邦共和國を結成したのも、このころのことである。

なおバルト海東南の海岸地方は、十字軍の際に結成されたドイツ騎士團が占め、また北歐ではノルウェー、スエーデン、デンマルクの三王國の基礎が固まつていた。

南歐及び東歐諸國の事情

イタリアでも法王領、ナポリ王國、ヴェニス、フロレンスなどの共和國及びサヴォイ、ミラノなど大小多數の諸侯が對立し、そのうえ黨爭が激しくて、長く國家の統一を阻《はば》んだ。しかしその間にも都市が發達して、市民生活が向上し、近世の新しい文化をまず開化させる素地ができつつあつた。

イベリア半島は八世紀以來イスラム教徒の支配に服し、キリスト教徒は北方の片隅に住むだけであつたが、しだいにイスラム教徒の勢力を排除して南下し、十二世紀ころには半島の北半を確保した。そのうちポルトガル、カスチラ、アラゴンの三王國が强大になり、一四七九年カスチラ女王とアラゴン王の兩國君主の結婚によつて二國が合一してできたイスパニア王國は、まもなくイスラム教徒の最後の根據地たるグラナダを陥れた。かくてイスパニア、ポルトガル兩王國は强大な王權のもとに異教徒を追いつつ、いち早く統一國家を完成して、近世初頭におけるめざましい活動の準備を整えた。

東ヨーロッパの事情を見るに、スラヴ族の國では、ポーランドは封建貴族が國土を細分して統一がなかつたが、ロシアではモスコー大公が中心勢力となつて十三世紀以來の蒙古人の支配を脱しつつ諸侯を抑え、一四七〇年にはイワン三世が獨立王國を作るのに成功した。これに反して、東ローマ帝國は一四五三年、ついにトルコに滅ぼされ、ローマ以來の長い歴史の幕を閉じた。しかし西歐は、ちようどそのころになるとルネッサンスの時代に入り、東ローマが千年の間維持し績けた古代文化を繼承して、更に新しい飛躍をするほどに成長していた。

第七節　インド、西アジアの變化

チムール　東方において元が勢力を失うと共に、西方の諸汗國もまた衰えて、土豪の勢力が各地に起つたが、チムールはもとかかる豪族の一人であつた。彼は政治家としても勝れた手腕を持つていたけれども、その本領は生涯を通じて絶えざる征服戰爭を行つたところにある。彼はチャガタイ汗國に對して兵を加え、西進してイラン地方を征し、カスピ海沿岸を經略してグルジアに及び、バグダッドを陷れ、キプチャク汗國に代つて勢力を張つた白帳汗《ハクチョウ》を討つてロシアの各地に轉戰し、また一方インドにも侵入して首都デリーを攻略した。

當時このチムールに對抗するに足る勢力は、イスラム世界においてはたゞオスマン・トルコがあるのみであつた。オスマン・トルコは蒙古侵入の際に西方小アジアに移動した部族から出たもので、イスラム教に改宗したキリスト教徒の子弟を集めて精鋭な親衛部隊を組織しており、先ずヨーロッパに向つて發展し、バルカンを勢力下に收め、ハンガリア王、ドイツおよびフランス諸侯の連合軍をうち破り、東に轉じてチムールの勢力圏を侵すに至った。

チムールはここにおいて西征して小アジアに進み、アンゴラでオスマン・トルコに大勝し、勝に乘じてエーゲ海岸のスミルナ等を拔いた。その後チムールは更に一轉して東のかた明を討つ計畫を進め、大擧して遠征の途に上つたが、病のために歿してその志を遂げなかつた。チムール朝のその後の君主は文化の保護に力を用い、君主の權力と富とが强大であつたところから、その首都サマルカンドを中心とした貴族文化には見るべきものがあつた。天文學・暦法の研究が進み、建築にも勝れた様式が現われ、ペルシア語、アラビア語を以てする文學のほかに、この地方の日常語たる東方トルコ語（チャガタイ・トルコ語）を用いた作品の書かれたことが注目される。

オスマン・トルコ　さてオスマン・トルコはチムールのために一旦は大敗北を蒙つたものの、やがて再び勃興し、メフメット二世の時に大兵を擧げてコンスタンチノープルを圍み、一四五三年ついにこれを陷れて多年の宿望を達成し、一千年の傳統を誇る東ローマ帝國を滅亡せしめた。次いで彼は進んでセルビア、アルバニアを併せ、クリミア汗國を藩屬國となしている。その後トルコは東方にあつてはイランの地にペルシア人の建てたサファビ王朝と戰つてこれに勝ち、エジプトのマムルク王朝を滅ぼしてその地を併せ、イスラム敎主の權威はこの時以來トルコのスルタンの掌握するところとなつた。トルコがカイロやアレキサンドリアを手に入れたことは、コンスタンチノープルを占領したことと共に、東西交通の要路を扼するものとして重要な意味を持つている。そしてトルコは更にスレイマン大帝の時代に至つてその最盛時に達し、ヨーロッパにおいてはドイツ皇帝チャールス五世を敵手としてウィーンを攻圍し、その海軍は東地中海のみならず西地中海にも發展し、東はアラビア西部、ペルシア灣頭にも進出した。この時代はまた國家組織の完成した時期でもある。領内はこれを藩部と直轄地とに大別しており、土地を宰相以下に封地として分配し、領主は應分の軍役を供することになつていたが、封地を代々世襲する定めではなかつた。オスマン・トルコはその廣大な領域に包含されている極めて雑多な人民に對しては比較的寬容な政策をとり、特に異教徒を壓迫することはなかつた。文化の面では多くの學術が奬勵され、またコンスタンチノープルのスレイマン寺の如き莊麗を極めた建築も作られた。

ムガール朝の成立

しからば次にイスラム教の勢力はインドにおいてはどのようになつたであろうか。西北アフガニスタンから侵入して行つたイスラム教徒は、インドで最も武断的な性格を持つラジプト族の抵抗を退けてその勢力を伸ばした。彼等はヒンドスタンの平原を占領し、デリーを中心に三百年程の間に五つの王朝を開いたが、この間にあつてイスラム教徒の勢力は次第に確固たるものとなり、次のムガール帝國の統一時代を出現せしめることとなつたのである。イスラム教徒は征服によつて支配權を獲得したとはいうものの、領土内の土著の君主を潰滅せしめたわけではなく、多くはこれを附庸國として歲貢を徵するに止まり、その下の村落共同體に對しては直接根本的な變革を加えなかつたから、デリー政權をめぐつて簒奪動亂が繰返されたにも拘らず、地方はほとんどその影響を受けなかつた。その間にあつてイスラム教徒とインド教徒との間には接近影響が頻繁になり、バラモンがイスラム王朝の官吏に任用せられたり、ヒンズー方言に多分にペルシア語を取り入れた共通語（ウルドゥ語）が使用されるようになつたり、イスラムの神とインド教の神とを同一視するインド教改革運動が現われたりしたが、全體として兩教徒の對立ははげしくて、現在に至るまで決して解消するに至らない。

ムガール朝の建國者はチムール朝の血統をひくバブルであり、彼の孫アクバルの時代になつて、その領域は北はヒンヅークシ山脈から南はゴダーバリー川に及び、東はガンデス河口から西はベルチスタンに至つた。アクバル時代になつて政治組織も完成し、その國土は帝室領を除くほか、軍役を伴う封土として官吏に與えた。唯〻それが世襲であつた點は前述のトルコの場合とは異つている。彼はまた宗教に對して寛大な政策をとり、自己の周圍に多くのインド教徒を採用し、インド教・イスラム教折衷の教義を作つて自らその教主となつたけれども、この試みは何等の成果を齎すことなく、彼の死と共に亡んでしまつた。

その後彼の孫シャージャハン、その子アウランジブの時代にわたつてムガール朝は更に繁榮を續けたが、アウランジブの時代には既に衰頽の萠《きざ》しも現れており、インド教徒の中でもマラータ族の反抗運動がさかんになつてくる。ムガール朝においても、ほかの主要なイスラム諸王朝と同樣に、その盛時を中心として、建築藝術には注目すべき作品が殘されている。

第七節　インド、西アジアの變化

第四章　近世市民社會の形成

第一節　文藝復興と地理上の發見

イタリア・ルネッサンス

封建制度とキリスト教會の權威が人心を支配したヨーロッパの中世世界は徐徐に崩れてゆき、人間は自らの力によつて自然や人間の本質を見究めようとするようになつた。こうした人間精神の劃期的な變革をもたらした動きが「ルネッサンス」(文藝復興)と呼ばれるものであり、ヨーロッパのみならず、世界の歴史の上極めて大きな影響を與えた運動であつた。

ルネッサンスとは元來「再生」の意味で、人間精神の革新を意味し、封建制度や敎會の束縛から解放されて自由に生きようとする人間の要求を表わすものであつた。そしてこの精神は、すでに封建制度の枠に入りきらなくなつていた都市、とくに十字軍以來世界の商工業の先頭に立つていたイタリアの諸都市から生まれはじめたのである。當時のイタリア人は、かつて彼等と同じように都市生活を營み、しかもキリスト教の束縛を知らなかつた古代ローマやギリシアの文化に心を惹かれた。それ故ルネッサンスの運動は先ず古代藝術の復興の形をとつて現われたのである。イタリアは古代ローマ文化の故地であり、また十五世紀中葉における東ローマ帝國の滅亡以來、その國の學者がイタリアに移住したことも古典研究の上にきわめて有利な條件であつた。ルネッサンスの指導精神はヒューマニズム（人間主義または人本主義）と呼ばれるが、これは元來古代の遺物、文献の研究を意味したのである。このような古代の復興はルネッサンス人の自意識の覚醒を物語るものにほかならなかつた。そして學問藝術の發展は現實生活改革への關心を高めていつたのである。

ルネッサンスは先ずイタリア諸都市を中心として發展したが、最大の中心となつた都市はフロレンス（フィレンツェ）であつた。この町は商工業、とくに絹織物、毛織物工業が盛であつた。ギルド制度も昔の性格を失つており、十三世紀には少數の富裕市民と勤勞市民との華々しい闘爭の舞臺となつていた。この活潑な都市生活から偉大な藝術の天才が生まれたのである。

十三世紀末に此の町に出たダンテはルネッサンスの先驅をなす人物である。彼はフロレンスの政爭に關與して故郷を追われ異境に死んだが、大作「神曲」をはじめ「新生」、「饗宴」などを著わして、人間意識の發露を示した。「神曲」は中世スコラ哲學がその思想的な內容をなしているが、しかも自らの深刻な體驗に裏付けられ、ことに民衆の言葉たるイタリア語で書かれたことは、國民の聲をありのまゝに表現しようとする新精神の現われであり、ヨーロッパ國民文學の先驅をなすものであつた。次いで現われたペトラルカは抒情詩にすぐれ、ボッカチオは「デカメロン」の著者として有名である。彼等に至つて人間の觀察は益ゝ深まつたが、ことに「デカメロン」は鋭い諷刺で世相を曝《あば》き、人生の機微を描いて餘さず、近代小說の基をひらくものであつた。

美術でもダンテと同時代のフロレンスにはジオットが出た。その筆にはまだ中世的な特徵を殘しているが、人物の表情や姿勢には傳統を脫した個性的なものが現われている。十五世紀に入ると、先ずボッティチェリが出て繪畫に新紀元を劃し、やがてレオナルド・ダ・ヴィンチ、ミケランジェロ、ラファエロ等が出るに及んで、フロレンスやローマに畫筆を揮い、ルネッサンス美術は最高潮に達したのである。

イタリア・ルネッサンスは元來中世的束縛を打破した市民の間から生まれたものであつた。しかし有力となつた市民の一部は門閥を作つて政權を掌握するようになつた。フロレンスのメディチ家はその好例であつた。これらの門閥は自家の飾りとして學者、藝術家を招き、その庇護の下に學問、藝術が榮えたのである。また教會の最高權威たるローマ法王までも熱心なルネッサンス文化の愛好者となり、ローマはフロレンスと並んでルネッサンスの中心地となつた。しかし十五世紀になつて新航路が發見され、世界商業の中心が地中海から大西洋に移ると、イタリア諸都市は急速に衰えはじめた。そしてイタリア・ルネッサンスも凋落の道を辿つたのである。ルネッサンス末期のかかる苦腦は、專制君主を讃美したマキヤヴェリの「君主論」等に表現されている。

他の諸國におけるルネッサンス運動　しかしルネッサンスの精神はイタリア以外の地にも波及して、ヨーロッパの各地に革新の氣風をまき起した。ネーデルランドは北方產業と南方產業の會合地として商業の中心を形成し、毛織物工業の發展も世界一であつた。從つてこの地方の都市生活はきわめて活潑となり、イタリアと殆ど併行してルネッサンス文化の花が開いた。ネーデルランド・ルネッサンスの美術は敬虔な宗教畫、堅實な市民生活の描寫に特徵があり、代表としてヴァン・エイク兄弟やブリューゲル等の畫家がある。さらにネーデルランド・ルネッサンスは特に注目すべき人物を生んだ。ドイツで活躍したエラスムスがそれである。彼は深く古典を研究して原始キリスト教に及び、當時の教會內の腐敗を痛烈に諷刺した。彼はカトリック教會に反抗するまでには至らなかつたが、やがて起つた宗教改革の先鞭をつけた人として注目すべきであろう。ドイツ美術もルネッサンス時代を現出したが、特にデューラーはその繪畫に獨自の宗教的境地を開いた。

フランスでは宮廷の奬勵もあつてルネッサンス文化は大いに榮えた。十六世紀に出たラブレーは「ガルガンチュア物語」を、つゞいて出たモンテーニュは「隨想錄」を書いて、共に人間の精神を追求した。さらにイスパニアにはセルヴァンテスが現われ、「ドン・キホーテ」を著して人生の機微を銳く衝いた。また畫家としてはグレコ、つづいてヴェラスケスが出て、それぞれ傑作を殘した。ただしこれらの國々にあつては、ルネッサンス運動はそのころ發展しつつあつた中央集權的君主と結びついていたことに特徵がある。

かかる傾向はイギリスでも同樣であつた。十六世紀はじめのトーマス・モーアは、イギリスにおけるルネッサンスの創始者ともいわれ、「ユートピア」を著して社會の理想を說いた。そして十六世紀から十七世紀にかけて活躍したシェークスピアこそは、ダンテにはじまるルネッサンス文學がなお中世的な香りをのこしていたのを乘りこえて、眞の近代文學を打樹てた人として注目すべきである。「ハムレット」「マクベス」「ヴェニスの商人」はじめ數々の作品は今日に至るまで、その不朽の生命をほこつている。

科學的精神　ルネッサンスの時代には理論的な科學やその應用にも重要な成果が擧がつた。三大發明とよばれる火薬、羅針盤、活版印刷は、或はこの時代に發明され、或は大改良を加えられて實用に供せられるようになつたのである。その影響は極めて大きく、火薬は舊式の戰術を破壞して封建階級の沒落を早め、羅針盤は遠洋航海を可能にして地理上の發見を導き、活版印刷は新思想を民衆の間に擴めるのに貢献した。

このような技術的進歩には、その背後に學問の發達があつたことを忘れてはならない。十六世紀に入つてポーランドに生まれたコペルニクスは地動說を唱え、イタリア人ガリレイがその說を繼承した。ガリレイは地動說を發表してローマ法王廳の迫害を被つたが、その物理學說はやがてドイツのケプラーに受繼がれ、さらにこれら先驅者の精神を受繼いだイギリスのニュートンは、引力の法則等を發見して近代物理學の基礎を作り上げた。

科學の發達は學問研究の基礎的方法にも變革をもたらした。十七世紀イギリスのフランシス・ベーコンは實驗の重要性を說き、フランス人デカルトは眞理の基礎として理性を尊重すべきことを說いた。かくて彼等は共に近代科學精神の開祖となつたが、その基礎はルネッサンスの生んだ自由の精神のなかに存したのである。

地理上の發見　ルネッサンスの科學的精神が生んだ最も直接的な成果は地理上の發見であつた。それは知識の發達と經濟上の要求とが合致して生んだ成果である。中世末期以來ヨーロッパには東洋の物資への激しい要求があつた。ところがオスマン・トルコがシリア、エジプトを領有すると、キリスト教徒がこの地方を通過して輸送する東洋の貨物に重税を課した。そこでヨーロッパ人の間にはトルコ領を經由しないで東洋に達しようとの要求が生まれてきたのである。さらに十三世紀はじめ、蒙古人が兩大陸にまたがる大帝國を作つたことは、東西の陸上交通を開き、ヨーロッパ人の東洋旅行を可能にするものであつた。かくてマルコ・ポーロの「東方見聞錄」が著わされ、東洋の事情がヨーロッパに知られるようになつたことは、地理上の發見を促した要因の一つであつた。また多年イスラム教徒と爭つていたポルトガル人が、アフリカ奥地にキリスト教國があると信じてアフリカ方面に進出したことも、原因の一つに數えられよう。十五世紀に入つて、ポルトガルの王子ヘンリーは盛に航海を奬勵したから、ポルトガルの商人はアフリカ西岸を次第に南下し、ヘンリーの死後一四八六年には遂に喜望峰に達した。そして一四九八年ヴァスコ・ダ・ガマは喜望峰を廻つてインド洋を橫斷し、ここに始めてヨーロッパとアジアを結ぶ直接

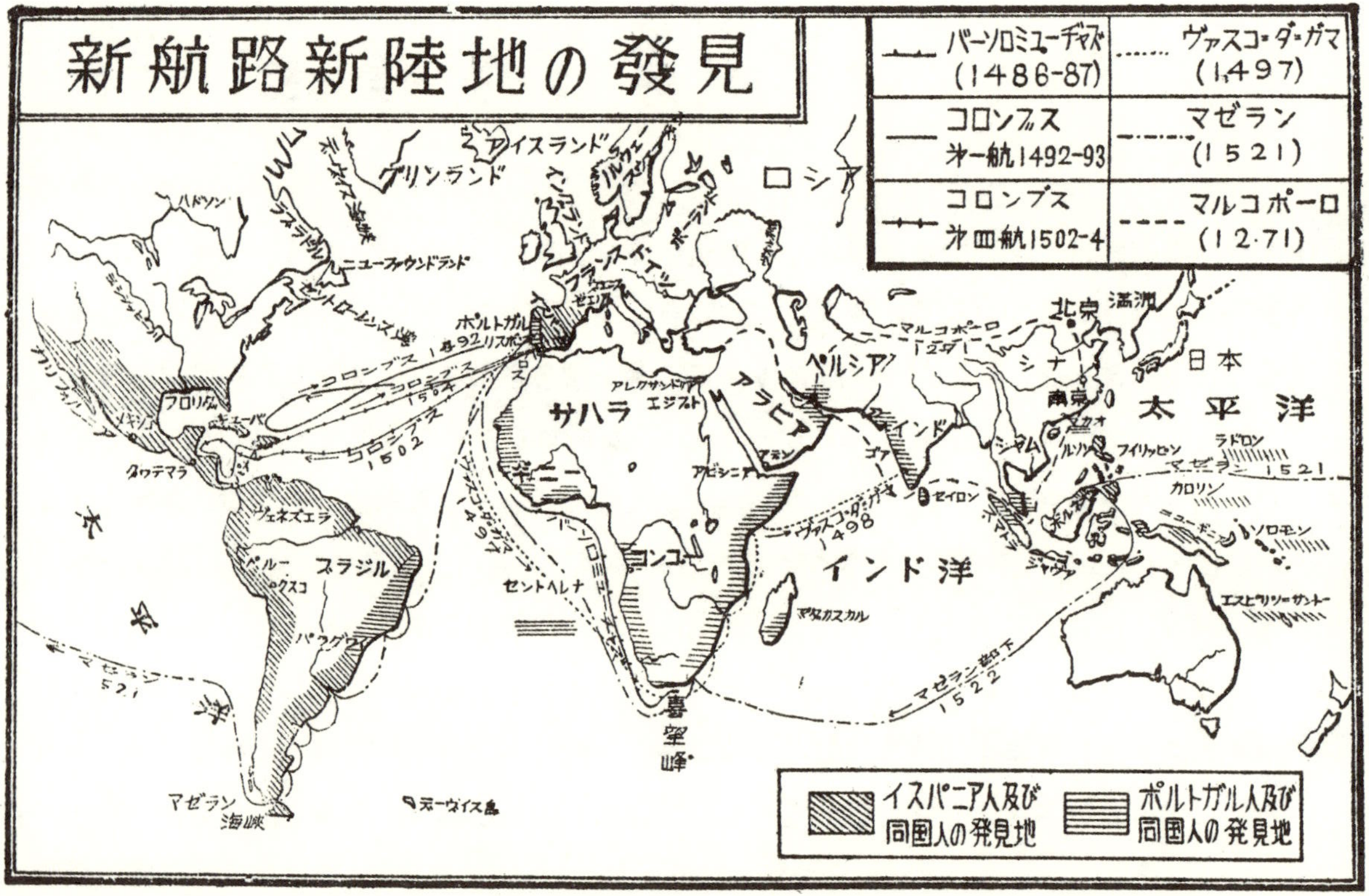
新航路新陸地の發見
バーソロミューヂアズ (1486-87)
ヴァスコ・ダ・ガマ (1497)
コロンブス 第一航1492-93
マゼラン (1521)
コロンブス 第四航1502-4
マルコポーロ (12.71)
アイスランド
グリンランド
ロシア
ハドソン
ニューファウンドランド
ノルウェー
ポーランド
フランス
ドイツ
イングランド
ポルトガル
リスボン
フロリダ
キューバ
メキシコ
ガテマラ
ヴェネズエラ
ペルー
クスコ
ブラジル
パラグワイ
マゼラン 海峡
サハラ
アレクサンドリア
エジプト
アラビア
アデン
アビシニア
ギニー
コンゴ
セントヘレナ
マダガスカル
喜望峰
ペルシア
インド
ゴア
セイロン
インド洋
マルコポーロ 1271
北京
満洲
シナ
南京
マカオ
日本
太平洋
シャム
ルソン
フイリッピン
ラドロン
カロリン
ニューギニア
ソロモン
ジャワ
エスピリツーサント
コロンブス 1492
コロンブス 1502
ヴァスコ・ダ・ガマ 1497
ヴァスコ・ダ・ガマ 1498
マゼラン 1521
マゼラン部下 1522
イスパニア人及び同国人の発見地
ポルトガル人及び同国人の発見地

航路が完成したのである。

そのころ西に向つて眞直ぐ進めばインドに到達することができようと考えたのが、イタリア人コロンブスであつた。彼はイスパニア女王イサベラの援助を得て、一四九二年イスパニアの港を發し、七十餘日にしてアメリカのサン・サルヴァドルに達した。彼はこの地方をインドの一部と考えていたが、やがてその後の探險家によつて新大陸であることが明らかにされ、探險家の一人アメリゴ・ヴェスプッチの名にちなんでアメリカと命名された。さらにイスパニア人マゼランは、一五一九年から一五二二年にわたつて、はじめて世界の周航を行い、以後ヨーロッパ人の世界的發展の道は着々と開かれていつたのである。

地理上の發見はヨーロッパ諸民族の勢力關係に大きな變化を與えた。地中海はもはや商業上の要路ではなくなつた。かくてイタリアは急速に沒落し、これと結びついていたドイツ諸都市も衰えていつた。そしてポルトガル、イスパニアの兩國が、世界の最强國として威を揮うこととなつたのである。

第二節　宗教改革

宗教改革　ルネッサンスが南ヨーロッパの地に華やかに展開されている間に、北ヨーロッパには宗教改革のあらしが吹きまくつていた。ルネッサンスの運動は元來ローマ教會とその世界觀への反抗から生まれたものであつたが、宗教改革はこのルネッサンス運動をまき起こした精神が宗教問題をめぐつて實際的行動に發展したものである。

この運動が火蓋を切つた土地はドイツであつた。中世ヨーロッパにローマ教會が占めていた精神的世俗的權力は社會の推移と共に維持し難くなり、特に中世末から發展していたイギリス、フランスなどの中央集權國家は、自國内の教會權力を次第に奪つて行つた。しかし中央集權のおくれたドイツでは、法王權に對する抵抗力が最も弱く、そのために教會の搾取はドイツに集中された。しかもドイツ人の宗教心は南ヨーロッパの人々のそれに比して内面的、神秘主義的であつて、自由と解放とを求める新精神はこの宗教の方面で發揮されることとなつたのである。

ルーテル　ドイツ宗教改革の口火をきつたのはマルチン・ルーテルであつた。そのころ教會は資金調達のため免罪符の販賣を行い、これを買えば罪が消滅すると説いていた。そしてドイツはその點でも絶好の市場であつた。一五一七年ルーテルは免罪符を攻撃した九十五箇條の條文を發表し、これが宗教改革の導火線となつたのである。それまで彼は教會の改革は考えていたが、教會と斷絶する考えはなかつた。しかるに教會が彼の主張の取消しを命ずるに及び、ついに法王と教會の權威を全面的に否定するに至つた。ルーテルは多くの論文を書いて僧侶と一般人の差別を否定し、聖書こそ唯一のキリスト教の權威であると主張して、個人の內的確信に基づく新宗教の樹立を明らかにした。また法王による僧侶の任命、稅の徵收にも反對した。かくてルーテルは法王と正面から衝突することとなり、破門狀を公衆の前で燒いて決意を示したのである。

ルーテルの斷乎たる態度は當時ドイツの現狀に不滿な人々、獨立國家としての地位を確保しつつあつた諸侯、自由を求める都市の市民、封建制度と教會との重壓下にあつた農民などの支持を得ることとなつた。神聖ローマ皇帝チャールス五世は、帝國統一のため法王の援助を得ようとして、一五二〇年國會に彼を召喚して法律の保護外に置いた。しかしルーテルはサクソニア侯の居城ワルトブルクにかくまわれ、聖書のドイツ譯に身をさゝげることができた。その間一五二四年にはミュンツェルに率いられた農民戰爭が南ドイツ一帶に起り、叛亂は宗教改革の氣運に乘じて次々と起された。しかしそれらは諸侯や富裕市民を攻擊の對象としたので、ルーテルはこれを非難して、以後彼の運動は諸侯の利益擁護の色彩を帶びるようになつた。

その後ドイツ國內はカトリック派とルーテル派に分れて爭い、プロテスタントという名稱もこの間に起つた。兩者の爭いは戰爭にまで發展したが、一五五五年アウグスブルクの和議が結ばれ、諸侯や自由市はカトリックかプロテスタントのいずれかの信仰を自由に選擇することを許されるようになつた。

カルヴィン　ドイツに少し遲れてスイスにも宗教改革が起つた。スイスは十四世紀には事實上皇帝の支配から獨立しており、ダニューブ、ライン兩河の連結點として商業の要路を占め、商工業が發達して都市が榮え、自由の氣風がみなぎつていた。十六世紀の始め、この地にツウィングリが出て改革說をとなえ、勢力を增大したが反對派と戰つて敗死した。その後フランス人カルヴィンが此の地に移つて多くの信奉者を得てジュネーヴの市政をも委ねられた。彼の說はルーテルの說をさらに進めたものであつた。すなわち神の全能の意志を重視し、神に召されるためには道德的行爲が必要であり、キリストの神性は體驗によつてのみ理解されるとした實踐的な性格を持つていた。そして聖書に則つた嚴格な道德律を立て、現世で勤勉に働くことの中に救濟への道を見たのである。現世の生活は神の恩寵を得るための第一義的なものとなり、營利や蓄財も道德的に行われれば立派な行爲とされた。この敎えは神と人との直接結合を說き、自己の努力によつて資本を蓄積していた商工業者の利害に一致し、その感情を代辯するものでもあつた。從つてカルヴィンの教えは忽ちスイスの支配的宗教となり、さらに商工業の發達した各地に擴まつた。とくにオランダはカルヴィン派の中心となつた。イギリス、フランスにおいても、カルヴィンの說は大いに擴まり、イギリスではピューリタン、フランスではユグノーと呼ばれた。

イギリスの宗教改革　イギリスではヘンリー八世は離婚問題から法王と爭い、一五三四年「首長令」を發布して自らイギリス敎會の首長たることを宣言した。さらに彼は修道院を廢して土地財產を沒收した。このようにイギリスの宗教改革は上からの政策によつて行われた。それはローマ敎會の世界支配が失われ、宗教に代つて民族主義が擡頭してきたことを意味するものであつた。

カトリック側の反省と改革　かくてローマ敎會の權威は次第に勢力を失つて行つた。しかしこのことはカトリック敎徒に反省を與え、一五四五年トリエントに宗敎會議が開かれて、僧侶の道德肅正、敎義と法王の絕對權の再確認、プロテスタントに對する斷乎たる鬪爭が決定された。それによつてカトリック敎は救われ、イタリア、イスパニアの新敎の傳播は食い止めることが出來た。敎會內部の敎團の活躍も目ざましくなつたが、とくにイスパニア人イグナチウス・ロヨラの創立したジェスイット（耶蘇會）は有名である。彼等はカトリック敎をひろめるために身命を賭して戰い、かつて新敎に奪われた西南ドイツの地方を奪回することができた。そしてジェスイットはポルトガル、イスパニアの植民事業に伴なつて未開の地へも盛に布教を行つた。フランシスコ・ザヴィエルは東アジアに布教し、一五四九年には日本にも渡來して九州、關西方面に信徒を得た。

宗教改革に對するカトリック側の行動は「反宗教改革」と呼ばれている。宗教改革は封建制度の沒落に伴つて興つた新しい社會の產物であつたが、反宗教改革も亦この新しい社會に適應しようとする試みであつた。カトリック教はこれによつて以後の社會に生命を持ちつづけたのである。

第三節　ヨーロッパ專制國家の成立

一、絕對主義の成立

絕對主義とブルジョアジー　ルネッサンスと宗教改革は個人の解放を求めた都市の自由な生活の中から生れて來た。中世末期以來、市民の活動による都市の勃興と商工業の發達は農民の封建的束縛からの解放と封建貴族の地位の低下を促していた。この市民階級（ブルジョアジー）の正面の敵は國內に割據する封建貴族であつた。他方國王は、中世末期以來封建貴族の政治的支配權を奪つて自己の許に權力を集中し、しかも諸侯を抑えるための軍隊・官僚の維持のため金錢を必要とした。從つて市民階級《ブルジョアジー》と王權との結合は必然的であつた。百年戰爭以後のフランス、バラ戰爭以後のイギリス、イスラム教徒を驅逐したイベリア半島のイスパニア、ポルトガルなどはその好例である。

しかもブルジョアジーはまだ經濟的利益の充足のみに滿足して自ら政治に參與する要望は起すに至らなかつた。從つて王權は國內のあらゆる力の上に立つ絶大なものとなり、十六世紀以降各國に絶對主義と呼ばれる專制政治が行われることになつたのである。

國際戰爭　しかしブルジョアジーと封建貴族との勢力の均衡の上に立つ絶對主義は、自己の力の培養のため植民地の獲得につとめて海外に於て大いに爭つた。しかも本國內部にあつても諸勢力間の對立と抗爭は避けられず、それに乘じて相手國の勢力を弱めようとする各國の權謀術數も行われ、ここに國際戰爭をまき起したのである。

二、西ヨーロッパの專制國家

イスパニア　十五世紀にイスラム教徒を逐い、その勢を驅つて新航路を發見して近世初頭に絶大な勢力を持つたイスパニアは、チャールス一世（ドイツ皇帝チャールス五世）の子フィリッブ二世が一五八〇年ポルトガル王位を兼ね、アジアと新大陸からの利益を獨占して、その富强によつて全ヨーロッパを制壓しようとした。彼は太子の時イギリス王女メリーと結婚してイギリス、イスパニアの力でフランスを壓倒しようとしたが、メリーの死によつてこの企ては成功しなかつた。メリーの後を繼いで王位に卽いたエリザベスはよくイギリスの民心を掌握したので、その國民意識は旺盛になつて、イスパニアの海上勢力打破のための私掠船の活動となり、かくて一五八八年イスパニアは、その誇とする無敵艦隊をイギリス海軍に破られ、國運に致命傷を受けた。しかもフィリップはカトリックを强制する政策を强行したので、カルヴィンの教を奉じ自由の空氣にあこがれる屬領ネーデルランドの人民は、反抗の末遂に獨立するに至り、イスパニアの絕對主義は以後衰頽の途をたどつた。

イギリス　イギリスはヘンリー八世の下で絕對主義が確立し、一五五八年から一六〇三年にわたるエリザベス女王時代がその絕頂期であつた。姉メリーの夫であつたイスパニアのフィリップ二世はイギリスに對する野望を棄てなかつたので、エリザベスはネーデルランドの獨立をひそかに助けて終にイスパニアの無敵艦隊を破つた。そのことはまたイギリスの海外植民活動を盛んならしめた。國内についても、ヘンリー八世の創めた國教會（アングリカン・チャーチ）を再確認し、カトリック教を固持した僧侶貴族の權力を失墜させた。中世紀以來發達して來た毛織物工業の發展も著しく、先進國ネーデルランドを凌駕するに至り、國富は增大して世に言うエリザベス時代を現出した。かの大文學者シェークスピアの出たのもこの時代である。

フランス　フランスは百年戰爭以後中央集權の實が著しくあがつていたが、十六世紀の中頃宗教改革の時代にはフランシス一世が神聖ローマ皇帝の位をうかがつてチャールス五世と爭い、彼の卽位後もイタリアの支配權をめぐつて屢〻これと戰つた。これをイタリア戰爭と言う。他方フランスも宗教改革の運動の波及をまぬがれなかつた。カルヴィン派が國內で大いに勢力を得、王室はこの抑壓につとめたが、ブルジョアジーと提携するため、またカトリックを代表するチャールス五世に對する敵對行爲のために、新教徒抑壓は自然緩和された。しかしこの政策はフランスの舊新教徒の爭いを長びかせる結果になつて、十六世紀の終りにはユグノー戰爭という宗教戰爭を生んだ。そして結局ブルボン家のヘンリーがヘンリー四世として王位に卽き一應宗教戰爭も收まつた。彼は新教徒であつたが舊教に改宗し、舊教徒が多數を占める國民大衆の信望をつなぎ、ユグノーに對しても一五九八年ナントの勅令を發布して舊教徒と同等の市民權と信仰の自由を許可した。

十七世紀に入るとフランス絶對主義は益々强大となつていつた。ヘンリー四世の死後ルイ十三世が立つた。彼を補佐した宰相リシュリューはユグノーを抑え國内に割據した貴族をパリに移住させて宮廷化せしめ國内を安定した。對外的にはドイツの三十年戰爭に干渉し新教徒を援助してドイツ皇帝を苦しめた。

ルイ十三世の子ルイ十四世に至つてフランスの絶對主義はその極點に達する。その宰相マザランは貴族の反亂（フロンドの亂）を抑えて王權の威勢を高め、三十年戰爭に干渉してその終結を巧みに導きフランスのヨーロッパ制覇の道を開いた。更に財務總監コルベールが重商主義政策を取り富を國内に蓄積して、ルイ十四世治下のフランスはヨーロッパの最强國となり、フランス文化はヨーロッパ文化を支配するようになつた。コルネイユ、ラシーヌ、モリエールの三大劇作家はこの時代を飾る巨匠である。しかしルイは富强にまかせて無益不法な外征を屢々行い國費を浪費し國民を苛斂誅求することが多くなつた。彼は又晩年篤くカトリック教に歸依してナントの勅令を廢止したので、多くの商工業者が國外に移住し、それによつてフランヌの經濟界は大きな打擊を受けた。

第三節　ヨーロッパ專制國家の成立

三、東ヨーロッパ専制國家の成立

ドイツ　西ヨーロッパの絶對主義が確立している間に東ヨーロッパでは一見これと逆の現象が起つた。ドイツは宗教改革に於て世界の歴史の先頭に立つたが、ブルジョアジーの健全な發達がなく領邦の制據の狀態に陷つたので、以後久しく西ヨーロッパ諸國と肩を並べる統一國家を形成することが出來なかつた。アウグスブルク和議によつて一應終つたと思われた宗教戰爭は、一六〇八年から九年に亘り再び新舊諸侯が同盟を結んで相對抗するに至り、終に一六一八年から四八年に至る三十年戰爭を惹起した。舊教側はドイツ皇帝、イスパニア王を先頭に立て、新教側はデンマルク、スエーデン等の援助を得て爭つた。諸外國の援助は宗教的熱情に驅られたものであると同時に多分に政治的野心をも含み、特に舊教國フランスの宰相リシュリューはハプスブルグ家制壓のため新教側を援助し、宗教的紛爭は政治的野望に利用されることとなつた。結局兩者とも戰いに飽きてウェストファリア條約で終結となつた。しかしドイツはこの戰爭で三分の一の人口を失つたと言われ、土地は荒廢し産業は疲弊し人心は頽廢して、他國家に漁夫の利を得させてドイツ自體の分裂を深め、その近代化に困難を加えたのである。

三十年戰爭後もドイツは神聖ローマ帝國と稱していたが、諸領邦の間の溝は益〻深まり又それらの内部でも封建制の重壓が續いていた。その間に東北のプロシャが徐々に擡頭して來た。

プロシャ　プロシャは、十二世紀神聖ローマ皇帝によつて設置されたブランデンブルク邊境伯領と、十三世紀にスラヴ人の地方をドイツ騎士團が占領したプロシャ公國とが一六一八年合併して生まれたものである。十七世紀に新教に改宗し　三十年戰爭にも重要な役割を果し、ルイ十四世の侵略戰爭をも利用して自國の發展を謀り、一七〇一年名目上もプロシャ王國となつた。國內でも貴族を抑え、產業を奬勵し軍備を擴張して、その勢は皇帝の位にあつたハプスブルク家のオーストリア公國に對抗するようになり、ヨーロッパの强國としての地位を確實にしていつた。十八世紀中頃フレデリック大王はこの勢を以て屢〻外國と戰つて國威を揚げ、オーストリアを抑えた。殊に有名なのは七年戰爭（一七五六―六三）である。彼は又產業を奬勵して國力を充實させ、「君主は人民の第一の下僕」と稱して、國民の幸福に力をつくし、フランスの文人學者と交わつて西ヨーロッパ思想の流入をはかつたので「啓蒙專制君主」と呼ばれている。しかし彼の政治は獨裁的で、國民の眞の自由を束縛することが多く、國內の封建制は依然として强かつた。

ロシアの擡頭　西ヨーロッパ諸國がルネッサンス、宗教改革の過程を經て近世史の幕を開いた頃、東ヨーロッパでもロシアが擡頭して來た。
ロシアは十三世紀の蒙古の侵入の時その支配下に入つたが、十五世紀末その衰頽に乘じて獨立を回復し、次第に勢力を固めてきた。この國は地理的に東ローマに近く、ギリシア正教が十世紀頃から入つていたが、コンスタンチノープルが陷落した後ロシア君主は自らギリシア正教の擁護者を以て任じ、ツァー（皇帝）と稱した。しかし西ヨーロッパと隔絶していたため、政治形態や國民習俗に東洋的色彩が强かつた。しかも當時北ヨーロッパではスエーデン、東ヨーロッパではポーランド、トルコ等が有力であり、ロシアはその下風に立たなければならなかつた。

ロマノフ王朝下の發展　一六一三年ロマノフ家がツァーとなり、その世紀の終りにピーター大帝が出るに及んで、内政の改善、西ヨーロッパ文化の輸入が盛んに行われ、外部でもスエーデン、トルコを壓迫して領土を擴大し、都をペテルブルク（今のレニングラード）に定めて、バルト海上に出口を作り、ロシアの近代化につとめた。これより先一五七九年コサックの首長イェルマックはシベリアを征略し、その地を皇帝に獻じた。これによつてロシアのシベリア經營の基礎がおかれることとなつた。そして一六八九年には中國の清朝との間にネルチンスク條約が締結されて中國の國境がはじめて外國に開かれ、ヨーロッパ、アジアの關係が密接の度を加えることとなり、以後ロシアのこの方面からの進出政策の端緒となつたのである。
ピーターの死後一時國政が紊れたが、十八世紀後半女帝カザリン二世が出てピーターの事業を繼承し、フレデリック大王をまねて啓蒙專制政治を布いてロシアの國勢を益々高めた。彼女はまたプロシヤ、オーストリアと共同して三回に亙りポーランドを分割してこの國を滅ぼし（一七九五）、トルコと戰つてバルカン方面に勢力を扶植し、シベリア經營にも大いに力をつくした。

東ヨーロッパ專制君主國の特徵

プロシヤ、ロシアなどの東ヨーロッパ諸國の擡頭も、その根底には商品經濟の發展による國內市場の形成という經濟的原因がある。しかし西ヨーロッパではブルジョアジーの發展があつたに反し、東ヨーロッパでは封建貴族自らが商業に從事する傾向が强かつたために、貴族の農民搾取が行われ、農奴制が强化するという結果を生じたのである。後にフランス革命が起り、ブルジョアジーが絕對主義を打倒した時も、これらの東ヨーロッパの國々では農奴制の束縛が固く、ブルジョアジーの發展も微弱なものであつたから、その絕對主義が一時に崩壞することはなかつたのである。

第四節　東アジアの專制國家

一、中國社會の推移

明の中國統一　この間にあつて東アジアの形勢はどのような展開をみせていたであろうか。西ヨーロッパには未だ百年戰爭が行われていた十四世紀の後半、貧窮農民から起つた朱元璋《シヨウ》は元末の反亂に加わり、やがて南京を中心に勢力をたくわえ、遂に元朝を中國より逐つて明朝を樹てるに至つた（一三六八）。ここにおいて亦く中國を支配していた北方民族の勢力は全く中國外に退けられ、中國には久しぶりで中國人による統一國家が出現したのである。

元朝の支配者たる蒙古人達は本土たる蒙古高原に逃れたが、なお屢〻中國への侵入をはかつた。明朝の初期には明軍が優勢で、幾度か蒙古の本土を衝き壓迫を加えていたが、十五世紀の初期を過ぎると明側が受身の立場となり、蒙古高原に覇をとなえたオイラート部の中國侵入が激しくなつて明朝を苦しめた。ことに此の世紀の中葉、オイラートの酋長也先《エッセン》に率いられた蒙古人が明の北境を侵し、明の皇帝を擒《とりこ》にした土木の變（一四四九）のごとき大事件まで起されるに至つた。

かくてこの方面の防禦は明一代の大きな負擔となつたのである。

しかしこの間に明朝の内政は着々と整えられていつた。明朝を興した朱元璋は洪武帝と呼ばれるが、彼は行政組織を變革し、農村統治の改革を行つて、皇帝の權力の增大をはかつた。さらに兵制については、元朝に倣つて世襲の軍戸をおいて軍役に當らせた。明初にはこの兵をもつて國外を壓したが、やがて軍役、漕運などに使用されることが苛酷で破產するものが多く、逃亡が相繼ぎ、用いるにたえなくなつた。

十五世紀の初頭には明の勢力は南方にも擴がり、一時安南を服屬させ、また鄭和らに艦隊を率いて南海を招撫させ、南洋諸國の明への朝貢貿易を促進させた。そうした明の勢力のこのような增大は、洪武帝の時代から、十五世紀初に卽位した永樂帝の時代にかけて行われたのである。鄭和の率いた艦隊は紅海、アフリカ東岸にまでも至つた。しかしまもなく安南は獨立し、中國人の西方の航海も一時的で終つた。もつともこの世紀には國家の禁を犯して福建方面の民衆が南洋に進出し、密貿易に從事し、後の華僑のもととなつた。オスマン・トルコの發展によつて東方への道を斷たれたヨーロッパ人が南方を迂回してインドに到り、更に中國に達したのは次の世紀の前半のことである。

第四節　東アジアの專制國家

この時代、江南は依然大土地所有が盛んであつた。しかし山東、河南は元末の大亂後、人口が減少し、無人の地が多く、流民を集めて新たに開墾させるなどのことがあり、華北には自作農或は自營地主が多かつたようであるが、また諸王、顯官に與えられた莊田も數多く存在した。當時主要な米產地は揚子江下流のデルタ地帶で、宋、元以來人口密度も最も高く、中でも蘇州方面がその中心であつたが、蘇州の大半が官有で、政府が佃《デン》戶に耕させ、過重な現物地代と運糧費とを徵集したので、十五世紀には農民の逃亡が多かつた。なお民有の田も大半は大土地所有者のものであつた。こうして貧窮化したこの地方の農民が次の世紀頃から農村棉工業を行うようになるのである。農民の窮迫は十五世紀に各處に小亂をおこさせたが、明朝はこれを切りぬけて統一國家を保つていた。

明朝後期の中國　　十六世紀の後半になると中國の社會には一つの變化がおこつたようである。これはこの期に行われた新稅法「一條鞭《ベン》法」によつて象徵される。この法は一地方の土地と人口を計り、人丁（成年男子）に對する賦役を合せて一條とし、これを田稅の多少によつて割當て、共に銀で納めさせた制度であつた。これは貨幣經濟が發達し、農村に浸透したことを示すもので、これを促進したのは十六世紀に中國に達したポルトガル、イスパニア商人からの大量の銀の流入であつた。中國は彼らに絹、茶、陶磁器を賣り、それと引換えにはただ銀を受け取つたので、新大陸發見後メキシコなどから掘り出された豐富な銀が大量に流込んだのである。宋、元時代の農奴的存在は明代の何時の頃からか、もつと自由な小作人となつていたが、それは貨幣經濟の發達によつて著しく促進された。

商業資本の活動はここにおいて飛躍的に増大し、國内市場が形成され、陝西の棉花は商人によつて江南デルタの松江府方面に運ばれ、その農村で綿布に織られ、再び幾人かの商人の手を經て陝西の農村に賣られた。商業資本の農村への働きかけは農村の階級分化を促進させ、所謂地主、官僚、商人の三位一體はこの頃からはつきり現れてくる。江南では地主は鄕村を出て都市に移住するものが多く、都市はこれらによつて更に盛になり、やがて新たな文化の擔い手となつた。

これが十六、七世紀の中國社會の變化であるが、十七世紀の中頃には政治上にも明が亡んで、新たに淸が中國に君臨するという變化があつた。十六世紀から明朝政府の紀綱が頽廢してきた所へ北には蒙古人の侵入、南の海岸には倭寇《ワコウ》の禍があり、更にこの世紀の末には豐臣氏の朝鮮侵入に對する救援軍を送り、このため宮廷の奢侈によつて窮乏していた財政は一層困難となり、人民を誅求した。更にその後、政府內では黨爭が激化し、一方饑饉が相續き、かくて窮民は各地に蜂起し、十七世紀の中葉近く流賊李自成のため首都をおとされ、明王朝は亡んだ。

明代の文化　明朝の文化は王朝の衰えた十六、七世紀特に盛んとなつた。これは先きに述べたこの頃の社會の變化と相關連する。書物の編纂、刊行が急に増加し、戯曲、小說が榮えて金瓶《キンペイ》梅《バイ》、西遊記が現れたが、他方、本草綱目、農政全書や產業を圖解した天工開物などが書かれた。十五世紀後半の王陽明の良知の說は朱子學の弊を衝《つ》いたものであつたが、その影響は新時代に實學を興すこととなり、十六、七世紀には經世實用を旨とした顧炎武《コエンブ》、黃宗羲《コウソウギ》などの學者が輩出し、史學、地理學などの名著が數多くでた。なおこの時代に工藝が發達したことが知られている。

二、滿洲族の中國支配

清の征服國家　十七世紀に南滿洲の山地から起つた女眞族のヌルハチはたちまち勢力を擴げ、二代四、五十年の間に滿洲と內蒙の滿洲（女眞）人、中國人、蒙古人を統合するに至り、李自成が北京を攻略すると、その機に乘じて李を破つて北京に入り、清と號するこの國は中國の王朝となつた。中國に入ると中國流の政治を行つて、中國の大官を任用し、秩序と治安を回復し、僅かの間に全中國をその治下に入れた。もつとも眞の統一は南シナに諸侯の如く封ぜられた清朝協力の中國人の將、所謂三藩を十七世紀の後半に平定してからである。この時の君主が康熙《コウキ》帝で、その後、乾隆《ケンリュウ》帝に至る三代百三十餘年の間が清朝の盛期であつた。十七世紀の末にはシベリアを東進してくるロシヤの兵を討つて黑龍江外に退け、ネルチンスク條約を結んだが、これがヨーロッパの國と中國が最初に結んだ條約である。清朝は十七世紀の後半から十八世紀の間に版圖を大いに擴げ、滿洲、蒙古、中國、臺灣から東トルキスタン、チベットを領有し、朝鮮、安南、シャム、ビルマを半屬國とした。

清朝盛期の文化　清朝は明の制度を殆ど受け繼ぎ、明以來宰相を廢して君主獨裁の制度をとつてきていたのを更に强化した。滿洲人の支配する國家ではあつたが、社會及び文化は明、清兩朝の間なんら特殊な變化なく發達して行つた。明末の一條鞭法は清代に丁賦と地租を合せて一つのものとする地丁銀となつて完成された。戯曲、小說が更に發達し、顧炎武らの學問は考證學、音韻學などと分化して發展させられた。もつとも清朝は征服國家であつたので、その方面の思想の取締を行い、學者を動員して古今圖書集成、四庫全書などの大著作を完成したのも一面知識人の反感を逸らすためであつたといわれる。ヨーロッパ人との貿易は十七世紀になつてから西歐人が參加し、やがてオランダ、それについでイギリスが勢力を占め、十八世紀の末には殆どイギリス人の獨占に歸した。十八世紀になると中國は主として茶を輸出し、銀を入れたが、この世紀の末からアヘンが中國に輸入されるようになつてきた。こうしてこの頃から政府にも衰勢がみえはじめ、この世紀に人口の激増をみた中國社會も動搖してきた。

三、その他の諸國家

李氏朝鮮　このころ朝鮮半島においては高麗、契丹、女眞、蒙古と三たび北方民族の侵入を受け、更に元朝末期になると倭寇に惱まされて、疲弊その極度に達した。かくて混亂のうちに高麗は倒れ、代つて武將の李成桂が半島を統一して國號を朝鮮と稱した（一三九二）。朝鮮はやがて完全に明の屬國となり、内治の充實に努めたので、數代にして全盛時代を現出し、朝鮮文字諺文《オンモン》が發明せられ、多くの書物が編纂せられた。ところが十五世紀末になると、朝鮮は日本の豐臣秀吉の侵入を蒙り、次いで淸に討たれた末、その屬國となつたが、疲弊甚しく、加えて政界において烈しい黨爭が絶えず續き、國力は愈〻衰えて行つた。

蒙古高原の形勢　次に蒙古高原の形勢を見るに、さきに勢をたくましうしたオイラート部は也先《エッセン》の死後衰え、東部のタタール部の勢が強くなつた。タタール部はチンギスハンの後裔達延汗《ダヤン》及びその子孫によつて蒙古高原の統一に成功し、屢〻明の北邊を侵したが、やがて淸が滿洲に興ると先づ內蒙古はその領有に歸した。次で外蒙古は、勢を恢復したオイラート部の後のガルタンの支配する所となつたが、淸の康熙帝に滅され、蒙古高原は淸の版圖となつた。

ビルマとシャム　チベット・ビルマ系の民族は、かつて唐の文化の刺戟を受けて雲南の地に南詔國を建てたが、十一世紀からビルマ人の活動が盛んになつた。蒙古の勢力が發展して、南詔の地を征服した頃から、インドシナ半島にはタイ族が次々に南下してシャム國を形成するようになつた。ビルマに於ても、シャムに於ても、セイロン島系の小乘佛敎が傳播して現在に至つている。なおインドネシア方面では元朝のジャワ出兵の後を受けて、東ジャワからマジャパイトの勢力が起り、西はスマトラを從え、東はニューギニアの一部にまでその勢力が及んだ。

安南の形勢　インドシナ東北に據つていた安南人は久しく中國の支配下に置かれていたが、十世紀の間に獨立國を建てた。そして元と明の侵入を受けたが、これを退けて次第に南方に發展していつた。安南では中國文化が行われ、制度法律など何れも中國のそれを基調としている。

第五節　ヨーロッパ諸國の植民活動

一、西歐諸國の植民活動

重商主義　さて中央集權の確立に努力していた西ヨーロッパ各國の君主は國內秩序の維持、外國との戰爭のために官僚と常備軍とを必要としていた。そのために貨幣や地金が多く要求され、君主は新興資本家と提携しなければならなくなつた。かくて近世統一國家と國民經濟とは不可分のものとなり、いわゆる重商主義政策が取りあげられたのである。

この重商主義をとつた各國爲政者は貨幣の國內への流入をはかり、國外への流出を防ぐことにつとめ、國內產業の助成、外國からの熟練工の招致、勞働力確保のための人口增殖、輸入品への高額の課稅などの手段に依つて輸出を奬勵し輸入を防遏《アツ》して貨幣の國內蓄積をはかつた。

植民地獲得　アジア、アメリカへの新航路發見はこの活動に大きな場所を與えた。アメリカの金銀、東洋の物資は、貨幣、地金を求める專制君主、金融資本家双方の垂涎の的となり、西ヨーロッパ各國は植民地獲得に狂奔した。彼等は植民地を利益搾取の源泉と考え、特許會社を興して植民地貿易を獨占した。

二、西歐諸國の植民地經營

初期の植民地活動　十五世紀に新航路發見の立役者であつたイスパニア、ポルトガル兩國は大西洋上に子午線を引いて東をポルトガル領、西をイスパニア領とし、ローマ法皇の許可を得てその獨占權を主張した。かくて十六世紀を通じて約百年の間ポルトガルは東洋の特產物を獨占し、イスパニアはアメリカの金銀を一手に收めて歐洲に覇を唱えた。

ポルトガルは一五一〇年インドのゴアに總督府を置き、ここを中心として東洋經營を進め、商業上の巨利を得た。アフリカ南部、インド西岸、セイロン、マラッカ、スマトラ、ジャワ等の諸島を領有し、一五一九年には中國からマカオを租借した。またその船が一五四三年には種子ケ島に漂着し、その後彼等は平戸で對日貿易も行つた。

イスパニアの新大陸經營は多少の時間を要したが、一五二一年コルテスのメキシコ征服、一五三二年ピサロのペルー征服後、これらの地方の豐富な銀を手に入れ、やがてポルトガルを壓倒するようになつた。イスパニアの新大陸に於ける舊來文化の破壞は著しく、メキシコのアズテック文化、マヤ文化、ペルーのインカ帝國の文化は跡形もなく滅んでしまつた。イスパニアは、後ポルトガルを併せ、植民地から尨大な富を擁して世界に君臨したが、やがて勢に乘じて歐洲各國の政教上の紛爭にも介入しようとし、そのため却つてこの方面から破綻を來した。

東洋に於ける列强の植民地爭奪戰　オランダは十三世紀後半からイスパニアの領土となつていた。彼等は主として東洋の物資をポルトガルの首府リスボンで買い、それを北歐諸國に賣つて中間利潤を得ていた。しかるに中世以來國內でも商工業が發達して、住民は自由の氣風を尊び、カルヴィンの敎を受け入れ、カトリックの擁護者を以て任ずるイスパニア本國の壓迫を受けるや一五六七年以來獨立を企てるに至つた。一五八〇年イスパニアとポルトガルが合併し、リスボンに出入するオランダ人は監禁され船舶は拿捕された。そこでオランダ人は一五八一年獨立宣言を發した。彼等の國は、その時獨立した北部ネーデルランドの諸州中の代表的な州オランダの名をとつて一般にオランダと呼ばれる。オランダ人は一五九五年から東洋航路開拓に從事し、一六〇二年オランダ東印度會社が生れ、イスパニア、ポルトガルと激しく爭うに至つた。一六一七年にはジャワのバタヴィアを開き、これを根據としてスマトラ、モルッカ、セイロン等からポルトガル人を追い、現在の蘭領東印度を形成し、十七世紀前半は世界の商業、金融の中心となつた。しかしその繁榮は永續せず、やがてイギリスにその覇權を奪われることとなつた。

イギリスもオランダと同じくイスパニアに對する敵愾心を誘因としてエリザベス女王の頃から海洋に進出した。一六〇〇年東インド會社の前身が設立され、やがて東インド會社と改名され、インドからモルッカ諸島に至る島々の經營を始めたが、オランダと爭つて、一六二三年オランダ人のためにインドネシアから追われるに至つた。しかしかえつてインドとの取引にその勢力を集中し、一六三九年マドラス、一六六二年ボンベイ、一六八六年カルカッタを經營してインド進出の重要な基地とし、オランダの商業上の地位を奪うに至つた。

フランス東インド會社も一六〇四年創立されたが、最初は大した成功を見なかつた。一六六四年ルイ十四世の下でコルベールが、重商主義政策強化のため多くの特權を會社に與え、補助金を支給し、一六七二年マドラス附近にポンディシェリー、カルカッタ附近にシャンデルナゴルを經營してイギリスに對抗した。

イギリス人、フランス人の貿易はインドのムガール帝國皇帝及びその下の土侯の許可を得て行われたものであるが、帝國の內紛、君侯の間の爭に乘じて相互に土侯を買收して他方の排斥につとめた。一時はフランスの勢が盛んでマドラスを陥れたこともあつたが、その後イギリス東イン

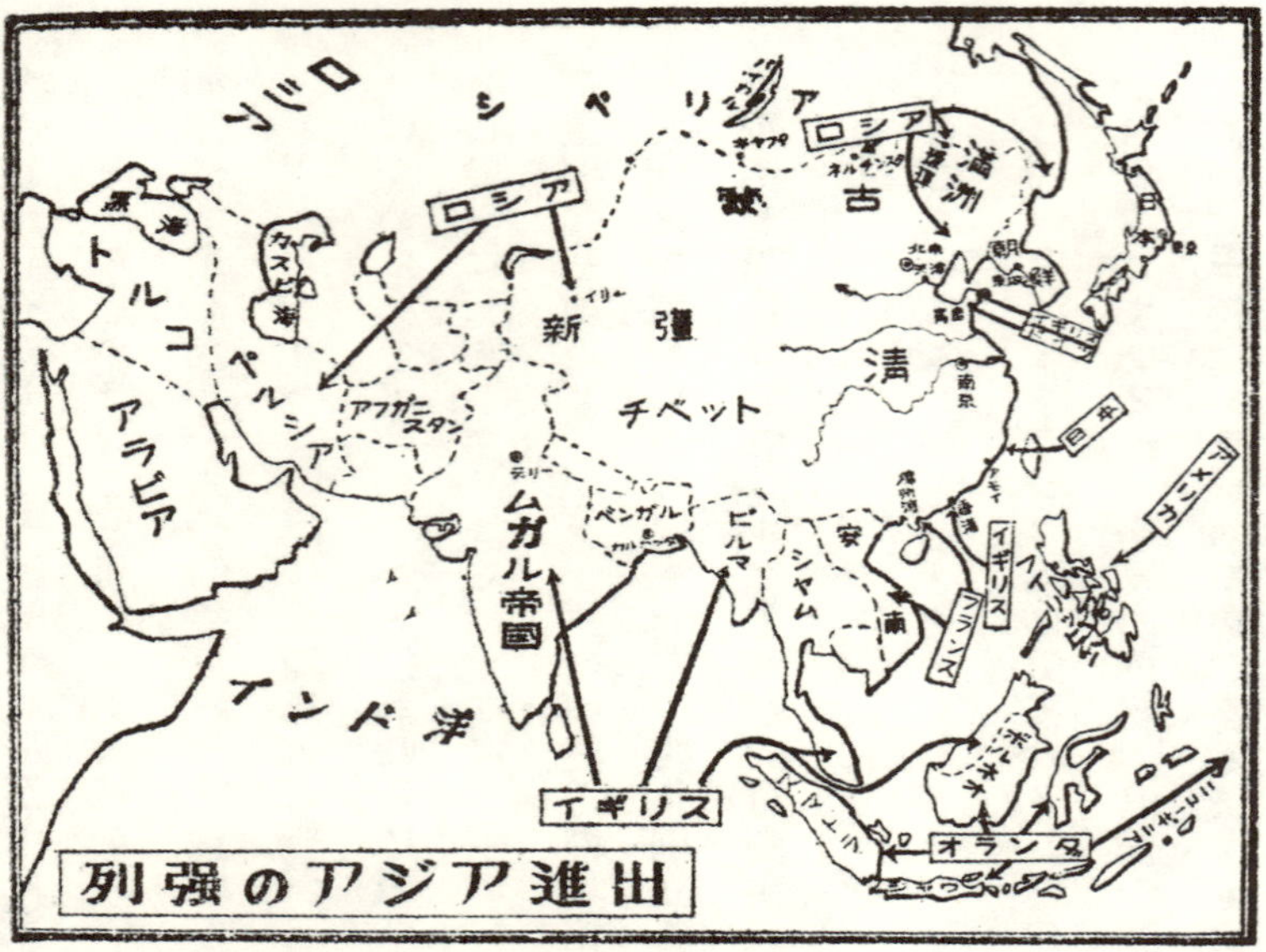

列強のアジア進出

ド會社の書記クライヴは一七五七年プラッシーにフランス軍土侯軍の連合軍を破り、ここにイギリス領インドの基礎が置かれた。

新大陸における諸國の抗爭　新大陸の經營も東洋のそれと並んで行われた。十六世紀前半イスパニアは中南アメリカをブラジルを除いて悉く領地としたが、北アメリカでは永續的な成果は擧がらなかつた。

オランダは一六二一年西インド會社を起してアフリカ西岸とアメリカ通商に從事し、北アメリカ東岸に新ネーデルランド植民地を建て、新アムステルダムを開いた。

イギリスでもコロンブスの成功に刺戟されて、一四九七年カボットが北西航路を經てインドに達せんとし、ラブラドルに達している。イスパニアの無敵艦隊を撃滅して以來海外進出熱は高まり、ウォーター・ローリーは北アメリカ東岸に植民地を起し、處女王エリザベスにちなんでヴァージニアと名づけた（一五八四）が、一時的に終つた。エリザベス歿後スチュアート王朝が立つと政府が特許狀を與えて開拓植民も進み、一方イギリス國教を拒んで信仰を固守し、政府の迫害を受け移住したカトリック敎徒やピューリタンも多かつた。中でも一六二〇年にはイギリス國教の信仰を拒否してオランダに逃れたピューリタンが、メイフラワー號に乘つて北部のプリマスに上陸し、一六三〇年ボストンを建て、この地方（ニュー・イングランド）は次第に發展した。彼等はピルグリム・ファーザーズと呼ばれる。又ウィリアム・ペンはチャールス二世の許可を得てクェーカー派という特異な一派を率いて移住し、ペンシルヴァニアを起した。一六五二年から五四年にわたる英蘭戰爭の時新《ニュー》ネーデルランドもイギリスの手に入り、新《ニュー》アムステルダムはニューヨークと命名され、十八世紀には北アメリカ東海岸は全くイギリスの植民地となつた。

　フランスも十六世紀に北アメリカを探檢したが永續しなかつた。十七世紀にはカナダの根據地としてケベックを建て、セント・ローレンス河を溯つてモントリオールを建て、五大湖を發見し、ミシシッピー河を南下してメキシコ灣に達し、この地方を王の名にちなんでルイジアナと名づけた。カナダからルイジアナに至る北アメリカ中部のフランス領はイギリス植民地を包圍する形勢になつた。

イギリス、フランス植民地は勢力が交錯して紛糾が多くなり、ヨーロッパで七年戰爭が起ると植民地に於ても兩國間に戰爭が起つた。しかしイギリス人は自發的植民者が農業を主として土地に定着し、人口増加の點でフランスに勝つていた。占領地も大西洋岸に沿つて南北に延びていて本國との交通に便利であつた。一方フランスの植民は本國政府の保護によつて行われ、商人、探險家、布教師等が多く、人口の點で劣つていた。廣大な地域が開發されたが、それは主として布教師の力により、イギリスのピューリタンに相當するユグノーの勢力が入ることは出來ず、又彼等の土地は内部に入りすぎて本國との交通に便利でなかつた。以上のような點でイギリス植民地とフランス植民地の優劣の差がつけられていた。アメリカ植民地戰爭はインドの戰爭と並行して行われ、植民地七年戰爭と稱される。戰端は一七五五年オハイオ河流域の所屬問題を契機として開かれ、イギリス植民地は首相ウィリアム・ピットの洞察によつて本國軍の支援を得てフランス植民地を壓し、一七五九年にはケベックを陷れ、一八六三年パリ條約によつて和を結んだ。

イギリス、フランスの植民地爭覇戰はこうしてインド、アメリカ兩方面にわたつてイギリスの勝利に終り、イギリスの世界海洋支配が成立していつたのである。

第六節　民主精神の發達

一、市民階級の擡頭

資本主義の成立　西ヨーロッパの中世を近世に移行させた種々の現象の背後には市民階級の擡頭、資本主義の誕生という社會制度の變革があつた。今これを稍〻詳しく述べてみよう。

封建制度は莊園を經濟的基礎とし、從つて農業を主とする自給自足のいわゆる封鎖經濟の上に立脚する社會制度であつた。そこでは生產されたものはそのままその地域で消費せられ、從つて年々同一規模の反復再生產が營まれた。その間にも前章にのべた如く都市が發生して、農業と工業との間に社會的分業が起つたことは、この封建的生產關係に對する重要な變革であつた。しかし都市における工業生產もギルド制度によつて制限を受け、封鎖性と反復性を維持していた。ただし農業と工業との分離によつて農村と都市の間における生產物の交換が恒常的となり、かくて生產――殊に工業生產は販賣のために行われるに至つた。

このように既に中世都市における工業生産にも「販賣のための生産」という新しい要素が見られたが、更に近世にはいつて、生産に從事するものと生産を經營するものとが自由な契約によつて結ばれて、前者すなわち勞働者が後者すなわち經營者のために一定時間勞働しその代償として經營者から賃銀を受けるという形が一般的になつた。これは言い換えれば生産物の商品化の原則が生産過程にまで浸透したのであつて、勞働力そのものが賃金と交換され、あたかも人間の勞働力が商品として扱われるに至つたわけである。かかる經濟上の制度がすなわち資本主義で、經濟史上全く新しい制度なのである。この制度が生れるためには先ず資本が相當蓄積されることが必要である。それは、一人の經營者が相當の數の勞働者に生産させるだけの設備、原料及び賃銀を用意し、更に生産された品物を自己の責任において販賣するためには、多額の資金を要するからである。次にまたこの制度のためには、自己の勞働力を賣つて生計を立てねばならない人間、すなわち無産者でしかも莊園領主の庇護と束縛を離れた者が多數存在することを必要とする。中世末以來の商業の擴大は資本の蓄積を可能ならしめたと同時に、商品需要の增大は從來の規模を超えた生産の擴大を要求した。又この影響を受けて封建制度が崩壞し、農村では農奴制の束縛がゆるんで、自由なる農民の發生を見、更にその中から多數の無產者を生んだ。かくて近世において資本主義の發生が可能となつたのである。

マニュファクチュアと問屋制度　資本主義はギルド制度の枠を破つた新しい生産樣式を發生させた。「マニュファクチュア」と呼ばれるものがそれである。一人の資本家が相當數の手工業者を一つの仕事場に集めここで協同してしかも分業的に仕事を行わせる制度である。そこでは個々の勞働者の仕事に於ては從來と大した變化はなく手工業的方法が行われたが、外形は今日の工場に似たものとなり、多くの勞働者が協同してその間に分業が行われることとなつたから、生產力は飛躍的に增大した。このマニュファクチュアは最初は大きな資本を持つた商人の支配下にあつた。更にこのマニュファクチュアの發生に先行し、或はこれと並んでかかる商人の手によつて「問屋制度」が發生していた。これは商人が手工業者や副業的に家內工業を行う農家に原料を供給して、その製品を買い占める方法である。これも次第に生產者を事實上賃銀勞働者に變化させて資本主義の端緒をなした。

これまで述べてきたブルジョアジーとはこのような新興商工業階級を言うのである。この言葉は元來市民を意味し、法制的な身分を指すものであつた。所が今やブルジョアジーはこの新しい生產樣式を代表するようになつて、封建制度に對抗する有力な社會組織をなし、やがては農民を指導して封建制度に挑戰することになつたのである。

ブルジョアジーと絶對主義の對立　封建的な貴族と新興のブルジョアジーとの勢力均衡の上に立つていた絶對主義は、個々の封建領主からその特權を奪い、或る程度の人民の地位を向上せしめたが、しかも人民には絶對的服從を要求し、その權力が人民の力によつて制限されることを許さなかつた。そこで資本主義が更に發展してブルジョアジーが成長してくると、當然ブルジョアジーがその壓迫に對して戰いを挑むようになつた。イスパニアからのオランダの獨立は絶對主義に對するブルジョアジーの最初の勝利であつた。續いてイギリスにもいわゆるピューリタン革命が起つた。

二、イギリス民主主義の進展

スチュアート王朝と議會の對立　チュードル王朝の絶對主義はその過渡的時代に適合し、特にエリザベスの政治手段の巧妙さやイスパニアからの脅威も加わつて絶對主義の矛盾はまだ表面に現れなかつた。しかし彼女が死んでスコットランドのスチュアート家のジェームス六世が一六〇三年ジェームス一世としてイングランド王を兼ねると、この均衡狀態は破れて王權と人民及びその代表である議會との對立が現れた。

イギリスでは中世末から農民の地代金納が行われ農奴は土地緊縛から解放されて自由農民層（ヨーマンリー）を形成した。彼等の中からも毛織物工業によつて成功して産業資本家となるものもあり、全國に亘つて自由の氣風が漲つた。商工業者の間には大陸のカルヴィン派に觸れ徹底的な新教主義を奉ずるピューリタンも多くなり、ジェームスの固持する國教に對する不滿が高まつた。ジェームスは王權の淵源を神に置く王權神授說を固執して、議會や人民に對立した。又彼は植民地獲得についても消極的でエリザベス時代にかち得た海上權もオランダに奪われてしまつた。このようにして王とブルジョアジーの代表である議會との對立は益〻激しくなつた。

スチュアート朝二代目の王チャールス一世も父と同じ神權說を固持したが、議會はこれに對立して一六二八年「權利請願」を提出して議會の權威と人民の權利とを認めさせた。然しその後も王の態度は改まらず、議會と衝突してこれを解散し、十一年間も議會を開かなかつたが、一六四〇年に至りスコットランド征討費の協讃を得ようとして議會を二度に亘つて召集したが、議會はその要求を拒否し、終に一六四二年王と議會との武力衝突となつた。

ピューリタン革命　議會軍ははじめは旗色が悪かつたがオリヴァー・クロムウェルが出るに及び王軍を破るようになつた。その間議會内部にも長老派と獨立組合教會派《インディペンデント》との分裂が起つたが、クロムウェルの率いる獨立組合教會派が議會を掌握し、一六四九年チャールスを死刑に處し共和制を樹立した。これをピューリタン革命という。

クロムウェルは共和國の指導者として約十年間獨裁的政治を施行したが、この時代にイギリスの資本主義は益々發展した。彼はオランダと戰つて世界商業權を奪回したが、その間有名な「航海條令」を出した。これは本國と植民地との貿易を自國のみに限定して海外貿易の利潤を蓄積しようとしたもので、重商主義の典型的な現と言われている。

王制復古と名譽革命　クロムウェルの死後王制が復活した（一六六〇年）。しかし以後の王は依然專制主義の方針を取り、又革命中フランスに亡命していたためカトリックに改宗して國教主義、ピューリタン主義に立つ議會と對立した。議會は一六七三年「審査律」を提出して官吏を國教徒に限り、一六七九年には「人身保護令」を出して王に對抗したが王の專制は止まなかつたので、一六八八年再び革命が起つた。今度の革命は議會が王ジェームス二世の廢位を定め、彼の姻戚に當るオランダのオレンジ公ウィリアムを王として推戴する形を取つて、前の革命のような暴力革命でなかつたのでイギリス人はこれを名誉革命という。翌年ウィリアムは「権利令」を発布して人民の生命財産の保護と思想の自由とを約した。そこで大憲章以来の立憲政治の原則が確立され、以後イギリスは民意の代表としての議會が事實上政治の主權者となつた。なおこれまでイングランドとスコットランドは別個の國であつたが、ウィリアムの次のアン女王の時合併して大ブリテン國となつた（一七〇七年）。一七一四年アン歿後ジェームス一世の曾孫ドイツのハノーヴァー家ジョージがイギリス王ジョージ一世として王位に即いた。

政黨政治　王政復古後議會には保守的な僧侶地主派と進歩的なブルジョアジーとが政黨の形を取つて討議するようになつた。前者をトーリー、後者をウィッグという。名誉革命に當つては兩派協同してウィリアムを迎えたため、彼の治世の始めには二黨を同時に用い大臣も兩方から等分に採用した。しかし主義、政策を異にする兩派が同時に政府内に在つたため爭いがたえなかつた。そこで王は一六九四年ウィッグ黨からのみ大臣を取つたが、一六八九年に始つた對フランス戰爭が長びいて國民に苦痛を感じさせるようになつたので一六九七年にはウィッグ政府を免じてトーリー黨を政局に任じた。このように實際の必要から王は議會で多數を占める黨の代表者を大臣に任ずるようになり、政黨政治はここに興つたのである。

イギリス自由思想とフランス啓蒙思想

このようなイギリスの政治的自由はそれを表明する思想家を生み出した。「失樂園」の詩人ミルトンはクロムウェルの友人でピューリタン革命の擁護者であつたが、ジョン・ロックは名譽革命を辯護し立憲思想を明らかにした。やがて彼の說はデカルト以降主知主義の地盤が形成されていたフランス思想界に入り所謂啓蒙思想家に大きな影響を與えた。モンテスキューに三權分立論の基礎を與え、ルソーの社會契約說の道を開いたのもこれである。當時フランスはルイ十四世時代の絕對主義の威力は漸く失せ奢侈放逸の害惡のみ殘つていた時代であつた。社會生活は亂れ、それに應じて自由思想が生れるには最も適した時代であつだ。そこでモンテスキュー、ヴォルテール、ルソー、ディドロー等の啓蒙思想家たちがこの腐敗した專制政治を攻擊し、人間の自由を高揚して、その流れは全ヨーロッパを蔽いプロシヤ、ロシアの專制君主にも影響を與えて、ここに啓蒙專制君主を生んだ。

經濟學の領域でも保護干涉政策による重商主義に反對して自由放任を主張したフランスのケネーやテュルゴーなどの重農主義者が出た。彼等は富の源泉を生產の中に認めたが、生產的な產業として農業のみを認めた。まもなくイギリス人アダム・スミスの「國富論」が出て彼等の自由放任主義を更に發展せしめたが、ここに於て工業も亦生產的勞働であることが認められ、自由主義経済學は完成を見た。

三、アメリカ合衆國の獨立

イギリスの植民地政策　アメリカ大陸のイギリス植民地はエリザベス時代に始まつた。その住民はカトリック教徒、ピューリタン、資本家の特許會社などの多くからなつていたが、大概本國政府の保護をまたずに自主的生活を營んで來たから、自主獨立の精神が强かつた。フランス植民地を打倒したのもこの精神のたまものである。所が英本國はまだ重商主義政策を取り、アメリカの農產物をイギリス本國とその屬領以外に輸出することを禁じ、羊毛製品、銅鐵等の國外輸出を禁じて本國の工業を保護しようとした。しかも本國はヨーロッパ大陸に於けるフランスとの戰爭終了後その戰費の償却のため植民地を利用しようとして一七六五年「印紙條令」を發布しようとしたが、イギリス本國にもアメリカの同情者があつたためこれは實行されなかつた。しかし植民地への課税の試みはなお續けられたので、アメリカの十三植民地は一七七四年フィラデルフィアに大陸會議を開いて本國に抗議し、翌七五年戰爭狀態に入り、ついで一七七六年獨立宣言が發せられた。

獨立戰爭　植民地軍は最初苦戰であつたが、啓蒙思想を呼吸していたヨーロッパ知識人の同情を得、フランス、イスパニア、オランダなどの以前イギリスに破られた國の援助もあつて、やがて植民地軍は本國軍を制壓するようになつた。これらの國々は相次いで十三植民地を承認し、一七八三年には終にイギリスは屈してパリ條約を結び、獨立を認めた。

合衆國の成立　獨立完成後も、連邦制の中央政府を樹立しようとする連邦派と、各植民地の主權を認めようとする反連邦派とが對立したが、結局連邦派が勝つて、アメリカ合衆國は一七八七年連邦組織による合衆國獨特の憲法を制定した。それには啓蒙主義思想の影響を受け三權分立の思想を明文化している。又獨立宣言は、すべての人間は奪うべからざる基本的人權を持ち、自由平等であり、統治の主權は人民にあることを明示している。この宣言が當時絶對主義の壓力に惱んでいたヨーロッパの人心に與えた影響は大きかつた。

一七八九年ワシントンが初代大統領に就任して、ここにアメリカ合衆國の世界歴史への登場が始まつた。

第七節　ヨーロッパ近世文化の成長

イタリア都市にはじまつたルネッサンス運動によつて西欧には新しい文化の誕生を見ることとなつたが、それは各國に於いて更に成長を續けた。

美術と文學　イタリア・ルネッサンスの華であつた美術は、イスパニア、ドイツ等にも傳えられてそれぞれ異色ある天才を生んだが、わけてもイタリアと同樣都市の發達したネーデルランドにおいては市民の内に繪畫が愛好され、十七世紀前半にルーベンス、ヴァン・ダイク等が活躍した。ことにオランダが獨立するやその新興の意氣はめざましく、早くもブルジョアジーが文化の中心となつて學藝が榮え、繪畫にはレンブラントが出て近代的畫法を開いた。またその後フランスでは絶對王政が確立してルイ十四世の盛時を現出し、王室の保護の下に豪華ないわゆるロココ式美術が發達した。

しかしフランスで最も榮えたのは文學で、悲劇にコルネイユ、ラシーヌ、喜劇にモリエールの三大天才を出し、爾後國運の隆昌と相俟つてフランス文學はヨーロッパにおける指導的地位を占めるに至つた。なおイギリスではピューリタン革命の頃詩人ミルトン等が出た。

學術　この間に學問の進歩も著しく、哲學者としてはフランスにデカルト、パスカル、オランダにスピノザ、イギリスではベーコンの後ホッブス、ロック等が出て、近世哲學の基礎を築いた。これらの哲學者はパスカル以下いずれも神と人間理性との調和に苦しんだが、デカルト等は理性の尊厳性を確立し、これが一般學術の進歩に及ぼした影響は大きかつた。かくてロック等はイギリス流の民主政治に理論的根據を與え、オランダのグロチウスは國際法の始祖とされる。

また自然科學界にあつても、天才が續々と出て、自然科學の學問としての方法と體系の組織とを完成した。十七世紀はじめガリレイ、次いでケプラーが近代天文學の基礎をつくり上げたが、この間、生理學に於けるハーヴェイの血液循環の發見、化學におけるボイルの元素の定義、また數學の分野にあつてはネピアが對數表を作成するなど、偉大な業績が次々に現われた。

しかも漸く勃興してきた市民階級が、その技術の向上のために自然科學界に要望したものは物理學、ことに力學の飛躍的な發展であつた。かくて生まれたのがニュートンの「プリンシピア」(一六八七)であり、萬有引力や物體運動の法則が明らかにされて、こゝに物理學は近代科學としての地位を確立した。

啓蒙思想　以上の如く大凡そ十七世紀から十八世紀始頃までの西歐文化の成長は目ざましかつたが、そこに見られた市民文化の誕生、理性尊重の傾向は、十七世紀の末頃以來イギリスに啓蒙思想と呼ばれる思想運動を生んだ。それはピューリタン革命に次ぐ名譽革命の成功、すなわち民主主義の勝利という現實の政治的事情ともからんでいた。かくてロック等は、舊來の偏見にとらわれない合理的客觀的なものの考え方を說き、ことに政治形態や社會制度に批判の眼を向けしめた。その後に出たヒュームはこのような思想の流を汲んで經驗主義哲學を完成した。

このイギリス啓蒙思想は十八世紀半ば頃からフランスに傳わり、そこで更に大きな發展をとげ、大陸におけるフランス文化の指導的地位と相俟つて他の諸國にも影響を與えるに至つた。フランスでは強力な絕對王政の下に、貴族は封建的な特權を維持し、カトリックの僧侶は權威を揮つていたのに對して、ブルジョアジーは經濟的實力を具えながらも政治的にも社會的にも低い地位に甘んじなければならない狀態にあり、しかもそれはルイ十四世の死後、彼等の實力の向上に反比例して甚だしくなつていた。ことに彼等の中からは法律家や科學者として優れた人物が多く出ていたので、やがてこれら知識層は思想の自由を說き、かかる社會の矛盾を指摘して民衆の啓蒙に努めるに至つた。その代表的なのはいわゆる百科全書學者で、ディドロー、ダランベール等が百科全書を執筆して活躍した。又最も有名なのはヴォルテール、モンテスキュー、ルソーの三人で、その說く所はフランスのブルジョアジーはもとより、國王や貴族にまでも影響をあたえ、諸外國にも廣く讀まれ、後のフランス革命の指導精神となつた。

フランス啓蒙思想の影響はドイツでは「狂風怒濤《シュトウルム・ウント・ドラング》」の時代を現出し、一切の傳統を破壞して感情の自由な表現を尊重する氣風を生んだ。その間にレッシング、ゲーテ、シラーの三人の天才が現れ、新しい時代を表現すると共に古典的な美しさをたたえて、ドイツ文學の黄金時代を生んだ。また同じ頃、哲學者カントが出て、人間理性の本質を明かにし、その尊嚴性を說いて近代哲學を大成した。

なおこの頃イギリスでは更に自然科學が發達し、殊に熱力學とその應用が進んで蒸氣機關等の機械が次々と發見され、產業革命を可能ならしめた。

第五章　近代的世界の展開

第一節　ヨーロッパの變革

一、フランス革命

アンシャン・レジーム

絶對主義に對する市民階級の最も大きな且つ典型的な闘爭はフランス革命である。それは單なる政治上の變革ではなく社會的革命であつた。フランス革命は封建的遺制を一掃して自由平等を原理とする近代的社會を作り出し、現代社會の指導原理たる自由主義、民主主義を確立した。そしてこれによつてその後の世界史の進行に確固たる基礎が與えられた點から見ても、フランス革命はフランス一個の問題ではなく、世界の革命であつたと言えよう。

革命前のフランス社會はアンシャン・レジーム（舊制度）と呼ばれる。その上層部を形成する支配階級は元來土地所有に立脚して社會の支配權を握つていた貴族と、それに寄生しつつ自ら一個の貴族階級をつくつていた僧侶とであつた。彼等は、資本主義の成長によつて經濟的な存在意義を失いながら、なお絶對王政の庇護の下に大きな特權を有して、封建的遺制を溫存していた。一方すでに資本を蓄積し、新しい生產樣式に從つて商工業を營んでいた市民（ブルジョア）と、封建的な社會制度の下に苦しんでいた農民とが、權利を持たない被支配階級として存在しており、その間の對立は當然次第に激しくならざるを得なかつた。支配階級たる貴族や僧侶は當時の人口の約一・三%に過ぎなかつた。僧侶は第一身分と呼ばれ、全國に多くの土地を持つ教會を基礎とし、人民から租稅を徵收していたが、自らは免稅その他種々の特權を有していた。しかしこれらの特權に與つたものは貴族出身の高級僧侶のみで、下級僧侶にはむしろ革新的思想を抱くものも少くなかつた。貴族は第二身分と呼ばれ、全國の土地の約五分の一を持ち、國家の高級官職を獨占して莫大な收入を得、やはり免稅の特權を有していた。しかしその中でも宮廷に寄食する貴族、田舍に住む貴族、市民階級の出身で行政、司法の官職を得た貴族などの間に差違や反目もあつた。このことは結局アンシャン・レジームの支配體制を弱めることとなつたのである。

被支配階級は第三身分と呼ばれた。その中の大多數を占める農民はまだ封建的義務からは完全に解放されず、重い課稅の對象となつて悲慘な生活を送つていた。しかも知識は低く、獨力で新社會を生み出すだけの力はなかつたのである。ブルジョアジーはその數では農民に及ばなかつたが、商工業によつて富を蓄積し、土地所有を基礎とした封建制度に代わる新しい社會制度を作り出す實力を備えていた。その最上層の大商人や金融業者には貴族や宮廷と結託して貴族的生活を送るものもあつたが、多くの中堅市民は彼等の實力と社會制度の矛盾とを感得し、現狀打破の氣分に燃えていた。そのほか廣汎な勞働者、職人等の無產者層があつた。資本主義の發達と共に彼等と有產者との差は明らかになつてはきたが、まだ明瞭な階級意識は生まれず、有產階級に從つて行動した。

一方啓蒙思想家や重農主義者たちの文筆活動は、アンシャン・レジームの誤謬や改革の必然性を人心に强く燒きつけ、さらにアメリカ合衆國の獨立はフランス人民の自由への信賴を大いに高めることとなつた。

革命の勃發　革命の端緒は財政の窮乏から始まつた。ルイ十四世の晚年以來、國家の財政は引續く濫費によつて窮迫を告げていた。ルイ十六世は財政建直しのため有能な人物を大藏大臣に任じて改革を行わせようとしたが、貴族の反對やアメリカの獨立戰爭參加などで目的を果さなかつた。これより後の大臣は概ね無能な者が續いたから、財政政策は行詰り、國政は大いに紊亂した。そこでルイ十六世は一八八九年三部會を召集して國民の意見を求めようとしたのである。
三部會は僧侶、貴族、平民の三身分から成る會議で、一六一四年以來開かれたことがなかつた。一八八九年先ず身分別選擧が行われ、僧侶貴族各約三百、平民約六百の議員が、五月ヴェルサイユに召集された。會議は劈頭《へきとう》から議決方法について紛糾した。僧侶と貴族は各部別、平民はその多數を恃《たの》んで合同の議決をそれぞれ主張したからである。國王や大臣は平民から成る第三部會の意向を無視し、軍隊の力で平民議員を議場から閉め出したので、平民議員は隣接するテニスコートの建物に集つて、憲法が制定されるまでは解散しないとの「テニスコートの誓い」を決議した。彼等は自ら「國民議會」と稱し、第三身分が眞の國民であるとの決意を明らかにし、僧侶、貴族の間からも同調者が現れてきた。かくて國王もついにこれを認め、「國民議會」は直ちに「憲法國民議會」と稱して憲法の制定にとりかかつた。

　しかるに國王は反動派に動かされ、軍隊をパリ附近に集中して議會を彈壓しようとした。しかもこの頃社會の不安と共に、農民は農産物を市場に運ばず、資本家は生產活動を停止し、都市には浮浪者があふれて、秩序はきわめて亂れていた。そして王の反動政策に大いに憤りを感じたパリの民衆は、七月十四日ついに暴動を起して廢兵院、兵器廠を襲い、さらに久しく政治犯の收容所として知られていたバスチーユ牢獄を襲撃した。

バスチーユ襲撃は全國的な革命の導火線となつた。パリでは以前から市民の自治組織として「コンミューン」が出來ていたが、これを基礎として自治制が布かれ、市民の自衛のため國民軍が組織された。地方都市もパリにならつて自治制を布き、農民は貴族、官吏、高利貸を襲うに至つた。「國民議會」は新事態に即應して秩序の回復に努め、八月四日貴族、僧侶の議員も自らの特權の放棄を宣言した。そして八月二十七日「人權宣言」が發布せられ、自由、平等、友愛の精神が天下に宣明されたのである。

このように革命の事業は次第に進展した。しかし王はなお新事態を理解せず、「人權宣言」を承認しないばかりでなく、反革命のクーデターを行おうとさえ企てた。よつてパリの民衆は再び蜂起し、王をヴェルサイユからパリに連れ歸つた。これより王はパリ民衆の監視の下に置かれることとなつたのである。これまでの革命の指導者は貴族出身のミラボーやラファイエットであり、共に熱心な立憲君主主義者であつた。が、やがて急進的小市民や下層階級はジャコバン黨を組織してマラー、ダントン、ロベスピエール等が指導者となり、これに對して富裕な市民はジロンド黨を作つた。しかし指導者としてはジャコバン黨に匹敵する有力な人物はたかつた。

革命の激化　その後國民議會は種々の改革を着々と實行し、經濟は安定して一七九〇年は平穩に經過した。しかし國民の間には有産者と無産者との對立がようやく表面化し、革命の前途は豫斷を許さないものがあつた。そして一七九一年四月ミラボーが死んだことは君主主義派にとつて大きな打擊であつた。六月、王は遂に王妃に動かされて國外逃亡を企てた。しかし途中で捕えられてパリに護送され、ために王への同情は薄らいで共和思想は急速にひろまつて行つた。

この年九月、國民議會は新憲法を發布した。新憲法は一院制度に基づく立憲君主制を定めたが、全國民を納稅額によつて分ち、有産者にのみ選擧權を與えたにすぎなかつた。憲法制定と共に「國民議會」は解散し、「立法議會」が召集された。この頃外國君主は革命勢力の波及を恐れ、とくに王妃の實家オーストリア皇帝はプロシヤ王と共に革命を非難した。しかしこうした外國の態度は、かえつてフランス國民の愛國心を煽り、共和派の勢力を高める結果となつた。かくて翌年春にはジロンド黨が內閣を組織し、ついに王をしてオーストリアに宣戰せしめた。

オーストリア、プロシヤの連合軍は直ちに國內に侵入した。よつて立法議會は全國民から義勇兵を募集したが、王はこれを認めなかつたので、八月十日民衆と軍隊は王を幽閉して王權は停止された。しかしフランス軍の士氣は振わず、ためにジロンド黨は勢力を失墜した。そして立法議會も解散し、「國民公會」がこれにかわつた。國民公會は十月に開かれたが、この義勇軍は始めて侵入軍を破り、これ以後フランス軍は逆にドイツ、ベルギー、オランダ地方に進出した。

さてジロンド、ジャコバン等の急進派が大半を占めた國民公會は開會劈頭王制廢止を決議し、さらにジャコバン黨は王の處刑を主張してジロンド黨と爭つた。そして一七九三年一月、ついに王を死刑に處するに至つたのである。王の處刑は大いに列國を驚かした。かくてイギリスはヨーロッパ諸國と連合し、フランス包圍の大同盟を形成しようとしたので、フランスは各國に宣戰し、ここにフランスは全ヨーロッパを敵とすることとなつた。一方國内でも王黨派の亂が起り、ジャコバン、ジロンド兩黨の對立も激化した。六月、ジャコバン黨はジロンド黨を放逐し、これよりジャコバン黨の獨裁政治がはじめられるのである。

恐怖政治　ジャコバン黨は執行機關としての公安委員會、檢察機關としての保安委員會を掌握し、革命裁判所を設けて一切の政敵とその容疑者を斷頭臺に送り、いわゆる恐怖時代を現出しつつ政權を維持した。また外敵に對しては、徴兵制を採用して攻勢に轉じ、オランダ、イタリア地方に進出した。こうした成功は占領地の封建制度を除去して人民の支持を得たことによつたものと言えよう。ジャコバン政府は、内政的には封建的特權を廢止して農民を完全な小土地所有者とし、ジャコバン憲法を發して初めて直接普通選擧の制度を定めた。革命暦、理性崇拜の宗教、メートル法等のつくられたのもこの時である。經濟面でも數々の新しい試みを行い、早くも現れた資本主義經濟の弊害を除去しようと努めた。しかしこの政策はかえつて闇取引を助長して都市の下層階級を苦しめ、農民を離反せしめて、ジャコバン黨は次第に支持者を失つていつた。黨內でもマラーが暗殺され、ロベスピエールはダントン等を處斷して獨裁するに至つたが、やがて一七九四年七月には彼も死刑に處せられて、恐怖政治は終りを告げた。

ロベスピエールの處刑と共にジャコバン黨も勢力を失墜し、一七九五年九月「共和國第三憲法」が發布され、制限選擧が復活して、上下二院の立法院と五人の執政からなる行政府が設立された。かくてフランス革命の混亂はようやく收拾されたのである。

二、ナポレオン

ナポレオンの出現　六年に亘るフランス革命は封建的殘滓を一掃し、國民の平等と經濟的活動の自由がその遺産として殘された。かくて企業は盛となり、資本主義的工業は發展したが、一方無產階級の生活は苦しくなつていつた。階級闘爭も激しくなつたが、何れも他を制する力が無く、こゝに強力な軍隊の指導者が秩序の回復者として登場することは必然的運命であつた。國民の大多數を占める農民は、自己の土地を獲得してからは急速に保守的となり、彼等の利益を保持するため、強力な手段で社會を安定する人物を求めていた。そこに出現したのがナポレオンである。

統領政治　彼は用兵の妙を以て部下の軍隊や一般民衆の信望を得、盛に外征の功を擧げて勢力をたくわえつつあつた。そして一七九九年十一月、クーデターを斷行して執政政府を倒し政權を掌握した。かくてナポレオンは新憲法を發布して任期十年の三人の統領からなる政府を組織し、自ら第一統領に就任したのである。

これより先オーストリア、イギリス等は第二回對佛大同盟を結んでフランスに攻撃を加えていたが、彼はオーストリアを破り、イギリスと和約を結んだ。かくて軍事上外交上の勝利を得たナポレオンは、對内的には種々の改革を行つた。ナポレオン内政の目標は革命の成果を國民に保證すると共に、各勢力の和解をはかつて國内の秩序を回復することにあつた。そして彼が革命の精神を繼承した大事業として擧げるべきは一八〇四年發布されたフランス民法であろう。これは「ナポレオン法典」ともよばれ、個人の自由、法律に對する平等、思想の自由、私有財產權の擁護等を規定し、以後文明國の法典の模範となつた。

ナポレオンの帝政　ナポレオンは一八〇二年終身統領となり、検閲制度を強化して批判を抑えながらも國民の壓倒的支持を受け、一八〇四年皇帝となつた。彼の時代を「第一帝政」時代と言う。

この頃フランスの隆盛を恐れたイギリス首相ピットが第三回對佛大同盟を結んでフランスに壓迫を加えたので戰爭は再發した。一八〇五年ナポレオンはオーストリアに對して戰端を開き、アウステルリッツの戰にオーストリア、ロシアの連合軍を破つて、神聖ローマ帝國を解體させた。以後彼は西南ドイツの諸國を糾合してライン同盟を作り、その保護者となつた。そして一族をナポリ王、オランダ王等に封じ、一八〇六年プロシヤを屈服させ、翌年ロシアと和約を結び、またイスパニアの混亂に乘じて兄をその王とした。かくて陸上では全ヨーロッパを掌握したのであつたが、トラファルガーの海戰に敗れてイギリスの海上勢力を打破することが出來なかつた。そこで大陸封鎖令を出して、列國がイギリスと通商することを禁止したが、なお決定的打撃を與えるには至らなかつた。

この間に被征服地ではフランスの力によつて封建制度から解放された民衆が、民族意識に目覺め、先ずイスパニアが叛亂を起し、プロシャも農奴解放、行政機構改革等により國制を改革して、ドイツ民族意識覺醒の中心となつた。大陸封鎖令のため自國穀物の販途を失つて苦しんだロシアはフランスと戰うに至り、フランス内部でもブルジョアは戰爭に飽き農民も徴兵忌避の風が見えた。更に一八一二年ナポレオンのロシア遠征の失敗は、ヨーロッパ各國を第五回對佛大同盟の結成に導き、彼は一八一三年同盟軍のためライプチヒの戰に敗れてエルバ島に流され、ルイ十六世の弟がルイ十八世としてフランス王位についた。ナポレオンは更に一八一五年エルバ島を脱出して再び帝位についたが、列國のためワーテルローに破られ、かくて彼の覇權は完全に失墜した。

三、産業革命

イギリス産業革命の誘因　この間イギリスでも一つの重要な革命が進捗していた。それは政治上の革命のように表面には現われなかつたが、後世に與えた影響はそれ以上に大きなものがあつた。十八世紀から十九世紀初頭にかけての産業革命がそれである。

イギリスは十八世紀に世界の海上權を獲得し世界商業に支配的な地位を占めていた。このことはイギリス工業製品のの需要を増大せしめ蓄積された資本は投資のための新企業を求め、ために從來の生產技術を革新した生產方法が要求されたのである。そのほか十八世紀のイギリスでは農業の合理化、營利主義的經營が流行した。大地主は農民の土地を併合して大農場を作り、資本家はそれを賃借して農業を經營し、農業生產力は大いに增大した。しかし多數の農民は土地を逐われ、過剩人口が都市や農村に停滯するに至つた。この過剩勞働力の存在が新しい工業企業の勃興の有力な原因にもなつたのである。

機械の發明とその影響　こうした事情を背景として、一七六〇年代以降には多くの機械が發明された。その發明は人々の最大必需品である纖維工業部門に多く、特に木綿工業はその中心であつた。この頃から大いに輸入されたインド、アメリカ綿花による綿織物の需要の大きなことと、その性質が機械の操作に適するためそこに發明が集中された。一七三八年には飛梭が發明され、一七六四年にはハーグリーヴスの、一八六七年にはアークライトの紡績機械の發明があり、一八七九年にはクロントンが兩方を綜合してミュールという機械を發明した。一方織物業の方でも一八七四年カートライトの力織機の發明があり、これらに依り木綿工業は大いに發達して大工場が各地に建てられるようになつた。これらは始め水力を動力としていたが、一七八五年ジェームス・ワットが蒸氣機關を應用するに至つてから生產力は一段と增し、工場は河の沿岸といら地域的制限を排除して工場と都市との結びつきが可能となつた。

以上の發明は他の産業部門にも影響を及ぼした。機械を生産する機械工業、その原料を提供する製鐵業、更には石炭の採掘をも重要な産業部門とした。蒸氣機關の變革をも促し、一八〇七年にはフルトンの汽船、一八一四年にはスティーヴンスンの機關車の發明があり、この交通機關の變革は産業を更に促進し、産業革命を一層徹底化した。

イギリスの産業革命はやがて世界中に擴まる同様の現象の發端となるが、それが他國に先んじた結果、イギリス工業は世界に對する優越權を増し、原料を輸入して製品を輸出する「世界の工場」の地位を得て、イギリス繁榮の原因となつた。

産業革命の社會的影響

この産業革命によつて工業資本家の社會的勢力は大いに増大し、從來支配權を持つていた地主貴族と商業資本家の勢力にとつて代る勢を示し、社會の平等化、經濟面に於ける自由放任主義の要求となつて現われる。然し産業革命による大工場制度の確立は勞働者階級（プロレタリアート）の形成とその階級的自覺とを生んだ。資本主義發生當時から資本家と勞働者の間には相反するものがあつたが、大工業確立以前にはその懸隔はそれ程甚だしくはなかつた。そして彼等は共通の敵として貴族の勢力を持つていたので相互の對立はまだ發展せず、勞働者は孤立分散していたので一個の階級としての意識はまだ生れなかつたのである。

しかし産業革命後資本家と直接對立するようになり、多數勞働者の一個所への集中は階級的自覺を生み、特に當時の資本家の利益追求は勞働者の生活を顧慮することなく、從つて彼等の生活程度は低く、資本家に對する反抗を盛んたらしめ、その後の重大な社會問題を生み出したのである。

第二節　自由主義と保守主義との闘爭

一、ウィーン反動體制の支配と破綻

ウィーン會議　ナポレオン沒落後のヨーロッパの事態を決定する列國の會議は一八一四年九月よりウィーンで開かれた。この會議に出席した代表は、いずれも各國の宮廷、政府の代表であつたために、フランス革命の意義は完全に否定され、保守反動の精神によつて事態の收拾が行われた。すでに五月パリにおいて締結されたパリ條約は、革命前のフランス國境の回復とブルボン王朝の復位を決定したが、これに示されるようにすべて革命前の狀態を正統としてそれに歸るこ

とを原則とした。従つて各國民の意向は全く無視されたのである。

しかもこの會議に代表されたものは主として大國の利益であり、弱小國の地域を犠牲にして自國の利益をはかろうとした。勢力均衡の原則が働いて相互の折衝に力が注がれ、利害の對立から決裂の危機さえ生まれた。それがナポレオンのエルバ脱出によつて議事が進行し、漸く決着に達したのである。

ウィーン會議直後、ロシア皇帝アレクサンダー一世の提唱によつて、神聖同盟が結成せられた。これはキリスト教の正義、友愛の精神によつて列國の君主が提携することを念願としたもので、イギリス、トルコ、ローマ法王を除いたヨーロッパ君主が加盟したが、誰もその實效力を信ずるものはなかつた。

たおウィーン會議の決議を勵行するために、ロシア、オーストリア、プロシヤ、イギリスの間に四國同盟が結ばれ、一八一八年フランスがこれに加わつた。この同盟はウィーン會議の立役者たるオーストリア宰相メッテルニヒの反動政策の道具となり、自由主義運動の抑壓に働くこととなつた。

反動體制の破綻　ウィーン會議の反動性は各國人民の不滿を呼び反抗の氣勢を煽つた。自由な政治體制と民族的統一國家を求める國民運動は、ウィーン會議以後のヨーロッパの趨勢であつたか、最初のうちは反動體制の支配はかたく、それらの運動の結實は容易でなかつた。ドイツにおける學生運動、イタリアに起つたカルボナリ（炭焼黨）の叛亂、イスパニア、ポルトガルの自由主義者の叛亂、ロシアのデカブリスト（十二月黨）の亂等は、いずれも自由と統一を求める人民の、ウィーン體制への反抗であつた。しかし明確な目標と組織と統一とがなかつたため、失敗におわつた。しかしウィーン體制はヨーロッパ大陸の外から崩れた。

イギリスは一貫してフランスに對抗してきた。これはその傳統的な世界政策による以外に、地主貴族の政黨であるトーリー黨の保守政策にもよるものであつた。

大陸封鎖の消滅後も、大陸の穀物流入を防ぐため發布された穀物法は、その立場をよく示している。しかし産業革命はその形勢を一變させ、工業資本家が擡頭して自由思想が高まつた。そしてこのような形勢は、次第にイギリスの政策をウィーン會議の指導精神から離れさせたのである。

メキシコ以南のアメリカ大陸にもフランス革命の精神が波及し、一八一〇年以後イスパニア、ポルトガルの支配を脱して今日の中南アメリカ諸國が續々と獨立した。メッテルニヒはこれを舊状態に復しようとしたが、イギリスが反對し、アメリカ合衆國の大統領モンローは、一八二三年いわゆるモンロー主義の教書を發して反對を聲明するに至つた。かくてメッテルニヒも干渉を斷念し、ここにウィーン體制破綻の緒を開いたのである。

トルコは當時バルカン半島を領有し、多くのヨーロッパ人とキリスト教徒を支配していた。ここにもフランス革命の影響は及び、一八一七年セルビアの亂、一八二一年にはギリシア獨立戰爭が起つた。ロシア、イギリス、フランスはバルカンへの利害を顧慮してトルコを屈服させ、各地の自治獨立を認めさせて多くの權益を奪つた。かくてウィーン會議の精神は、ついにヨーロッパでも保持されなくなつたのである。

二、七月革命とその影響

七月革命　この間フランスではルイ十八世歿し弟チャールス十世が即位してから政策は益々反動化し、ついには憲法を蹂躪し、議會を彈壓するに至つた。かくて一八三〇年七月二十七日、パリの民衆は蹶起してチャールス十世を退位させ、王族ルイ・フィリップが共和派と妥協して王位についた。これを七月革命という。

七月革命はヨーロッパ各地に反響をよびおこした。ベルギーはウィーン會議でオランダに合併されていたが、七月革命の報に接して暴動が起り、翌年七月獨立を完成した。ポーランド、西南ドイツ、イタリアにも次々に暴動が起つたが、これらは反動勢力により鎭壓された。

イギリスの改革

七月革命の影響はイギリスにも及んだ。イギリスでは次々に改革立法が行われ、政治は一新したが、その最たるものは一八三二年の選擧法改正であつた。それまでのイギリスの選擧區は十七世紀の人口調査により決定されたままであつたから、そのころ人口が多くてもすでに荒廢した地方もあり、反對に産業革命の結果發生した新興工業都市は殆ど議會に代表を送つていなかつた。この不合理はナポレオン戰爭終了後、産業資本家を先頭にして改革が要求され、プロレタリアートまた彼等の生活改善のため議會制度を改革すべき必要を感じた。ときに政權をとつたウィッグ黨内閣は、選擧法の改正を行い、人口の少い選擧區の定員を減じ、人口の多い選擧區の定員を增加し、さらに新選擧區を設立すると共に、選擧資格を擴張した。しかしこれはまだ普通選擧ではなく、眞の民主主義から遠かつたけれども、イギリスではすべての重要な改革が議會の立法によるという先例を開いたのである。

一八二八年には非國教徒にも公職が解放され、翌年カトリック教徒も國教徒と同一待遇が與えられた。また新聞に對する課税も廢止されたから、啓蒙は一段と進むこととなつた。

しかしイギリス自由主義の特色を最も發揮したのは經濟上の自由主義の進展であつた。穀物法は勞働者の生活費を高め、商品を高價にするとの理由から、産業資本家によつて廢止を要求され、一八四六年廢止され、自由放任主義はここに完全に實行に移されたのである。クロムウェルの發布した航海條令も一八四九年には廢止された。

勞働運動　しかしながら自由主義國イギリスにあつても、産業革命直後の勞働者の生活狀態は極めて悲慘なものであつた。勞働時間や賃銀に關して何等の法的規定もなく、衞生、厚生の施設もなく、資本家は低賃銀で長時間勞働を强制した。そこで勞働者の反抗が起り、一八一一年にはラッダイトとよばれる機械破壞運動が各地に起つた。彼等の運動は次第に意識的なものとなり、集合示威を行つて諸制度の改革を要求するようになつた。

一八三二年の選擧法改正に勞働者はブルジョアを支持したが、その結果は財産所有者のみに選擧權が與えられたにすぎなかつた。そこで急進的改革を要求する勞働者の團體が各地に起つた。彼等は二十一歲以上の男子に依る普通選擧、無記名投票、議會の毎年改選、議員への歲費給與、議員の財産資格の廢止、均等選擧區制等の六箇條の人民憲章（ピープルズチャーター）を作成したので、これより彼等はチャーチストとよばれるようになつた。一八三九年チャーチストが人民憲章を議會に請願して拒否されるや、抗議のストライキは盛に行われた。一八四八年フランスに二月革命が起ると、それに勵まされた彼等は、示威運動を以て議會を威嚇《カク》しようとしたが失敗に終つた。そしてこの後も目標の不明確、指導者の無能と不統一は、徒らに彈壓を誘發させ、結局爲す所なく終つてしまつたのである。しかし國家の法律によつて勞働者を保護すべきことを說く者も現れ、一八四三年の「工場法」で勞働時間の制限が規定されたのをはじめ、勞働關係の法案は次々と通過して、ついに一八四七年には「十時間勞働法」が成立した。かくて勞働者保護の社會立法でもイギリスは先驅者となつたのである。

社會主義の發生　このような勞働運動の進展と共に、新しい社會秩序を樹立しようとする社會主義の思想も急速に發展した。その先驅者としてはフランス人のサン・シモン、フーリエ、イギリス人ロバート・オーエンが重要で、「空想的社會主義者」として知られている。彼等は生産手段を資本家の手から社會の共有に移し、社會を民主的な人民の組織に再編することを主張した。

十九世紀中葉、ますます盛になつた勞働運動を背景として、ドイツに生まれたカール・マルクスは、彼自ら「科學的社會主義」と稱する共產主義理論を完成した。マルクスはフォイエルバッハの影響によつて唯物論者となり、ヘーゲルの辯證法理論と唯物論とを結合して、階級鬪爭の理論を生み出した。そしてさらにイギリス經濟學を究めた結果、剩餘價値學說を樹て、社會主義を實現する手段としてはプロレタリアートの政權掌握が必要であることを主張した。彼は一八四八年有名な「共產黨宣言」を發表し、後彼の學說を主著「資本論」に於て展開した。

三、二月革命とその結果

二月革命　この間にあつて、ルイ・フィリップの王朝は少數の上層ブルジョアジーの支持があるのみで、反對黨としては共和派、またブルボン王朝の復活を圖る正統派などがあつた。一八三〇年以後フランスでも產業革命の時代が始まつた結果、產業資本家の勢力が增大すると共に勞働者の運動も盛となり、この社會不安に乘じて社會主義は急速に伸長し、反政府運動が盛んになつた。なおナポレオンの甥ルイ・ナポレオンはこの頃からルイ・フィリップの退嬰的外交策に不滿な人心に乘じて大ナポレオン時代の榮光を想い出させ、民主々義や社會主義を多少とり入れた思想を宣傳して勢力を得て行つた。

一八四六年の大凶作は農民に大打撃を與え、農業恐慌は工業・信用恐慌を誘發し、都市には失業者があふれ各地に騒動が起つた。そして一八四八年二月二十二日政府反對派がパリで改革宴會の全國的大會を開こうとし、政府がこれを禁止したことから、翌日ついに政府と群衆とは衝突するに至つたのである。ここに革命は起り、革命軍は次第に優勢となつたから、王はイギリスに亡命し、共和主義者は臨時政府の設立を宣言した。これを二月革命という。

しかし臨時政府内にはブルジョア自由主義者と社會主義者との激しい對立があつた。はじめは社會主義者が民衆の支持を得て、政府内に强力な發言權をもつたが、農民は社會主義的政策の擴大によつて彼等の小財産が失われることを恐れ、四月に行われた普通選擧に社會主義者は慘敗した。そしてここに穩健共和派による政府が成立したのである。

ここに於て、パリ勞働者は政府に反對して六月に暴動を起したが鎭壓され、そののち再び王黨派の勢力が進出して來た。十一月には共和國憲法が制定され、これに依つて大統領の選擧が行われた。そして安定勢力を願う農民と王制復古を願う王黨派の進出に幸され、ルイ・ナポレオンが驚異的な得票によつて大統領に當選した。

大統領に就任したナポレオンは、地方に遊說して人心を得、任期滿了と共に一八五一年十二月、クーデターを斷行して共和主義者を逐い、獨裁權力を獲た。そして翌一八五二年十一月、帝制の復活を人民投票に問い、壓倒的支持のもとに皇帝となつた。すなわちナポレオン三世であり、彼の時代を第二帝政時代という。

ナポレオン三世の政治　ナポレオン三世はブルジョア、プロレタリア兩勢力の均衡、保守的農民の感情的支持の上に立ち、軍隊、警察の力によつて反對勢力を抑壓した。然し全國民の支持を得る上には、更に外交的成功に依らなければならなかつた。一八五四年から五六年にかけてのクリミア戰爭、一八五九年のイタリア統一戰爭では大いに武威を揚げたが、イタリア統一戰爭では後にイタリアを裏切つて内外の信用を失い、一八六二年から六七年にかけてはメキシコ遠征を強行してメキシコ人の反抗とアメリカ合衆國の反對にあい勢威を失墜してしまつた。ときに國内にも彼への不滿が生まれ、特に社會主義が次第に勢力を得るようになつた。

東ヨーロッパの革命　二月革命は七月革命とは比較にならない大影響を諸外國に及ぼした。三月オーストリアの首府ウィーンに起つた暴動はメッテルニヒを追い、オーストリア治下のハンガリアには獨立政府が樹立された。ボヘミアにも民族主義運動が起り、六月にはプラーグにスラヴ會議が召集された。北イタリアにも民族運動が起りサルジニア王がイタリア統一運動の先頭に立つた。イタリア青年黨はローマ共和國を建ててローマ法皇を逐つたが、これらの民族運動には統一がなかつたため、オーストリアの強力な軍隊に制壓され、十月に再び起つたウィーンの暴動も鎭定された。プロシャにも三月ベルリンに暴動が起り、國王は自由主義内閣を成立させて憲法制定の事業が着手された。他のドイツ諸邦でも同樣の運動が起り、自由な統一ドイツ建設の氣運が熟したかに見え　。五月にはフランクフルト・アム・マインで憲法制定國民議會が開かれたが、オーストリアを中心としようとする大ドイツ主義とプロシヤを中心としようとする小ドイツ主義との對立もあり、結局抽象的なドイツ國民の基本法を作製したにすぎなかつた。そしてこの間にプロシヤも反動化して國民議會の立場は不利となつた。翌年五月國民議會は帝國憲法を制定し、プロシヤ王にドイツ國民の皇帝の位を捧げようとしたが拒否され、かくて議員も次々と本國に召還されて國民議會は解散した。その後起つた帝國憲法戰爭と呼ばれる暴動も、軍隊に鎭壓されてしまつた。かくしてドイツは再びオーストリア支配下の分裂の狀態に歸つたのである。

デンマルクに屬するシュレスウィヒ、ホルシュタイン兩公國もドイツ人の居住するものが多く、一八四八年獨立運動が起つたが、ロシア、イギリスの反對にあつて挫折した。ポーランド人も二月革命の前後に屢〻叛亂を起したがこれもロシアに鎭壓された。

四、アメリカ合衆國の發展

合衆國の成長　獨立戰爭後のアメリカ合衆國は、フランス大革命およびその後のナポレオン戰爭に際して仲介貿易の利にあずかり、國産の木材穀物に對する需要は激増した。さらにイギリスの產業革命の結果は綿花の輸出等によつてますます國力を增進させた。この間にナポレオン一世の提議を容れ、ミシシッピ以西のフランス領ルイジアナを購入した。またナポレオンの大陸封鎖に對するイギリスの海上封鎖は、アメリカ船の拿捕問題を起して、一八一二年から一四年にかけて、兩國間の戰爭に發展した。これはアメリカ人の國民意識を高める結果となり、イギリスをしてアメリカを對等に認めさせるに至つたのである。

五代大統領モンローの時、國內の對立は解消して「融和の時代」を現出した。モンローは一八二三年いわゆるモンロー主義を宣言して舊大陸の新大陸への干渉を排除し、アメリカ合衆國の政治組織の獨自性を天下に明にした。西部への發展が盛になつて所謂フロンティア精神が發展したのもこの頃からである。

一八二八年ジャックソンが大統領に當選した頃は、工業の發達と共に勞働階級の勢力も增大し、資本家に對する反抗も擡頭してきた。彼自らが西部の貧農の出身で、北部の勞働者の支持をも得ていた。今日の共和黨及び民主黨の前身ができたのもこの時であり、又今日のような形の大統領選擧の行われるようになつたのも彼の時代以後である。領土もメキシコからテキサス、カリフォルニアを取り、イギリスとオレゴンについて協商を結び、イスパニアからフロリダを買收して今日の領土を形成した。民主主義の確立と西部への膨脹はアメリカ資本主義を發展させ、特に木綿工業はイギリスに次いで第二位となり、大工業の發展をも見ることとなつた。

南北戰爭　アメリカ合衆國に殘された問題は南北の對立であつた。資本主義工業に立脚して保護關稅、中央集權を唱える北部と植民地農業に立脚して自由貿易、州の自立を唱える南部との不一致は、黑人奴隷問題を論爭點として遂に南北戰爭にまで發展したのである。卽ち各州は獨自の法律があつたから、南部諸州はその性質上奴隷制を認め、北部はそれを禁止して奴隷州と自由州の差別ができ、西部開拓につれて新しくできる西部の州を味方にしようとして爭つた。そして一八六〇年、共和黨の奴隷廢止論者リンカーンが大統領となるに及び、南部は連邦を脫退して自己の憲法を定め、アメリカ連合國を組織して翌年四月南北戰爭は開始されたのである。

戰爭ははじめ南軍が優勢であつたが、リンカーンは奴隷解放令を發して南部の戰闘力を弱め、優勢な海軍で南部を封鎖し、一八六五年四月南部の首都リッチモンドを陥れて南北戦争は終つた。リンカーンはまもなく暗殺されたが、彼の力によつて合衆國の統一は保持され、アメリカの民主主義は益〻發展するに至つた。

アメリカ資本主義の發展

南北戰爭の結果、南部では從來の大農場主が沒落して小土地所有者や勞働者となつたが、この地方の豐富な資源は木綿工業、煙草工業などを發達させ、そのためここでも中產階級が成長して、アメリカ國民經濟の一翼となつた。西部も土地獲得、內地開發に關する法律を議會から得て、開墾には無償で土地が與えられ、學校、鐵道が急速に發達した。大陸橫斷鐵道が敷かれて移民も增加した。大曠原には機械を用いる大規模な農場が發展し、合衆國の小麥は世界市場の第一位を占めるようになつた。この西部の發展は北部の工業にも有利な影響を及ぼした。すなわち西部は有利な國內市場となり、ために工業生產は急激に增加した。かくて合衆國は豐富な農產物を持ちながら、しかも大工業國となつて行つたのである。更に一八六七年にはアラスカをロシアから買收し、太平洋方面への進展も次第に活潑になろうとしていた。

五、自由・國民主義の勝利

イタリアの統一　ウィーン反動體制に對抗して自由と統一とを求める精神は、十九世紀のイタリア、ドイツにおいてその課題を遂行した。

ウィーン會議以後、イタリアは革命前の分裂狀態に歸されたが、以前からオーストリアの勢力が強くこゝを支配していたために、イタリアの民族運動は反オーストリア的色彩が濃厚であつた。民族運動もはじめは明確な組織と統一がなかつたが、二月革命後一八四九年ローマにローマ共和國を建てたマッチーニの青年イタリア黨はこの缺點を除き、自由な統一國家建設の理念と綱領を全イタリア人の間に行き渡らせたが、ローマ共和國が倒壞してマッチーニの運動が挫折すると、サルジニア王ヴィクトル・エマヌエルを中心とする統一運動のみが殘された。彼は二月革命の時父チャールス・アルバートの發布した新憲法を守り、僧侶の勢力を削り、カヴールを首相に任じて統一に邁進した。カヴールはオーストリア勢力打破のためフランスに接近し、又クリミア戰爭にも參加し、一八五九年オーストリアに對してイタリア統一戰爭を起すにいたつたのである。各地方はサルジニア歸屬の意志を明らかにし、中北部イタリア人代表會議も開かれた。かくてナポレオン三世の承認を得たが、その代償として王家の出生地たるサヴォイ、ニースをフランスに讓らなければならなかつた。しかし青年イタリア黨の勇士ガリバルヂーはシシリーを征し、ナポリを占領してこれをエマヌエルに獻じた。一八六一年、トリノにヴェニス共和國と法王領を除く全イタリア會議が開かれて、ヴィクトル・エマヌエルはイタリア王國の王位についた。かくしてイタリアの統一は一應完成されたのである。

更にイタリァは一八六六年プロシヤとオーストリアとの戰爭に際し、プロシヤ側に立つて戰つた結果、先に統一から除外されたヴェニスを獲得し、更に一八七〇年、フランスがプロシヤに敗れたのに乘じて、ローマを占領した。かくてただちに行われた人民投票によつてローマのイタリア歸屬が決定され、これよりローマはイタリアの首府となつた。翌年イタリアはローマ法王の地位を保證し、宮殿及び附屬地と年金を與えようとしたが、法王はこれを拒否し、法王廳とイタリア政府との國交はその後長く斷絶することになつた。

ドイツの統一　ドイツでは一八五〇年代は四八年の革命の失敗のため反動勢力が盛であつた。しかしこの間ドイツは丁度產業革命時代に當つていて、資本主義は大いに發展をみた。そしてドイツの小國分立の形態は全く適合しないものとなつてきたのである。ドイツ連邦會議においてもプロシヤとオーストリアの對立が起つてきた。一八五八年以來プロシヤの攝政として國軍の充實を行つて來たウィリアムは、一八六一年ウィリアム一世として卽位し、ビスマルクを首相に任じて難局に當らせることとなつた。ビスマルクはプロシヤの武力を以てドイツを統一することを考え、着々とその體制を整えた。

一八六三年シュレスウィヒ、ホルシュタイン兩州がデンマルクの施政に反對すると、オーストリアを誘つてデンマルクに宣戰し、兩州を共同管理下に置いた。これは連邦會議を無視して行われたので、オーストリアは板ばさみとなり、改めてこの問題を連邦會議に提出することを主張して自國の管理するホルシュタインから撤兵したが、ビスマルクはオーストリアを除外する新連邦の組織を提唱して一八六六年オーストリアに宣戰した。

この戰爭でプロシヤはオーストリアを一蹴し、ドイツ連邦の解體とオーストリアを除外する新連邦の成立を承認せしめた。その結果ライン河の支流マイン河以北の二十二箇國で組織された北ドイツ連邦が成立した。連邦の統治權は連邦議長の手に委ねられたが、議長はプロシヤ王の世襲であつたから、ここにプロシヤの權力は絶大となつた。又この連邦には國會が設けられ、男子普通選擧による議員が選出された。これはビスマルクが保守的勢力を代表しながら、民主主義にも讓歩して民衆の支持を得ようとしたものである。その後ビスマルクに殘された問題は南ドイツ諸國の併合であつた。ナポレオン三世はプロシヤの國力向上を嫉視し、南ドイツを味方にしようとして種々畫策を行つていた。一方ビスマルクもこれらの諸國に對してフランスの領土的野心を說き、たがいに同盟を結ぶことに成功した。

一八六八年イスパニアに革命が起り、革命政府の國王擁立に當つて、プロシヤ王家の一族が候補者に推された。しかしフランスはこれに反對し、エムスにあつたプロシヤ王の許に使節を通じてその辭退を要請せしめた。王がこれをビスマルクに報告すると、彼はこの電文を改竄し、フランス大使が王を脅迫したように新聞に發表した。ここにドイツの世論は硬化し、南ドイツの人心もプロシヤにくみした。一方フランスでも好戰派がナポレオンを動かし、一八七〇年プロシヤに對して宣戰が布告されたのである。

しかし準備を缺いたフランスは、プロシヤのため忽ち敗られ、その年九月ナポレオンはセダンで降伏した。パリでは皇帝降伏後暴動が起り、國民防衛政府が樹立されて帝政は廢止された。臨時政府はビスマルクと媾和を策したが成功せず、以後プロシヤはパリを包圍し、翌年一月二十八日ついに開城となつたのである。

パリ開城に先立つて新ドイツ帝國の成立が世界に宣せられた。フランスとの開戰以來、南ドイツ諸國は逐次北ドイツ連邦に加入したが、一八七一年一月十八日ヴェルサイユにおいてドイツ皇帝の戴冠式が行われ、ウィリアム一世はドイツ帝國第一代の皇帝に就任した。ここにはじめてドイツ統一は完成したのである。しかも此の統一はプロシヤの武力のみに依つたものであるから、オーストリアは全く帝國から除外された。なおフランスへの勝利によつて、ドイツはアルサス、ローレン二州と莫大な償金を得ることとなつた。かくて新ドイツ帝國は、その成立と共に鐵産を以て名高い二州を領土に加えたのである。

ドイツ帝國は誕生し、民族の統一は完成したが、その帝國は他國と異なる種々の特色を持つていた。帝國は北ドイツ連邦の繼續として連邦制をとり、皇帝はプロシヤ王が兼ね、帝國宰相もプロシヤ首相の兼任であつた。立法機關は各部を代表する連邦參議院と國民の普通選擧による帝國議會があり、連邦各邦も自己の政府と議會とを持つていた。この複雑な國家體制は、ドイツ民族主義とプロシヤ國家主義、民族運動本來の自由主義とプロシヤ舊來の保守主義との結合であり、そこにはプロシヤの官僚專制主義が多分に殘された。

フランス第三共和政體　フランスにおいては、ナポレオン三世の支配が終つて、完全な共和政體の成立に動いていつた。セダンにおけるナポレオン三世の降伏と同時に「國民防衛政府」が成立したが、社會主義者はパリ市民を基礎として社會主義政府を樹立しようとした。この兩者は最初外敵防衛のため協力していたが、パリ開城後その對立は激化した。二月ボルドーに國民議會が開かれチエールを首班とする臨時政府がヴェルサイユに成立すると、社會主義者はパリ市民を率いて臨時政府に反抗し、こゝにパリ・コンミューンの亂が起つた。コンミューン軍は頑强に戰つたが、やがて內部の不一致と外部との連絡不十分のため、五月に至つて政府軍のために鎭壓された。以後フランスでは王黨、共和派の爭が續いたが、共和派は王黨の分裂に乘じて次第に勢力を伸ばし、一八七五年一月共和國憲法が制定された。やがて一八七七年に行われた選擧によつて、王黨派の勢力は失墜しここに第三共和政國が確立したのである。

ロシアの改革　ロシアでは西ヨーロッパ自由主義の風潮も內部に深く入らず、農民は農奴として生活し、政府は盛に反動政策を行つていた。しかし資本主義的工業が出現し、農村においても貨幣經濟の發達から農奴制も動搖してきた。一八六一年には農奴解放令が布かれて人格的自由と土地所有がみとめられ、地方行政にも自治が許されることとなつた。思想の自由も多少認められたが、後ポーランドの叛亂がしばしば起り、再び政策も反動化した。

かくてインテリゲンツィアの間には社會主義がひろまり、過激な革命を企てるニヒリストを生んで、皇帝が彼等に暗殺されるような事件も起つた。一方國民の不滿をそらせ、またロシア資本主義の發展のために外國市場の獲得を必要としたので、バルカン南下が企てられた。よつてロシアはバルカンのスラヴ諸國の運動と密接な關係を保ち、一八六七年にはモスクワでスラヴ代表會議が開かれ、ロシア皇帝はその盟主となつた。やがて一八七七年、ロシアはバルカンの叛亂に乘じてトルコと開戰し、これを破つてトルコから多大の利益を獲得したが、その勢力増大を嫉《ねた》んだイギリス、オーストリアの反對にあい、一八七八年ベルリン會議が開かれてこゝでロシアの野望は押えられた。

イギリスの繁榮　ヨーロッパ大陸の變動に對して、イギリスでは自由主義がます〳〵發展して議會政治の模範が形成された。トーリー黨、ウィッグ黨はそれぞれ保守黨、自由黨と呼ばれるようになり、この二政黨によつて政權が交替して擔當されることとなつた。そして多くの政治上、社會上の重要な改革が政黨內閣を通じて行われたのである。この時代はヴィクトリア女王の時代で、一八三七年から一九〇一年に至る長い間、イギリスの黄金時代を現出した。

一八六七年には第二回選擧法改正が行われて、都市の勞働者の大多數が選擧に參加するようになつた。チャーチスト暴動の失敗から勞働運動も合法的・組織的となり、組合運動が發達し、多くの產業部門の組合が代表を送つて常置的委員會を設置し、資本家と折衝するようになつた。一方政府も一八七一年には勞働組合法を制定してその合法性を認めた。勞働組合とならんで協同組合も發達した。一八七〇年普通教育法が議會を通過して下層階級にも教育が普及した。更に一八八四年には第三回の選擧法改正が行われて農村の勞働者にも大部分選擧權が與えられ、イギリスの民主主義は益々發展したのである。

この頃から植民地の自治化が行われ、一八六七年にはカナダ連邦が獨立の政府を組織し、一九〇〇年オーストラリアもこれに倣つた。ニュージーランドも一九〇七年自治植民地となつた。然しながら十六世紀以來イギリスに征服されていたアイルランドに於ては、多くの土地がイギリス人の手に握られていたため、イギリス人の搾取に對する反抗が漸く盛となつた。一八四八年の凶作以來、不在地主排擊運動が高まり、以後アイルランド問題はイギリスの內政上の最大の難問を形成した。

第三節　ヨーロッパ勢力の東漸とその影響

一、ヨーロッパ勢力の東漸

イギリスのアジア進出

國內において既に强力な體制を整えあげたヨーロッパ列强が、やがて海外への進出をはじめるようになつたのは當然の勢であつた。ことに近代資本主義の發展は、從來のような商業貿易のみではなく、市場と原料を求める新しい海外發展の様相を展開することとなつたのである。それは近代的な産業資本が世界の未開拓地に進出してゆく姿でもあつた。中でもその先頭をきつたのはイギリスであつた。イギリスはさきにインドにおいてオランダ、フランス等の諸勢力をしりぞけ强力な地盤をつくり、さらに中國へと進出の歩をすすめたのである。

イギリスの東インド會社はすでに十七世紀はじめから中國との通商を望んでいたが、一世紀にわたつて中國との貿易を獨占していたポルトガルや、フィリッピンを領有して有力な足場を有したイスパニア、さらにオランダ東インド會社などの既成地盤に妨げられて、久しく目的を果すことができなかつた。しかし本國の急激な發展はついにこれらの諸勢力を中國においても壓倒し、十八世紀後半にはイギリス東インド會社が中國貿易を殆ど獨占するまでに至つたのである。東インド會社は中國から茶を輸入して本國に送り、中國へは新大陸から運んだ銀を輸出して巨利をあげた。しかしこの頃イギリス本國では産業革命が進行し、新興の産業資本が次第に大勢力へと育成されつつあつた。そしてそれが先ずインドに進出し、さらに中國へと眼を向けるのは當然であつた。しかも從來の中國貿易は茶の輸入に代えるに銀の輸出である。ここにイギリスは中國を產業資本の直接の販賣市場にかえようと考えるに至つた。

一方中國にあつては清朝による專制的支配がつづけられ、いわゆる中華主義を保持して外國との對等な交際を拒否していた。もとより清朝のこうした支配もいわゆる康熙乾隆の時代を絶頂として、次第に傾いてゆきつつあつた。農村の人口は增加しても耕地はふえず、工業は未發達であつたから、耕地をあふれた人口は流浪するより他はない。土地の價格は上る一方であり、これに伴つて小作の條件はます〳〵惡くなつてゆく。しかも政府をはじめ官僚、地主層は何等の對策も講じようとしなかつたから、苦しさに堪えかねた農民の要求は遂に暴動となつて現れた。十九世紀はじめの白蓮《ビャクレン》敎の亂、さらに引きつづいた各地の叛亂がそれである。かくて清朝はようやくその專制的支配の基礎を動搖させられるに至つたが、しかもなお中華の皇帝を以て自ら任じ、ヨーロッパ諸國ことにイギリスの數次にわたる對等貿易の要求にも耳を貸そうとはしなかつた。

アヘン戰爭　この間にイギリスは東インド會社の獨占貿易を廢止し、自由貿易の時代となつたが、ここにはしなくもアヘン貿易をめぐつて重大なる國交の危機がおとずれたのである。イギリスは中國に對する銀の輸出に代えるにインド産のアヘンを用いようとしていたが、この計畫は意外に成功し十八世紀末にはアヘン貿易は異常の増大をみた。しかしこのことは、中國にとつてみればアヘン吸飲の害毒を國内にひろめるのみならず、中國の銀の流出を促すものに外ならない。故に清朝はさきにアヘンの吸飲とその輸入を嚴禁したが、密輸入は増加するばかりであつた。一八三九年、清朝もついに態度を決して、廣東にあつたイギリス商人所有のアヘンを沒收し焼却するに至り、ここに兩國の間に戰端がひらかれたのである。

近代的裝備のイギリス軍を前にして、清朝の軍隊はその敵ではなかつた。一八四二年、南京條約が締結せられ、イギリスは香港《ホンコン》を獲得し、廣東、上海等五港を開かせ、その他種々の特權を得た。以後イギリスの商品は中國に流入し、中國社會はその影響をうけて急速な變化をみることとなつた。すなわちそれは封建的な中國社會を構造の根本からくつがえし、近代的な工業、そして新しい生産關係を中國社會に生ぜしめる資本主義の壓力であつた。實にアヘン戰争は中國におけるイギリスの地位を確立させたと共に、中國近代化の發端をつくつたものとして大きな意義を有するのである。

やがて中國には後進するような太平天國の大叛亂が起つたが、この戰亂中一八五六年にはアロー號事件がおこつて、イギリス、フランス兩國との間に戰端がひらかれることとなつた。連合軍はついに北京に入り、一八六〇年北京條約が結ばれた。その結果清朝はキリスト教布教の自由、天津など五港の開港を約束し、イギリスはさらに香港の對岸九龍半島を得たのである。

インド帝國の成立　さきに東インド會社の貿易獨占權が廢止されてから、インドは、イギリス木綿工業のための原料供給地および商品市場として益々重要性を加えつつあつた。しかしイギリス人の支配に對するインド人の反感はきわめて强く、一八五七年には土民兵による大規模な叛亂が起されるに至つた。叛亂はベンガル地方からガンジス河谷にわたつてひろげられたが、やがて鎭壓され、この間叛徒に擁立されたムガル皇帝も處刑されて、ここにムガル帝國は全く滅亡したのである。そしてこの叛亂勃發を機會に東インド會社も廢止となり、インドはイギリス政府が直接に支配することとなつた。

一八七七年、イギリス王位にあつたヴィクトリア女王はインド皇帝を兼ね、新しいインド帝國の成立が宣せられたのである。

一八八六年、イギリスはビルマをも征服し、インド帝國への併合が宣せられて、領土はさらに東方にひろげられることとなつた。

フランスのアジア進出

ナポレオン三世治下にあつたフランスは、アロー戰爭でイギリスと協力する一方、一八五八年インドシナにおけるキリスト教徒保護の目的で兵をすすめ、一八六二年コーチン・シナの一部を得た。そして五年後には全コーチン・シナの支配權を確立し、のちのフランス領インドシナの基礎をひらいたのである。

ロシアの東方進出

この間にあつてロシアの東方進出もきわめて活潑な動きをみせた。十九世紀中葉以後、ロシアは東アジア、中央アジア兩面において南進をつづけていた。東部シベリア總督となつたムラヴィヨフは、アロー號事件に乘じて清朝にせまり、アイグン條約を結んで黑龍江以北の地を讓らせたほか、イギリス、フランスの連合軍が北京に入ると、その調停に努力して沿海州を得、ウラディウォストック港を開いて東アジア進出の據點とした。さらに一八八〇年代には中央アジア方面の征服を完了し、一八八一年には清朝とイリ條約を結んでイリ地方の國境線を改定した。

ロシアのこのような動きは、シベリア地方の征服を完了した後、さらに南進して不凍港を得ようとするものであつた。そしてアフガニスタン方面にも南下してインド北邊に迫るに及び、イギリスはようやくこれに脅威を感ずるに至つたのである。

二、専制中國の動搖と日本の覺醒

太平天國の亂　アヘン戰爭以後イギリスをはじめヨーロッパの近代的な工業製品はとう〳〵と中國に流れこみ、中國農村の家内手工業製品を壓倒したばかりでなく、商業活動を盛にして、農村の自給自足體制をくずしていつた。これに伴つて銀の價が著しく上つたことは、租税が殆ど銀納となつていただけに、民衆の受ける苦しみを大きくした。しかも中國を統治する清朝は、十九世紀このかた内外の壓力こも〴〵加わり、財政が窮乏した結果は租税の增徵を行つたから、民衆の負擔は重くなるばかりであつた。かくて生活をおびやかされた民衆は、流民・匪《と》賊に落ちてゆくのやむなきに至り、十九世紀の中葉社會の不安は增大し、地方の治安は極度に亂れていた。

このころ廣東の人洪秀全《コウシユウゼン》は、キリスト教の力をかりた秘密結社をつくつて勢力を增しつつあつたが、遂に一八五〇年、廣西の地に暴動を起した。暴動には貧民や匪賊たちが次々と參加し、忽ちにして中シナ一帶をふみにじり、武漢、南京を攻略しさらに北シナをもうかがうに至つた。洪秀全は國號を建てて「太平天國」と稱し、南京を首都として國家の機構を整えた。清朝はこれに對して直ちに軍隊を差向けたが、叛軍の勢強くして效果上らず、かくて前後十五年に及ぶ大叛亂となつたのである。

太平天國は滿洲人の支配する清朝を倒して中國人の中國建設をとなえ、惡習の撤廢、男女の平等、土地の共有等の政綱を掲げて民衆の心をとらえ、外國人の中にも好意を寄せる者さえあつた。この間清朝はアロー戰爭によつて大きな痛手を受け、叛亂は容易に鎭定されそうにもなかつたのである。しかし太平天國の内部も次第に統制がくずれはじめ、中には極端に破壞的な行動をとる者もあつたため、今度は逆に中國人の反感をそそるようになつてきた。そこに曾國藩《ソウコクハン》等の組織した地方の自治軍は各地において攻撃を開始し、また太平天國の行動に脅威をおぼえたヨーロッパ諸國の援助も加わつて、政府軍は漸く攻勢に出ることができるようになつた。ことにイギリス人ゴルドンの率いた常勝軍の活躍はめざましく、これに力を得た清朝の軍隊は、一八六四年ついに南京を陷れた。かくて洪秀全は自殺し、地方の叛軍も次々に平定せられた。

同治中興　太平天國の運動は失敗に終つたが、これによつて清朝の受けた打撃は甚大なものがあつた。これより清朝の力はます／＼衰え、一方中國人の民族意識は急速に高まつてゆくのである。このとき皇帝となつた同治《ドウチ》帝はまだ幼なかつたので、母の西太后《セイタイコウ》が攝政となり、外國との親和を旨とし、曾國藩、李鴻章《リコウシヨウ》等の人材を重用して、政治の面目を一新した。そしてこれより約十年、國内には比較的平穩な日がつづいたため、世にこれを同治中興という。

これよりさき清朝はヨーロッパ列强との數次の戰鬪によつて、その實力をまざ〳〵と露呈するに至つた。今や國力の復興には西洋式軍隊と軍事工業の建設は缺くべからざるものであつた。そして清朝は軍隊の近代的訓練、軍艦、武器の購入に力をそそぎ、さらに軍事工場の建設をはじめた。そして近代技術を學ぶために學校がつくられ、多數の留學生がヨーロッパやアメリカに送られた。こうして清朝が近代的訓練のすぐれた技術をとり入れようとする努力は着々とすすめられていつたのである。

しかし近代的技術をとりいれても、清朝や中國人知識層の頭を支配していたのは、依然として傳統的な儒敎的觀念であり、眞の科學的精神は問題にされなかつた。また中國の社會はなお封建的體制のままであり、資本主義を生むには至つていない。從つてこの時の中國は近代强國の外面を模倣したに過ぎず、眞の近代化は決して行なわれなかつたのである。中國が依然として中世的體制であることは列强勢力の進出にとつてこの上ない好條件であつた。列强の進出はかくていよ〳〵はげしくなつてゆくのである。

日本の覺醒　このころ東アジアの天地にはまた新しい情勢が展開されようとしていた。それは日本の急激な勃興である。十七世紀中頃ちかく、清朝の成立と前後して、日本は德川幕府の政策によつて鎖國に入つた。以後二百年あまりの間、日本國內は德川幕府の支配の下、封建的體制がつづけられていた。しかし十九世紀なかば、東アジアに迫つた近代列强の壓力は遂に日本を鎖國の夢から呼び起した。かくて德川幕府の支配は倒れ、一八六八年、明治維新となつたのである。

新しい明治政府は近代列强の長所をとり入れて日本の近代化に力をそそぎ、資本主義の育成、軍備の充實、敎育の普及につとめた。そして國內の體制が安定すると共に、日本は當然東アジアの形勢に眼をむけはじめたのである。琉球の歸屬に關する問題、臺灣事件と、日本と清朝との間には次々と爭がひき起されたが、やがて朝鮮問題をめぐつて兩國は決定的な對立をみるに至つた。

第四節　近代市民文化の發達

フランス革命に續く十九世紀は、ヨーロッパに於て民主政治の確立した時代で、文化はブルジョアジーの擔う所となり、從つて社會全般に文化が普及し、且つ數々の天才が生れて近代市民文化を完成させた。

十九世紀の文學・哲學　フランスでは革命後、ルソーの情熱的な面が更に進められて、想像力を重んずる浪漫主義の風潮が盛んとなり、大文學者ユーゴーなどが出た。それは更に諸外國に影響を及ぼして、ドイツにハイネ、イギリスにバイロンなどの詩人を出した。

また哲學ではカントの後を承けたドイツのフィヒテ、ヘーゲルなどは、理想哲學を完成した。

更にフランスではバルザック、スタンダールの二大小説家が出て、理想を高く持しつゝも現實を直視し、人間の眞の姿を描いた。同様のことは十九世紀の末に出たロシアの二大小説家トルストイとドストエフスキーについても言い得る。

フランスではバルザックの後にフローベールによつて自然主義文學がすゝめられ、ついでゾラ、モーパッサンが現れて、現實をありのまゝに小説に描くことに努めた。この自然主義は當時の自然科學の隆昌と相俟つて全ヨーロッパを風靡し、その手法はその後アメリカや日本、中國等にも支配的な影響を與えている。文學のみならず一般思想界に及ぼした科學思想の影響は絶大で、哲學界でもコントの實證主義哲學が生れた。

しかし十九世紀も終りに近づく頃には、啓蒙思想以來の明るい健全な傾向が次第に失われて、すでにモーパッサンなどの自然主義文學が絶望感を示しはじめ、或いはまた神の問題が大きく取り上げられて、トルストイなどが廣く各國に讀まれ、またドイツにはニーチェが出て超人の思想を說き、更に新浪漫主義の運動が生ずるなど、資本主義の行詰りと共に、ようやくヨーロッパの世相は動揺を示し文學や哲學にもその反映が見られるに至つた。

美　術　繪畫ではフランスが最も優れ、浪漫主義時代にはドラクロアなどが活躍した。またその頃ドイツには、ベートーヴェンが出て近代音樂の大成者となつた。

自然主義時代にはフランスのミレー、クールベー等の畫家が優れ、また十九世紀末頃には、セザンヌがいわゆる印象派の畫法を大成し、彫刻には近代の第一人者ロダンが出た。かくてフランスは文學及び美術の分野で指導的地位に立ち、その傾向は二十世紀に及んでいる。

自然科學　第十九世紀の西歐文化の特色の一つは自然科學の飛躍的な發達であつた。フランス啓蒙思想による唯物論の發展と革命の嵐の中にあつて、ラヴォアジェーは燃燒理論と元素の概念を確立し、近代化學の父となつた。且つこの間にさまざまの重要な元素は次々と發見せられ、化學界は十九世紀にかけて大いに發展を見た。ことにヴェーラーによる尿《ニョウ》素の人工的合成は、初めて有機物を人工で合成することに成功したもので、これによつて有機物に對する神祕感は除去されるに至つた。

生物學界においても十八世紀末から生物進化の思想が考えられてきていた。そして十九世紀中葉、イギリス人ダーウィンによつて進化論が完成され、「種の起源」が發表されるに及んで、近代生物學が揺ぎない地位を確立すると共に、全科學界に、進んで思想界に、大きな波紋を投げたのである。

ダーウィンの樹てた偉大なる成果は、やがてメンデルが「遺傳の法則」(一八六五)を確立するに及んでさらに輝かしいものとなつたが、こうした生物學の隆盛が近代醫學の建設に與えた影響は極めて大きかつた。微生物の研究に端を發した近代醫學は、細菌の秘密を次々と明らかにし、フランス人パストゥール、ドイツ人コッホ等の研鑚によつて、十九世紀末には偉大な成果が擧り、人類を疫病の慘禍から救うことが出來るようになつた。

この間物理學における最大の收穫は、ドイツ人マイヤー、さらにヘルムホルツによる「エネルギー不滅の法則」の確立であつた。かくて熱力學は完成し、熱エネルギーの工業技術における役割は極めて重要なものとなつた。そしてこのエネルギー活用の問題は、やがてイギリス人ファラデーが電氣エネルギー利用の根本原則を立てるに及び、「電氣の世紀」たる二十世紀への道を開くこととなつた。

第四節　近代市民文化の發達

數學もまた大いに發達した。從來他の諸分野への應用的學問にすぎなかつた數學が、十九世紀からは純粹數學として發達し、ことにこれまでのユークリッド幾何學を否定する非ユークリッド幾何學が成立したことは、哲學思想の發達と相俟つて、人間思考の面に大きな革命を與えた。

文化科學　十八世紀頃までは一般に學問はあまり分化していなかつたが、十九世紀に入ると自然科學が發達して、その中に種々の部門が出來るようになり、またこれに對して歴史學、經濟學等のいわゆる文化科學も部門別の研究が進むこととなつた。かくて歴史學にランケ、經濟學にスミス、マルクス、社會學にコント等、各方面にすぐれた人物が出て、それぞれこれらの學問に科學的基礎を與えた。

第六章　帝國主義とその結果

第一節　帝國主義下の世界

一、列强の世界政策

十九世紀を通じて歴史の流れは自由主義の發展とその勝利とに向かつていた。しかるに十九世紀も終りに近づくとこの傾向に反對の徴候が現れて來た。すなわち帝國主義である。

帝國主義時代の開幕

帝國主義は列强の海外發展、植民地の爭奪として、また諸國間の外交戰、對立の激化として現われる。十六世紀以來、ヨーロッパ人の發展は各地に植民地をつくつていたが、十九世紀末以來、この勢は急速に進められ、地球の表面はほとんど先進諸國により分割されるに至つたのである。

産業革命このかた列强の資本主義は急激た發展を見せ、その生産能力は國民の消費能力をはるかに超えて、國內市場は狹隘《キョウアイ》を告げるようになつた。自由競爭はもはや不可能となり、資本は少數の大資本家の手に集中するに至る。大資本家は互に企業の協定を行い、かくて各產業部門は大資本家たちの獨占するところとなつた。こうして發生したのがカルテル、トラストあるいはコンツェルンのごとき企業獨占の形態である。資本主義の發展がこのような方向に進んだことは、金融資本の勢力の强大化をもたらすこととなつた。銀行は今や生產を支配し、一國經濟界は少數の大銀行によつて左右されるに至つたのである。かくて國內の制覇をとげた金融資本は、その尨大な資本をもつて海外に進出し、資本主義未發達の地方に資本を投下して、利權の獲得に努めるようになる。この傾向は當然國權の發動をよび起し、實力をもつて新領土を自國の勢力範圍に收めようとする方向に向かつた。そして列强がこぞつて同樣の擧に出た結果、やがてこれらの諸國の間に激しい植民地の爭奪が展開せられることとなつたのである。

こうした植民地追求の努力はイギリスが最も早く、フランスがこれに次いだ。しかしこの傾向が最も著しくなつたのはドイツが植民地爭奪戰に登場してからであつて、一八九〇年ビスマルクが引退し、ウィリアム二世の親政が開始されたことは、世界の歷史の上に新しい幕が開かれたことを告げるものであつた。ビスマルクの平和主義外交政策に對し、新帝ウィリアム二世は積極的海外發展論者であつた。彼はビスマルクにあきたらず、ビスマルクを免じて「新航路」と稱するドイツ帝國主義の新政策を推進せしめることとなつたのである。

アフリカ分割　列國がまず着目したところは、暗黒大陸と呼ばれたアフリカであつた。イギリスは十九世紀の中葉より、ナイル河畔の探険に力をつくし、一八七五年スエズ運河會社株の大半を買收してからエジプトに勢力を扶殖し、一八八一年の反亂以降その領土を占領していた。そして世紀末にはおくれてアフリカに來つたフランスとともに北アフリカを二分したのみならず、南方のケープ植民地を根據として南方地域の開發に從事し、先住のボーア人（オランダの移民）に悩まされつゝも、ついにこれに勝つて南アフリカの指導權を握るに至つた。この地は一九一〇年に至り南アフリカ連邦を組織し、イギリスの自治植民地として今日に至つている。そのほかイギリスは南北を連ねる縱斷鐵道の建設に努力し、東西海岸の重要地域を確保するなど最もめざましい活躍を見せたのである。フランスは廣大なサハラ沙漠を收めたほか、コンゴ河下流域やマダガスカルを領有して、アフリカにおける最大の面積を握つた。ドイツは兩國よりもおくれてアフリカに至り、イギリスの南北縱斷計畫に對抗して、東西兩海岸を連絡する横斷計畫を企てた。しかしこれらは經濟的には重要性が少かつたので、次に着目したのがモロッコであつた。アフリカの北西部を占め、ジブラルタルと對して地中海の關門であるモロッコは、列强の關心の的であつた。こゝはまだ自らの王を戴く獨立國であつたが、フランスはこゝに最大の勢力を扶殖し、一九〇四年イギリスとの協商によつてこの國に對する優越權を得たのである。ドイツはフランスにおくれてこの國に至り、次第に地位を高めつゝあつたが、フランスのこの擧を不快とし、やがて二度にわたつて（一九〇五、一九一一）モロッコに事件を起し、後の國際紛爭の一因をつくつた。その他の諸國も次々に分前を得て領土を所有し、二十世紀はじめにはエジプト、エチオピア、リベリアを除く大部分の地は列强の植民地と化する狀態を呈してしまつた。

列强のアジア進出

一方列强のアジア進出もこの間にあつて益〻盛となり、フランスは清朝と戰つてインドシナの支配權を確立し（一八八四、五）、イギリスはマレー半島を獲得してシンガポール港を建設した（一八八八）。

中國に對する進出も、今や單なる武力的進出ではなく、鐵道鑛山の權益獲得、銀行の建設による金融界の支配という形態にまで進んでいた。このとき起つたのが清國と日本との戰爭である（一八九四—九五）。日本は明治維新以來つとに資本主義列强を模倣し、獨立の近代國家として成長して來た。しかし後進國の常として、國內には封建的遺制が强く、國內市場が狹隘であつたから、急速に國外の市場をもとめて對外的進出を行うことになつた。日本に於ても西洋諸國家の自由主義思想に影響されて、自由民權運動が發展した。然しながら維新後政權を握つた藩閥政府はこの運動を彈壓しプロシヤの專制的な憲法に則つた「帝國憲法」の發布によつて(一八八九)軍事的な色彩を帶びた官僚國家體制を確立した。かくて日本の海外進出はいよいよ露骨となり、一八九四年朝鮮問題を契機として清國と戰端を開くに至つたのである。清國はもとより日本の軍事力の敵ではなかつた。翌年清國は和を求めて遼東半島、臺灣等を日本に割き、莫大な償金を約した。清國の弱體はこゝに世界の前に曝され、中國に對する列國の進出は益ゝ熾烈の度を加えることとなつたのである。

東アジアにおける情勢に最も關心を有したのはロシアであつた。ロシアはつとにシベリアを領有し、九十年代にはペテルブルクとウラディウォストックを結ぶシベリア鐵道を建設し、さらに南方の地域をねらつていた。そこで遼東半島の日本領有が發表されると、ドイツ、フランスを誘つていわゆる三國干渉を行い、中國からはその代償として東清鐵道の敷設權を、さらに一八九八年には旅順、大連を含む遼東南部を租借した。この措置に對してドイツは膠州灣を、イギリスは威海衞を、フランスは廣州灣を租借し、各ゝ近接地の鐵道、鑛山等の利權を獲得したのである。かくて中國は列强によつて分割せられるかの形勢に見えた。すなわち中國の海岸各地に列强の勢力範圍が定められたのである。列國の資本は中國に流入し、外國人の工場企業は中國の企業界を席捲するに至つた。

他方アメリカはモンロー主義を國是として他大陸には不干渉の態度をとつていたが、十九世紀後半資本主義の發展に伴つて、その經濟力は中南米諸國に及び、進んで他の大陸に向つて進出する傾向が生じた。一八九八年のイスパニアとの戰爭の勝利は、アメリカの外交政策に重要な轉機をもたらした。この戰爭によりアメリカはフィリッピン群島とグァム島を得、さらにハワイをも領有するに至つた。そして列國が次々と中國の地を租借するのを見るや、一八九九年アメリカは中國の領土保全・門戶開放・機會均等の三原則を列强に提議した。このアメリカの態度は列强の中國分割を阻止し、中國人の感謝を受けたが、同時にそれはアメリカの經濟力が中國に滲透することを容易にするものであつた。

日本とロシアとの衝突　さて中國にあつては、諸外國の進出を憎む排外主義の風潮はようやく激しくなり、排外的な清朝の政治とも相俟つて、一九〇〇年には義和團の叛亂が起り、北京の外國居留民に危害が加えられるに至つた。よつて列强は共同出兵して北京を占領し、償金を支拂わせたが、これにより帝國主義勢力の中國進出が一段と歩を進める結果となつた。中でもロシアはこの事件ののち大軍をもつて滿洲を占領し、さらに朝鮮にも勢力を伸ばそうとした。これは日本の大陸進出にとつて大きな脅威であつた。またロシアはアフガニスタン地方に南下して、インド北邊にせまつていたから、イギリスも大いに脅威を感じていた。こゝにロシアの勢力のこれ以上の擴大を怖れた兩國は、ロシアに對抗するため同盟を結ぶに至つた。かくて滿洲、朝鮮をめぐるロシアと日本との對立は、遂に一九〇四、五年の戰爭にまで進展したが、この戰爭は世界的規模に於てイギリスとロシアとの戰爭とも言うべきものであつた。この戰爭の結果、日本の軍事的な勝利はロシアの積極政策を後退せしめ、イギリスの目的は達せられたが、一方日本はロシアの租借地と南滿洲鐵道を得て、積極的に朝鮮から滿洲に進み、こゝに新たな國際對立の種子が蒔かれることとなつたのである。

この戰爭ののち、従來のイギリス、ロシアの對立にかわつて東アジアに出現したのは、日本とイギリス、アメリカとの對立であつた。日本は朝鮮を完全に壓服して、一九一〇年にはこれを併合し、滿洲に强力な地盤を築きつゝあつた。こうした態度はイギリスやアメリカの友好感情を冷却させ、ことにアメリカの世論を不利にしたため、やがてアメリカ國内に日本人移民の排斥問題を起させるに至つた。

太平洋諸島の歸屬　このころ未開の地であつた太平洋の島嶼もまた列強に分割されていつた。イギリスはオーストラリア大陸をはじめ、ニュージーランド島、ボルネオ、ニューギニアの一部を得、ドイツはカロリン、マリアナ、パラオ等の諸島を得て、アメリカ、オランダとともに南太平洋地域の勢力を分割していた。

二、中華民國の成立

戊戌政變とその後　中國はヨーロッパの全土に匹敵する面積と四億の人口とを擁しながら、列強の進出によつて一時は分割の危機をも招來したが、その責任の大半は清朝の政治力の無能さが負うべきものであつた。清朝は自己の支配權力を維持するために專制的な統治體制と封建的な社會機構とを溫存しようと努めて來たから、ひとたび列強の近代的な勢力が及べば、何等なすところなくして屈服せざるを得なかつたのである。もとより中國人の官僚の中には西洋の長所をとり入れて富國强兵をはかろうとする進歩的な者もあつた。十九世紀末に出た康有爲《コウユウイ》はその一人であつて、年少の光緒帝《コウチョ》を動かし、諸政の革新を斷行しようとした（一八九八）。しかるに朝廷の大官たちは概ね保守的で、時の皇太后たる西太后のもとにクーデターを起し、折角の親政も百日にして崩れてしまったのである。これを戊戌《ボジュツ》の政變と言い、これよりのち政治は益々反動的となるばかりであった。國内には保守主義、國外には排外主義が貫かれたのである。義和團の亂は清朝の排外政策を一變せしめた。莫大な賠償金は鹽税、關税を抵當として課せられ、ために中國の經濟は益々激しく列强に壓迫されるに至った。しかも弱體な清朝は帝國主義勢力の足下に屈服してひたすらその歡心を買い、自己の命脈を保って行こうとしたのである。そのために中國の民衆が如何に苦しんでもかえりみるところではなかった。かくて清朝は中國のために益がないばかりでなく、一日長く存續することはそれだけ中國を衰えさせる有害な存在であった。めざめたる中國の民衆の間に清朝を排して新しい中國を起そうという革命の氣運が次第に高まって來たのも當然のことと言えよう。

革命勢力の擴大　この間にあって外國資本の盛んな投下が中國人自身の工業に對する投資熱をあおり、民族資本の擡頭を見せたことも見落してはならない。ことに中國傳統の紡績業は最も堅實な發展を示していた。しかし新興の民族資本の發展にとって、帝國主義勢力と清朝の專制的支配權力とは大きな障害であった。革命運動が起るとまず彼等が資金を提供したのも當然の理である。さらに外國に出稼ぎに行っている中國商人すなわち華僑《カキョウ》も革命運動の同情者であった。彼等は、何等の力なき清朝が倒れて中國人の中國が生まれることを念願していた。

革命運動は十九世紀末から徐々に盛んになりつつあつた。中でも孫文に指導せられた興中會は革命運動の中心となり、やがて同盟會へと發展し、民族の獨立、民權の伸長、民生の安定を主唱する「三民主義」を唱えて勢力の發展に努めていた。

辛亥革命　これに對して清朝は憲法を制定し、近代的な軍隊組織たる新軍を作つて權力を維持しようとしたが、光緒帝、西太后が相次いで死んだ後は、難局を擔い得る人物は一人もなく、政治は滿洲人貴族に左右されて、人心は益々離反するばかりであつた。そして一九一一年四月、鐵道の國有宣言に反對する民衆は、各地に反抗運動を起すに至つたのである。

清朝は直ちに出動命令を發した。しかし十月九日新軍の中の革命派は武昌に兵を擧げ、各地の革命軍また次々と起つてこれに應じ、一ケ月の後全國の三分の二は革命軍の占めるところとなつた。かくて翌年元旦革命軍は南京において新しい「中華民國」の建國を宣言したのである。これを辛亥《シンガイ》革命という。

軍閥政治の開始　もはや清朝もほどこす術はなかつた。清朝は袁世凱《エンセイガイ》のすゝめによつて革命政府に屈服し、共和制の樹立を承認した。しかし革命政府の力も限界に達していた。これ以上の戦いを續ける餘力のなかつた革命政府は、袁世凱との密約にしたがつて彼を大總統に推すこととなつた。これは革命の一歩後退であつた。これよりのち中國の政治は軍閥の巨頭たる袁世凱に左右されることになつたのである。袁世凱は列强と結んで孫文の率いる國民黨を彈壓し、獨裁權力を揮おうとしていた。もとより袁に對する反抗の旗は次々と擧げられたけれども、兵力と財力とを掌握した袁の敵ではなかつた。民國成立後の數年の政治はかくして軍閥たちの獨裁時代を現出するに至つたのである。

三、國際的對立の增大

ドイツの孤立　こうした間にヨーロッパの天地には新しい情勢が展開されつつあつた。ビスマルクが宰相の地位にあつた間、ドイツはオーストリア、イタリアとの間に三國同盟を結び、ロシアとの間にもいくつかの條約を結んで親善關係を保つていた。然る一八九〇年にビスマルクの引退ののちウィリアム二世はロシアとの條約を破棄したので、ロシアは全くドイツから離れた。この頃ロシアはバルカンにおいてオーストリアと反目し、他方イギリスとも對立關係にあつたから、久しく孤立に惱んでいたフランスと結ぶに至つた。一八九四年兩國は秘密同盟を結び、ドイツ、オーストリアの勢力に對抗せんとしたのである。さらにイタリアは三國同盟の一員でありながら、バルカンにおいてオーストリアと對立し、むしろフランスに接近したから、實質的には三國同盟からは離反したも同然の狀態となつた。

こうしてロシア、フランス、イタリアから離れたドイツの地位をさらに決定的にしたのはイギリスとの對立であつた。一八九〇年以降ドイツの資本主義は急激に發展してイギリスを脅かし、さらにドイツがトルコに接近したことはイギリスの神經を刺戟した。ドイツはトルコの承認のもとバグダッド鐵道の建設を企圖し、或は大海軍の建設に力を入れてイギリスを脅かしたのである。

ヨーロッパ列强の內情　この頃イギリスは概ね保守黨の政治が續いていた。そして列强の國際的對立に超然たる態度を持していたが、先述のようにロシアとの對立が激化すると一九〇二年日本と同盟を結ぶに至つた。このことはイギリス外交史上大きな轉機をなすものであつた。しかしここに至つてイギリスはロシアのほかに、さらにドイツとも深刻な對立を見ることとなつたのである。かくてイギリスはフランスとの接近をこころみ、一九〇四年日本とロシアが戰うに及んで、互に協商を結んだ。

しかしこの頃から久しい保守黨の支配は漸く國民の支持を失い、一九〇六年には自由黨がこれの支持を得て數々の社會立法を實現していつたのである。

　フランスはプロシャへの敗戰以來十年にして第三共和政の安定を見たが、帝國主義の段階に入ると共に內政においても再び右派勢力が擡頭し、共和派も幾つかに分裂した。その結果內閣は常に諸派連合によつてつくられ、政情は安定しなかつた。この間にブーランジェ事件、ドレフュース事件のような世界を驚かせる事件が次々に起り、何れも保守派の敗北に終つた。そして二十世紀に入つてからは共和政の基礎は一層かたくなつてきたのである。しかし同時に社會主義勢力も增大し、その結果は共和主義者を右翼化させることとなつた。そして金融資本の支配力を强化し、勞働運動の鎭壓につとめて、軍備の擴張を行い、ドイツに對する復讐への途を進んだのである。

　ロシアは依然として皇帝の專制的支配のもと、專ら對外發展政策をとつて內部の矛盾を隱してきた。そして十九世紀の末年はロシアの資本主義が大いに發展した時機であつた。しかしこのことは市民階級の間に自由主義を發達させ、同時に社會主義をも發展させる結果ともなつた。「人民《ヴ・》の中《ナロード》へ」と唱えて農民の啓蒙につとめたナロードニキの運動が盛んになつたのもこの頃である。二十世紀に入つてからも進歩的分子の國政改革の要求はます〳〵强まるばかりであつた。

　こうした國內の革命的氣運に對し、ロシア政府は國民の關心を外らせるため對外的侵略政策を强行し、遂に一九〇四年日本と戰端を開いたのである。しかしながら豫期に反して戰況は不利であり、國民の不滿は爆發して翌年一月には軍隊と民衆とが衝突して多數の死傷者を出す事件まで起されるに至つた。

世論の不利を知つた皇帝は國會の開設を約し、さらに言論信仰の自由等を約束したが、やがて開かれた國會も政府の彈壓によつて無力の存在となり、ロシアには依然として專制政治がつづけられていた。

三國協商の成立　他方一九〇五年ロシアが日本に敗れたことはヨーロッパの情勢の上にも一つの變化をもたらした。それはロシアがアジアにおける南下策を日本に挫《くじ》かれたために、バルカンに勢力を集中することとなり、勢いドイツ、オーストリアを正面の敵とするようになつたからである。ここにロシアとイギリスとの接近が行われ、一九〇七年兩國の間に協商が成立して長年の對立は解消するに至つた。

以上イギリス、フランス、ロシアの間の協商・同盟關係は普通これを稱して「三國協商」という。しかしイタリア既に三國同盟を離れ、オーストリアまた異民族の離反に惱んで國政は亂れ、軍事力も弱かつたから、三國協商は實は三國によるドイツの包圍にほかならなかつた。こうした包圍陣に對して、ドイツはしきりに列國との感情融和をはかつたが、やがて起り來る大戰の悲劇を防止する效力は到底得られなかつたのである。

バルカン問題の深刻化

しかもバルカンにおける民族の抗爭は依然として續けられていた。ロシアが再びバルカンに向つて進出をはじめた時、汎スラヴ、汎ゲルマン兩主義の抗爭は舊に倍する激しさをもつて展開されるに至つた。

こうしたバルカン紛爭の再開に糸口を與えたものは、一九〇八年トルコに起つた革命である。永年の專制主義はトルコを衰退に導き、二十世紀はじめよりトルコの近代的改革を望む青年たちは青年トルコ黨を組織して、皇帝に對し立憲政治の施行を要求した。皇帝はこれに屈して彼等に組閣をさせ、また最初の議會が開設された。しかしこの革命に乘じて、トルコの屬國であつたブルガリアは完全獨立を宣言し、オーストリア・ハンガリア帝國はボスニア、ヘルツェゴヴィナ併合を宣言した。この二州の住民はスラヴ人でセルビアが汎スラヴ主義の下に吸收しようと狙つていた地であつたから、セルビア人の憤激を招いた。しかしロシアは未だセルビアを援ける力なく、ドイツがオーストリアを支持したため、この行爲は認めざるを得なかつた。そしてこのことは結局バルカンの事態を一層險惡にしたのである。

トルコの革命はかえつて諸外國との間に無用の衝突を惹起せしめる結果となつた。そしてドイツに懐柔されたため、諸外國との紛争はいよ〳〵しげく、イタリアとの戰爭をはじめバルカン諸國との二回にわたるいわゆるバルカン戰爭を惹起して、トルコはヨーロッパ領地のほとんどを放棄することとなつた。

この戰爭はバルカンに於ける汎スラヴ主義の勝利を示すものであつた。かくてセルビアを中心とする汎スラヴ主義の運動は益々盛んとなり、オーストリアがこの運動に一撃を加えて威信を回復する機をうかがつたから、バルカンの風雲はいよ〳〵險悪となつていつた。果して第一次世界大戰はバルカン問題から發するに至つたのである。

第二節　第一次大戰とロシア革命

一、大戰の開始と進展

大戰の勃發　一九一四年六月二十八日、オーストリア皇太子がボスニア地方でセルビアの一青年に暗殺されるという事件が起つた。オーストリア政府はこの事件の背後にセルビアの手があるとみなし、七月セルビアに最後通牒を發した。そしてセルビアがこれを拒否すると、オーストリアはセルビアに誠意なしと認め、七月二十八日宣戰を布告し、ここに第一次大戰の幕は切つて落されたのである。

もとよりオーストリアは、豫めドイツの意向を打診することを怠らなかつたが、ドイツ皇帝は戰爭が局地に止るものとみて行動の自由を許していた。しかし列國はセルビアに同情し、とくにロシアはセルビアを援ける氣配が強くなつた。ドイツが事態の深刻なのに驚いて手を打とうとしたときは既におそかつたのである。かくてオーストリア、セルビア間の戰爭は、ロシアを動かし、同盟の條項に則つて、八月はじめにはドイツ、オーストリアとロシア、フランスとの間に戰端が開かれるに至つた。イギリスは始め中立の態度を持していたが、ドイツがフランス攻略のためベルギーの中立をおかすに至つて、八月四日ドイツに宣戰を布告し、下旬には日本も參加して、戰火は全世界に及んだのである。この戰爭に於て、ドイツ、オーストリア側は同盟國、ロシア、フランス、イギリス側は連合國と稱せられる。

初期の戰況　ドイツはかねてからの作戰計畫に從い、西部ではベルギーを突破してフランス領內に攻入り、東部では國境を突破して侵入してきたロシア軍を壞滅させて意氣すこぶるあがつた。しかし九月はじめに至り、西部戰線のドイツ軍はフランス軍の反撃にあつて、戰線は膠着狀態に入り、戰爭は長期戰の段階に入つた。しかも海上はイギリス海軍の封鎖によつて抑えられ、東アジアの基地も日本軍によつて占領されたから、勝利の見込は甚だ少なくなつた。

この年十月トルコが、翌年十月ブルガリアが同盟軍に加わつたため、バルカンの戰況は同盟軍に有利に展開された。しかしこの間にイタリアは三國同盟を破棄して連合國側に參加した（一九一五年五月）。翌年になつてドイツは必死の攻撃を各方面に加えたが、戰局はとくに大きな變化を見せることはなかつた。

交戰諸國の內情　戰爭は各國民の愛國心をたかまらせて國內問題を一時靜まらせた。社會主義者も戰爭に協力する態度を示し、反戰論者は影をひそめた。しかし戰爭が長期化すると、各國は戰時經濟の問題に苦心しなければならなかつた。切符による配給制度や公定價格の設定はこの期間に始められたものである。

イギリスは初め兵員の不足に惱み、軍需品の供給も圓滑を缺いた。そこで一九一五年には擧國一致內閣を組織して體制を整え、翌年には徵兵制度を斷行した。そして年末にはロイド・ジョージが首相となつて戰爭の完遂に邁進したのである。尤もこの年、一時しずまつていたアイルランド問題が再燃し、武力で鎮壓するという事件も起つたが、他の自治植民地は結束して本國をたすけ、とくにインド義勇軍の働きはめざましかつた。

フランスは國民の愛國的熱狂によつて政爭は一時おさまつたが、一九一六年より再び動揺のきざしをみせた。しかし翌年末クレマンソーが首相となつて動揺をおさえてからは、國民を結束させることに成功した。

ドイツでも戰況の不利と共に動揺が起つてきた。最初から戰爭に反對してきた社會主義者の活動は積極的となり、國民の生活も次第に苦しくなつていつたが、軍事的には依然として優勢を持していたのである。

二十一ケ條問題　ヨーロッパ列強がこのように戰爭に苦心しているとき、アジアの天地でひとり我が物顔に振舞うことのできたのは日本であつた。日本はいち早くドイツの基地たる膠州灣を陷れ、南洋群島を占領し、遠くインド洋、地中海へも艦隊を派遣したほか、ヨーロッパの交戰國に物資を供給して利益を得、國內は戰時景氣により未曾有の好況がつづいた。そして列強が東アジアから一時退いたすきをねらつて中國に提出したのが、有名な「二十一ケ條要求」であつた。

一九一五年一月、日本は中國に對し、山東省における日本の特殊地位を認め、南滿洲、東蒙古、沿岸一帶の處置に關する發言權を大きくし、さらに製鐵事業、警察また中國政府部內に日本人を採用せよという、二十一ヶ條からなる要求をなした。これは中國の主權を無視したものであつたから、時の大總統袁世凱も一時拒否したが、五月、最後通牒が出されるに及んで、九日ついに日本の要求を認めた。これより中國における日本排擊運動は急速にはげしくなり、五月九日は彼等によつて國恥記念日と定められるに至つた。

二、ロシア革命

社會主義運動の進展　一九一七年三月ロシアに革命が起つて、專制主義は一擧にして倒れた。ここで革命に至るまで社會主義の運動がどのように進んで來たかを考えてみよう。

社會主義は國境を超越した勞働者の團結を說くものであるが、こうした國際的組織が實現したのは、一八六四年ロンドンに結成された第一インターナショナルをもつてはじめとする。しかしこれは雜多な思想の持主の集りであつて、統一を缺いていたので、十年あまりで解散してしまつた。

一八八九年、パリに第二インターナショナルが結成されて、世界大戰に至るまで社會主義運動の國際的組織として重きをなした。そしてヨーロッパ各國には社會主義政黨が發展し次第に議會に有力な地位を占めるようになつた。(ドイツの社會民主黨、フランスの社會黨、イギリスの勞働黨)しかし國際關係が緊迫すると各國の社會主義者の間に愛國主義の風潮が起り、世界大戰を防止することはできなかつた。しかし戰爭によつて國民生活が苦しくなるにつれ、これら社會主義政黨の中から次第に反戰運動がひろがつて來た。

三月革命　大戰前からロシアの帝政は極度に頽廢していた。戰爭は一時矛盾の爆發をおさえたが、國內の積弊は直ちに戰況に反映し、ドイツ軍の爲にしばしば大敗を喫していた。國民は敗北の原因を皇后やこれと結んで宮中に勢力を揮つていた怪僧ラスプーチン等の策謀に歸し、彼等を憎んだ。ここに自由主義者は國政の改革を提議したが、政府はかえつてこれを彈壓した。この間に物資は缺乏し、物價はあがり民衆の生活は苦しくなる一方であつた。かくて一九一七年を迎えたが、都市の勞働者はパンと燃料の不足に惱み、動搖の兆が著しくなつた。

三月八日首都ペトログラード(ペテルブルクを改む、今のレニングラード)に暴動が起り、勞働者は大ストライキを斷行した。やがて暴動は軍隊に波及し、勞働者、兵士の間に「ソヴェート(勞兵會)」が組織された。政府は辭職して假政府が成立し、皇帝の退位を要求した。皇帝は前線にあつたが、假政府の代表に抑留されて退位を承認し、ここにロマノフ王朝は倒れたのである。かくてロシアの專制主義は一擧にして相貌を變えるに至つた。これを三月革命と言う。

ケレンスキー時代　其の頃勞働者の間には社會主義勢力がひろまつていたが、なお彼等は自ら政權を掌握するほど强力ではなかつた。假政府は主として自由主義者たる立憲民主黨の手中ににぎられ、これに社會革命黨のケレンスキーが參加した。新政府は直ちに普通選擧による國民議會の設立、言論出版の自由、ストライキの權利等を宣言したが、政權をにぎつたブルジョア勢力と勞働者農民とは利害が一致せず、ソヴェートの間には反政府的空氣が濃厚となつていつた。社會主義の陣營には社會革命黨と社會民主黨との對立、さらに社會民主黨內にも急進的なボルシェヴィキ（多數派）と比較的隱健なメンシェヴィキとの對立があり、ソヴェートに於ては社會革命黨とメンシェヴィキとの勢力が强かつた。然しレーニンやトロツキーが亡命から歸えるに及びボルシェヴィキの勢力は急速にたかめられた。これに對して政府はケレンスキーを陸相として陣容を强化し外戰の功をあげようとしたが、ドイツ軍の逆襲にあつて挫折するに及び、ボルシェヴィキの彈壓に着手したが、大勢はボルシェヴィキに有利であつた。中でもトロツキーの活躍は勞働者農民兵士の力を團結させ、暴力革命への道を開くのに功績があつた。

十一月革命　この形成を見たレーニンは武力蜂起を決定し、十一月七日をもつてその日と定めた。そのペトログラードの主要建築物はボルシェヴィキの軍隊に占領され、七日朝假政府の廢止と革命委員會の政權掌握が宣せられ、ケレンスキーは國外に逃げ、他の閣僚は捕えられた。翌日「人民委員ソヴェート」なる假政府が成立し、レーニンは委員長、トロッキーは外務委員となり、ここにボルシェヴィキの政權掌握は成功を見たのである。これを十一月革命（舊暦では十月革命）と稱する。

獨裁制の成立　このクーデターに對し、反對派の運動も試みられたが、いずれもただちに鎭壓された。トロッキーは戰爭からの脫退を宣言し、各國に向つて講和會議の卽開を提議した。また彼は赤衞軍を組織して新政府の防護に當つた。

下旬國民議會の選擧が行われたが、その結果は社會革命黨が壓倒的多數を占めた。そこで翌年一月議會が開かれると、社會革命黨は國民多數の信任ありとしてボルシェヴィキに挑戰した。よつてボルシェヴィキは議會をブルジョア的反革命の道具なりとして閉鎖し、遂にボルシェヴィキ以外の一切の政黨を禁止した。ここにロシアにおいてはボルシェヴィキ一黨が獨裁する獨特の「プロレタリア獨裁」政體が成立したのである。

ドイツとの講和　ボルシェヴィキ政府の平和提議は連合國に拒絕されたので、彼等はただちに同盟國側との間に單獨交渉を行つた。ソヴェート政府は無賠償・無併合・民族自決の原則による平和を提議したが、ドイツはこれを蹴り、ドイツ軍の猛攻撃が再開された。そこでソヴェート政府もドイツの要求を容れ、三月西方の廣大な地域の放棄を認めたブレスト・リトフスク條約を結んだ。

三、第一次大戰の終結

アメリカの參戰　ヨーロッパの戰亂はアメリカ合衆國に對しても多大の經濟的利益をもたらした。アメリカの產業は各國からの注文によつて活況を呈し、經濟界は大いに繁榮した。そして交戰各國は何れも合衆國を味方につけようとしたが、大統領ウィルソンはあくまで嚴正中立を守つていた。しかしドイツがイギリスの海上封鎖を突破するために、盛に潛水艦を用いて船舶の擊沈を開始するに及び、アメリカの世論はようやく同盟國側に不利となつた。しかもドイツは平和を望み、ウィルソンに對して平和を提議したので、ウィルソンは一九一七年一月「勝利なき平和」を提唱したが、交戰各國を動かすことはできなかつた。そしてドイツは無制限潛水艦戰を開始し、あらゆる船舶を無差別に擊沈する旨を宣言するに及び、アメリカの世論もついに沸騰し、四月六日アメリカはドイツに對して宣戰を布告するに至つたのである。

ときにロシアにあつては革命が起つて皇帝專制の政治は倒れ、これよりのち大戰はドイツ專制政治に對する民主主義の戰の名の下に戰われることとなつた。戰局はアメリカの參戰によつて著しく連合國に有利となり、ドイツの敗北はもはや時間の問題となつた。しかもこの年ギリシアは連合國に加わり、中華民國や中南アメリカ諸國も續々とドイツに宣戰を布告した。ドイツやオーストリアの國内にあつては、内紛ますます〳〵はげしく、戰勢の挽回は到底不可能であつた。實にアメリカ合衆國の參戰こそ、第一次大戰の決を下したものといつて過言ではない。

ドイツ革命と大戰の終結　東部戰線においてロシアが崩壞したことは、ドイツに一條の光明を與えるものであつた。ドイツはソヴェート政府と講和を締結すると、全力を擧げて西部戰線に大攻擊を敢行した。攻擊は（一九一八年）三月から六月にわたり、一時はパリの近くにまで迫つたが、以後は連合軍の大攻勢によつて總退却を行い、大戰の勝敗はここに決せられた。しかもこのころ同盟諸國も絕望の狀態にあつた。トルコ、ブルガリアは十月ともに降伏し、オーストリアも十一月はじめには單獨休戰條約を結ぶに至つた。ドイツ國内では前年末政府の力が失墜し、事實上は參謀本部の獨裁政治が行われていた。それも西部戰線の失敗により敗北が明かとなつてのちは、參謀本部の首腦部も降伏を主張するようになつた。そして十月ウィルソンに休戰を提議したが、承認を得られなかつたので、月末國政の改革を行い、ここに始めて議會に立脚する責任內閣制を布いた。これによつてドイツは立憲政體となつたが、國內の矛盾と國民の不滿を救うにはすでにおそかつた。國民の間には動搖がひろがり、勞働者の間には社會主義思想がひろまつていた。十一月三日キール軍港で水兵の暴動が起ると、キールの勞働者はただちにこれと合して大示威運動を行い、勞兵會を組織して、皇帝の退位その他の政治的要求をかかげた。革命の焰はたちまち全ドイツに波及し、各地に勞兵會が成立して政權を握つた。十一月九日に至り、遂にベルリンにも大暴動が起つた。ここに至つて、皇帝はオランダに逃れ、ドイツ連邦の諸君主もいずれも退位して、共和制の成立を見ることとなつた。

かくして十一月十一日新共和國の代表は連合國と休戰條約を締結し、ここに第一次大戰は終了したのである。

第三節　ヴェルサイユ體制の成立

一、第一次大戰後の世界の變革

パリ平和會議とその決定

一九一九年一月、戰勝國の代表はパリに集つて講和會議がひらかれた。會議の主導權を握つたのはアメリカ合衆國、イギリス、フランスの三國であり、その代表はそれぞれウィルソン、ロイド・ジョージ、クレマンソーであつた。ウィルソンの理想はドイツを寛大に扱おうとするものであつたが、他の戰勝國特にフランスのため妨げられ、遂に完全には實現されなかつた。

講和會議は難航を重ねたが、五月ようやくドイツに對する條件が成立した。その內容はきわめて苛酷たものであつたから、ドイツはそれを緩和するため努力したが成功せず、六月二十八日ヴェルサイユ宮殿において調印が行われ、ここにヴェルサイユ條約が成立した。これによつてドイツは國境の多大の地を戰勝國に與え、植民地の一切を失つたが、特にアルサス・ローレンの鐵嶐地をフランスに與えたのは痛手であつた。また西プロシヤをポーランドに割いたことはドイツ人のいたく不滿とするところであつた。さらにドイツは大きた軍備制限を受け、過大な償金を課せられることとなつた。この賠償問題は今後長くドイツの經濟界を苦しめたのである。なおここで今後の國際紛爭を避けるために國際連盟が組織されたことを注目する必要があろう。連盟はウィルソンの提案によつて設立されたもので、本部をスイスのジュネーヴに置き、國際間の永久平和

第一次大戦後の中部ヨーロッパ
北海
デンマーク
バルト海
エストニア
ラトヴィア
リトワニア
ロシア
ポーランド
ベルリン
ドイツ共和国
オランダ
ベルギー
ルクセンブルグ
フランス
スイス
チエコスロバキア
ウイーン
オーストリア
ブダペスト
ハンガリア
ルーマニア
ブカレスト
黒海
ユーゴスラビア
ベルグラード
セルビア
ソフィア
ブルガリア
アルバニア
ギリシア
トルコ
イタリア
ローマ
コルシカ
サルヂニア
シシリー
地中海
大戦后新国境
大戦前国境
大戦前オーストリア
ハンガリア国境
大戦前ロシア国境
ドイツの失いたる地
オーストリアのイタリアに割譲せる地
国際管理地
人民投票により
ドイツに留まれる地

を念願したものであつた。

他の同盟諸國に對する條約も別個に起草され、一九二〇年までの間にそれぞれ締結された。これによつてオーストリア・ハンガリア帝國は解體し、トルコはコンスタンチノープル附近を除くヨーロッパの領土を放棄し、兩國の舊領土内にドイツ人のみの共和國オーストリアとハンガリアのほか、チェッコ・スロヴァキア、ユーゴースラヴィアが獨立した。

また民族自決の原則により、舊ロシア帝國内の諸民族は獨立し、フィンランド、ポーランド、エストニア、ラトビア、リトアニア等の諸國ができた。

これらヴェルサイユ條約以下の諸條約によつて、大戰前の幾多の矛盾は解決されたかに見えた。しかしそのほとんどが前記諸大國の意向によつて決せられ、他の諸民族の意見はあまりとり上げられなかつたために なお未解決の問題も存在し、不滿を有する國が少なくなかつた。敗戰によつて苛酷な條件をおしつけられた同盟國に多大の不滿が存したことはもとよりであるが、連合國側にあつても、いわゆる「獅子の分前」にあずからなかつた諸國やこの條約に於て顧みられなかつた弱小民族の不滿も意外に大きかつた。そして先ず列強を驚かしたのは條約の締結直前、中國にあがつた反對の叫びであつた。

中國の五四運動　パリの講和會議には中國も連合國の一として代表を送つていた。ここで中國は大戰中に發せられた二十一ケ條要求の取消、山東における日本の利權の返還などを要求した。然し同じく戰勝國であり、いまや强大な發言權を有する日本を相手としてのこれらの要求はかえりみられるところとならず、中國の要求はことごとく斥けられ、ここに中國民衆の怒りは爆發し、條約調印反對の叫びが次々に擧げられるに至つた。

この頃中國の政治は依然として封建的な軍閥がにぎるところであつた。帝制をも夢見た袁世凱はすでに死んでいたが、北京にはそのあとを繼いだ軍閥の首領が大總統となつて專制的な政治を行つていたのである。これに對し孫文は廣東に政府を組織したが、その力はまだきわめて小さかつた。しかし大戰によつてヨーロッパ列强が中國の地から一時手を引いたことは、中國の民族資本を發達させる結果を生んでいた。紡績業、製粉業をはじめ中國人經營の大工場は次々に建てられ、金融資本も大きな發達をみた。こうした民族資本の發達が中國を列强の半植民地的狀態から解放させようとする氣運を强めたことは言うまでもない。このことは資本主義によつて立つ市民階級の民族的な自覺のあらわれであると同時に、勞働者階級の團結の力を從來とは比較にならぬ程强める結果となつたのである。

一方進歩的な文學者や思想家の間では、一九一五年ごろから新文化建設のための啓蒙運動がはじめられていた。陳獨秀、胡適《コテキ》、また魯迅《ロジン》等によつて進められた「文學革命」の運動がそれである。彼らは文學の上の古い傳統をすて、新しい思想感情の自由な發展を唱えた。その中心は北京大學であり、文學革命の機關誌「新青年」は新中國の建設を念願する青年たちの心を強く捉えていつたのである。

このように中國民族の自覺が高まりつつあつたとき、パリ會議における外交のみじめな敗北が異常な刺戟を與えたのも當然のことと言えよう。一九一九年五月四日、北京の學生は盛大な示威行進を行い、政府に對して條約反對、日本排撃の要求を行つた。軍閥政府はただちにこれを彈壓したが、憂國の至情に燃える學生の運動はやまず、かえつて全國に普及し、全國の學生は一致してゼネストに入つた。六月に至ると商人や勞働者もストライキに入つた。これが五四運動とよばれるものであり、いまや中國民衆のひろい愛國運動として展開されたのである。ここにおいて軍閥政府もついに屈し、講和條約の調印は拒絶された。そしてこれを轉機とし、中國では帝國主義反對、民族解放の運動は次々と起されるようになつた。中國の五四運動は、ヴェルサイユ體制に對する弱小民族の最初の抗議として重要な意義を有するものである。

國際紛爭と新たな國際對立　ヨーロッパに於てヴェルサイユ體制の矛盾が生んだ國際紛爭のうち最も大きなものは、ソヴェート・ポーランド戰爭とギリシア・トルコ戰爭であつた。

ポーランドは大戰の結果獨立したが、その東部國境は明確に定められなかつた。そこで國境線の決定をめぐつてソヴェート政府との間に衝突を來し、一九二〇年一月戰端がひらかれた。ポーランドはソヴェート軍の進出によつて一時危うかつたが、フランスの援助によつて難をまぬがれ、翌年三月講和となつた。しかしこの結果定められた國境線は休戰當時の軍隊の對峙狀態によつて決せられ、民族的な狀態に合致しなかつたから、後になお多大の問題をのこすものであつた。

一方敗戰國たるトルコはアジアの小國と化したが、その上ギリシアが小アジア地方まで侵すに及んで大きな憤りを抱いた。ここにおいて青年トルコ黨の指導者ケマル・パシャは國民黨を組織し、ギリシアに屈した皇帝を否定し、臨時政府を組織した。これに對しイギリスはギリシアを支持したが、フランス、イタリアは反對した。よつて國民黨はこれに乘じ、さらにロシアの支援を得た上で、一九二二年ギリシアに戰をいどみ小アジアから驅逐した。そして翌年ひらかれた講和會議において、その主張を全うすることができたのである。

シベリア出兵問題　大戰後の國際的な重要事件として更に擧げるべきはシベリア出兵問題である。大戰中ロシア軍の捕虜となつたチェック兵は、ロシア革命の後ボルシェヴィキの壓迫を逃れ、シベリアを經て本國に歸還しようとした。そこで革命の波及をおそれていたイギリス、アメリカ、フランス、日本等の諸國は、一九一八年八月チェック人救出を名としてシベリアに共同出兵を行い、東部シベリア一帶を占領した。出兵の目的は九月には完了したが列國はシベリアにおける反革命派援助のため猶しばらく留まつていた。一方反革命派もやがて沒落し、ボルシェヴィキの活動が激しくなつたので、列國はパリ講和會議の決定にもとづいて撤兵を行つた。しかし日本のみはボルシェヴィキの勢力が滿洲朝鮮にのびるのを防ぐと稱して撤兵せず、かえつて兵力の增强を行つた。

大戰の影響による日本經濟界の好況はなおもつづいたが、大戰の終結は擴大をつづけてきた日本資本主義を生產過剩に陷れ、一九二〇年には不景氣が襲來した。シベリア增兵はこの戰後の恐慌を乘切ろうとした日本政府の窮策でもあつた。だが目的のない出兵は士氣を沮喪させ、かえつてロシア人の反擊によつて人命を失つたばかりでなく、內外の世論もようやく政府に不利となつたので、一九二二年何等得るところなく日本軍は撤兵した。

世界大戰中から日本國民の間の政治意識は急速に伸長し、從來政權を壟斷していた軍部、重臣勢力に對抗して政黨の護憲運動が起り、政黨内閣の出現を見た。民間には自由主義思想家によつてデモクラシーの運動が起り、勞働運動も發展して社會主義思想も亦擴まつた。これらの運動の結果として普通選擧は實施されたが、この間にあつても軍部はなお强大な權力を掌握して國家の民主化を妨げていた。然も大戰の間に急速に資本主義が發展するにつれて、早くも獨占的な資本家が出現し、彼等は財閥として經濟界を支配すると共に、政黨と結びついて政界にも多大の勢力を揮うようになつた。

二、國際協力の進展

國際連盟の形成　ヴェルサイユ體制は種々の缺陷を內包するものであつたが、なおその眼目とした國際協力と平和維持は國際連盟の設立によつてある程度實現された。但しアメリカ合衆國では戰後勢力を得た共和黨がウィルソンに反對して連盟加入を拒否したので、連盟はアメリカを除いたイギリス、日本、フランス、イタリアの四國を常任理事國となし、紛爭解決のために努力することとなつた。はじめ連盟の加入國は戰勝國と中立國とに限られ、ドイツ等の戰敗國及びソヴェート連邦は除かれていた。しかし一九二六年にはドイツも加入して常任理事國となり、一九三三年には日本とドイツが脱退したが、翌年ソヴェート連邦が加入して常任理事國となつた。

國際連盟が解決に成功した事件はわずかたものに過ぎなかつたが、なお戰後十年間は國際平和の象徴として大きな意義を持つた。また連盟に附屬した國際勞働局が勞働問題を扱つて、勞働條件の向上に力を致したことは勞働者の地位向上に資するところ少くなかつた。

軍備縮少問題　軍備の縮少は戰爭の防止の第一條件と考えられ、國際連盟もそのために努力したが、各國とも誠意を示さず實現の見込みはなかつた。しかも大戰中より建艦競爭が開始され、各國はその負擔に苦しんでいた。ここにおいて一九二一年アメリカ合衆國は海軍の軍備縮少を提案し、十一月ワシントン會議が開かれた。これによつて、アメリカ、イギリス、日本、フランス、イタリアの主力艦保有量は五、五、三、一・七五、一・七五の比率に定められ、さらに中國の主權尊重、門戸開放、機會均等を約した九ケ國條約、太平洋問題に關する四ケ國條約が決定された。また日本・イギリス同盟もこの時廢止されることとなつた。

このワシントン會議は大戰の間に生じた東アジアの事態を戰前の狀態に戻らせたものであつた。ことに日本の態度は批判の的となり、山東半島の中國還付が決定せられて、日本帝國主義は一歩退却を餘儀なくされたのである。しかもこの會議は軍事費を輕減して各國民の負擔を小さくし、軍備縮少の理想に一歩を進めた點で重要な意味をもつものであつた。

しかしワシントン條約は主力艦を制限したのみであつたから、やがて各國は補助艦の增强をはかりはじめた。そこで一九二七年ジュネーヴに軍縮會議が開かれたが、この會議は決裂した。その後一九三〇年ロンドンにおいてさきの五國間に軍縮會議が開かれ、フランス、イタリアは協定を拒否したが、イギリス、アメリカ、日本は十、十、七の比率で補助艦を制限することが約束された。しかし間もなく國際間の對立は激化し、この會議は軍備縮少のための國際的協力の最後のものとなつた。

國際安全保證條約　そのほか一九二五年スイスのロカルノで開かれたヨーロッパ諸國の會議は、國際間の紛爭を仲裁々判に附することを定め、特にドイツとフランスとの對立感情をやわらげるのに役に立つた。そしてこの會議の決定によつて、翌年ドイツは國際連盟に加入したのである。

世界平和に對する保證は、さらに不戰條約によつて强固となつた。これははじめ一九二八年アメリカとフランスとの間に結ばれ、世界各國によつて批准されたもので、戰爭を否定し、國策としての戰爭を廢棄することを定めたものである。これは戰爭の否認を定めた最初の國際條約であり、精神的に重要な意義をもつものであつた。

第四節　第一次大戰後の世界

一、ヨーロッパの情勢

ソヴェート連邦の成立　ロシアにあつてはボルシェヴィキは共產黨と稱し、首府をモスクワに置いて着々と新しい國家組織の形を整えつつあつた。一九一八年全ロシア・ソヴェート會議は新憲法を可決し、「ロシア・ソヴェート連合社會主義共和國」を設立した。全國の都市と農村にソヴェート會議ができ、生產勞働に從事する勞働者農民及び兵士に對し十八歲以上の男女に選擧權が與えられた。

ソヴェート政府ははじめロシアにのみつくられていたが、やがてウクライナ、コーカサスやシベリアもソヴェート制をとつてこれに加わり、一九二三年「ソヴェート社會主義共和國連邦」が成立し、翌年新憲法を發布した。

またソヴェート政府は世界を共産主義化する目的をもつて、一九一九年第三インターナショナル（いわゆる「コミンテルン」）を設立し、各國の共産主義運動を指導した。然し彼等の運動はハンガリアで一時的な成功を見たのみでドイツの共産主義化には失敗し、彼等が援助したポーランド、トルコ、中國等の民族運動も中途にして彼等から離反した。この間ソヴェートは國內に於ても急激な共産主義化政策のため經濟界の混亂を惹起し、生產は減退し、且つ饑饉のため多數の餓死者を出したので、一九二一年レーニンは「新經濟政策」（ネップ）を採用してある程度資本主義を復活し、それによつて生產の回復を圖つた。然しそのためには諸外國の經濟的援助を得ることが必要であり、諸外國の側でも失われた市場の回復のためソヴェートとの親善を欲するに至つた。そこで一九二一年イギリスが通商條約を結んだのをはじめとして他の諸國もこれにならい、また一九二四年イギリスの勞働黨政府がソヴェート連邦を承認したのをはじめとして順次ソヴェート連邦と諸外國との正常なる國交關係が回復されるに至つた。

イタリア・ファシストの擡頭　イタリアは戰勝國ではあつたが、ヴェルサイユ體制に對して大きな不滿を有していた。イタリアの領土的野心は十分に充たされず、民族主義者は政府の軟弱を攻擊した。またイタリアは工業の發達が弱く、大戰後の財政は絕望的な狀態であつた。

生産は衰えてインフレーションが進み、國民は困苦に惱んで、政府の威信は全く失墜した。かかる狀態のもとで共産主義が勢力を伸ばしたのは當然であつた。ストライキは各地に起り、農民は地主に反抗した。勞働攻勢は一九二〇年絶頂に達し、勞働者は自ら工場の經營を管理した。しかしそれは完全に失敗し、社會主義は國民の信望を失つた。そして資本家、地主、軍人等は一致して强力政府の樹立を考えるようになつた。

このとき出現したのがムッソリーニのファシスト黨であつた。彼はもと社會主義者であつたが、大戰中主戰論者となり、戰後ファシスト黨を組織した。そして工場管理事件の後共産黨打倒を目標にかかげて、軍人、資本家、地主をひきつけ、一九二一年の選擧には著しく議席を增した。この間國家の財政は改善されず、政府は弱體を續けていたので、一九二二年ムッソリーニは政府の打倒を叫び、全國に檄してローマ進軍を開始した。そしてイタリア國王の指示により、十月三十日ファシスト黨を主力とする內閣を組織した。ムッソリーニはたゞちに議會に要求して獨裁權力を得、やがてファシスト黨以外の政黨を禁止して、一黨政府を確立した。

一九二八年の憲法改正以來、ファシスト黨の最高機關たるファシスト大評議會は絶大な權力を有し、言論・出版一切の自由は抑壓された。ムッソリーニは統領と呼ばれ、政務を獨裁し、財政の整備、外交政策に成功した。さらに彼は一九二九年イタリア王國の成立後國交斷絶の狀態にあつたローマ法王廳と和議を結び、これより法王廳はヴァチカン市を領する獨立國となつた。ここに永年の反目は解消し、ムッソリーニはカトリック教徒の支持を得て、イタリアの國力强化に資するところがあつた。

ドイツ共和國の安定　ドイツに於ては敗戰後共和國が成立したが、この共和國に於ては穩和な改革によつて民主化を圖ろうとする社會民主黨と、ロシア革命にたらつて一擧に社會主義を實現しようとする共產黨との間に對立が激化し、一九一九年一月この兩者の間に武力衝突が起つた。然しこの衝突の結果共產黨は敗北し、その指導者カール・リープクネヒト、ローザ・ルクセンブルクは殺された。共產黨の敗北の結果社會民主黨が主導力を握り、第一回の國會が開かれて、ヴェルサイユ條約を承認したのち、新憲法（ワイマール憲法）を公布した。ここでは人民の主權を認め、二十歲以上の男女の普通選擧によつて選出される國會、人民の直接投票による大統領の制度が定められた。第一回の大統領には社會民主黨のエーベルトが選出された。なおワイマール憲法は史上最も民主的な憲法であると稱せられるもので、その他にも、國民の勞働を保證し工場には勞働會議を設け、さらに地方的な經濟會議の制度をも定める等、社會的規定が含まれていた。
しかし共產黨の活動はやまず、各地に暴動が繰返された。よつて政府は軍隊の力によつてこれの鎭壓に努めたが、このことは軍人の勢力を增大させ、他方左右兩翼の暴動やテロも依然として續いた。しかもヴェルサイユ條約による賠償金のとりたてはドイツの經濟界を混亂させ、インフレーションを激化させた。そして一九二三年はじめフランスが賠償金の不拂いを責めてルール地方を占領し、これに對してドイツ人がストライキを行うや、經濟狀態は益〻惡化し、十月にはマルクの價は一兆分の一に下落した。この間またも左右兩翼の暴動が起り、ドイツはまさに破滅に瀕した
しかし政府は懸命に暴動を鎭壓し、十一月シャハト等の力によつて一兆マルクを通新貨レンテンマルクに換算してインフレーションを克服することが出來た。翌年金に立脚するライヒスマルクに切換えられ、ドイツ經濟は漸く安定を見るに至つたのである。
一九二五年舊參謀總長たるヒンデンブルクが右派勢力に推されて大統領に選ばれると、軍隊は次第に威力を回復し、官僚勢力は强くなり、民主主義の特徵も徐々に薄らいでいつた。しかしこの間經濟界は著しい復興を見せ、工業ははやくも戰前の水準に達し、獨占資本の發達も著しく、アメリカとともに高度資本主義經濟の發展をうたわれるに至つた。しかし大衆の生活は向上せず

經濟界は根本的な弱點を含みつゝやがて來るべき大恐慌をむかえたのである。

中小諸民族の問題

第一次大戰の處理にあたつてウィルソンは民族自決主義を唱え、その結果多數の新國家が成立した。なかでも注目を浴びたのは百五十年にわたつて獨立運動をつづけてきたポーランドである。ポーランドはピルスヅキー等が中心となつて大戰中から獨立運動を行つていたが、ドイツの崩壞と共に獨立を宣言した。ピルスヅキーはワルシャワに假政府を樹て、ソヴェート政府の援助を得た。しかしパリにあつた獨立委員會はこれと爭い、形勢は混亂をきわめた。やがて一九一九年に至つて統一政府が樹てられたが、新政府はまもなくソヴェート政府と手を切り、かえつて戰端をまじえるに至つた。一九二一年には憲法が制定され、ピルスヅキーは初代大統領となつた。しかしポーランドは經濟の發達がおくれ、民主化も不徹底で、政界は忽ち混亂に陷つた。よつてピルスヅキーは、一九二六年クーデターを斷行し、憲法を改正して獨裁政治を行うこととなつたのである。

すでに久しくドイツの征服下にあつたチェック人も獨立を策しており、一九一六年、トマス・マサリックやエドワルド・ベネシュはスロヴァキア人と合して「チェッコスロヴァキア國民委員會」をパリに設立していた。またチェック人の軍隊は大戰中ロシアにあつて同盟軍と戰つたが、彼等が大戦後複雑な國際問題をおこしたことは先に述べた通りである。一九一八年チェッコ・スロヴァキア共和國の獨立は宣せられ、一九二〇年憲法が制定された。ここは工業が發達しており、マサリック、ベネシュの優れた指導とも相俟つて、民主政治が順調に進められた。マサリックは初代大統領となり、建國の父として國民に尊敬され、その死後はベネシュが繼いで國力の進展に努力した。

ヨーロッパの癌とよばれたバルカン地方の民族問題は、戰後も完全に解決されたわけではなかつた。かつてモルビアを中心に行われたスラヴ主義の運動は、ユーゴースラヴィアの建國によつてほぼおさまつたが、國内に利害の不一致があつて國情は安定しなかつた。戰勝國のルーマニアは大いに領土を增したが、これは戰敗國のハンガリア、ブルガリアに恨まれる結果となり、將來の禍根を藏することとなつた。

イギリスに於ける勞働黨の進出　イギリスは大戰中よりロイド・ジョージの下に擧國一致內閣を組織していたが、一九一八年はじめ第四次選擧法改正によつて普通選擧が實施されることとなり、イギリス民主制度は完成した。そして年末、總選擧が行われ、ロイド・ジョージは擧國連立を唱えて政權を保持した。しかし自由黨の一部はこれに反對して分裂し、これより自由黨は急速に衰えた。一九二二年閣内の不一致から政權は保守黨に移り、直ちに行われた總選擧では、二つに割れた自由黨は慘敗し、保守黨が第一黨、そして第二黨には勞働黨が進出し、ここに保守黨と勞働黨との對立がはじまつた。

勞働黨の進出は、大戰後の國際的な不況とインフレーションによつて、勞働者の生活がきわめて不安となつたことによるものであつた。そして一九二三年の總選擧では再び第二黨となつた勞働黨がはじめて政權を握り翌年一月マクドナルド内閣が成立した。この内閣はソヴェート連邦との國交を復活し、外交政策に革新的色彩を示したが、そのためかえつて保守黨の攻擊を受け、同年秋の選擧に敗れて九ケ月にして保守黨のボールドウィン内閣と代つた。然し保守黨の勞働者壓迫政策は一九二九年の總選擧でついに勞働黨を第一黨に進ませ、第二次マクドナルド内閣の成立をみた。新内閣は反動的な勞働法規を廢し、種々の社會立法を行つたほか、外交政策にも成功を收めたが、なおイギリス經濟界を建直すには至らず、やがて世界恐慌の波に襲われることとなつたのである。

アイルランド獨立　この間にイギリスが直面した問題はアイルランドの獨立であつた。大戰中にも獨立を要求してやまなかつたアイルランドは、一九一九年首都ダブリンに議會を開いて「アイルランド共和國」の成立を宣し、デ・ヴァレラを大統領に選んだ。よってイギリス本國ではロイド・ジョージ内閣がアイルランド自治法を成立させてアイルランド獨立派と妥協し、一九二二年自治植民地として「アイルランド自由國」が成立した。しかしデ・ヴァレラ等急進派はこれを承認せず、抗爭を續け、一九三二年にはデ・ヴァレラが首相となり、イギリス王に對する忠誠を拒否して完全獨立の方策を進め、一九三七年に至って共和國を宣し、國號をエールと稱した。かくてイギリスもこれを默認し、アイルランドはなお名目的には英帝國に屬するが實質的には完全な獨立國と異ならぬものとなつたのである。

二、アジア諸民族の情勢

インドの獨立運動　このころ、インドにあつてもイギリスの支配より脫せんとする獨立運動が盛になつていた。インドの民族主義運動は十九世紀後半より起り、世紀末には國民會議も開かれていた。第一次大戰に當り、數十萬のインド人が戰鬪に參加したが、これはインド人の自覺を高め、イギリス政府も一九一七年にはインドに自治制度を採用する用意があると言明した。翌年イギリスは最初のインド改革を提案したが、獨立運動の機關たる國民會議はこれに反對し、ガンジーの指導のもとにイギリスに對する不服從運動が開始された。ガンジーは暴力を排して消極的抵抗を唱えたが、なお各地には騷動が續き、イギリス軍との間の流血事件は絶えなかつた。ガンジー等の不服從運動は依然として續けられ、インド人の完全な自治を要求する聲はイギリス政府を惱ましたのである。

新中國の建設　さて中國にあつては、ワシントン會議のひらかれた一九二一年、中國共產黨が結成せられ、封建的軍閥と帝國主義との打倒、中國の獨立と民衆の自由、そして勞働者農民小資產階級による民主主義連合戰線の結成が提唱された。

一方、廣東にあつた孫文はソヴェート政府と提携して中國の解放をはかろうとし、一九二四年中國共產黨と連合して、中國國民黨の改組に着手した。翌年孫文は病を得て死んだが、孫文の意を受けた國民黨は、三民主義を奉じて廣汎な民族運動を展開した。世に中國大革命と稱せられるものがこれである。

この年五月三十日には上海、廣東に帝國主義反對の大運動が展開せられ、翌一九二六年七月に至つて國民黨は軍閥政權を討滅すべく、いよ〳〵北伐が開始されることとなつた。北伐の總司令には蔣介石が任命せられ、偉大な成功を收めて二七年三月には上海、南京を陷れ、南京に國民政府を樹立した。ただこの時、これまで提携して來た國民黨と共産黨とが分離し、國民黨は從來の容共政策を放棄する方針に變化した。

一九二八年四月北伐は再び開始され、北伐軍は北京に迫つた。當時北京政府の首領は大元帥たる張作霖《リン》であつたが、北伐軍を支えきれず、根據地たる奉天に退却する途中、暗殺せられた。蔣介石は北京に入つて北伐を完成し、ここに中國は國民黨のもとに一應の統一を見たのである。これより蔣介石のもと國民黨一黨專制の政治がはじめられたが、擡頭して來た日本帝國主義の壓迫がようやく露骨となり、その前途はなお多難であつた。

トルコの革新　トルコはギリシアとの戰爭に勝つてから、國威は大いに上つた。この戰爭に功のあつたケマルは、この機に乘じて國政の改革を斷行した。一九二二年、元首たるスルタンをイスラム教の首長としての地位のみにとどめ、政權から切離したのをはじめ、翌年には共和制の實施を宣言するに至つた。ケマルは大統領に推され、事實上新しいトルコの獨裁者となつた。

ケマルはトルコをヨーロッパ風の近代國家に改造しようと努めた。彼はイスラム教の勢力を打破し、スルタンを廢し、僧侶を壓迫した。また法律を近代的に改め、婦人の生活を開放し、文字の改革を斷行した。かくてトルコの近代化は着々すとすめられていつたのである。

イスラム諸民族の獨立　これまでヨーロッパ諸國の勢力下にあつたイスラム教諸民族も、また自主權の獲得に努力を傾けた。アフガニスタン、ペルシアはともにイギリスの勢力を排除して獨立を確保し、國内の近代化を進めた。

アラビアにあつては、イブン・サウドが出てアラビアの統一を唱え、シリア、イラクもそれぞれ大戰の結果によるフランス、イギリスの委任統治を脱して獨立した。

パレスチナは大戰中イギリスがアラビア人に對しトルコからの獨立を約束していたが、他方ユダヤ人のパレスチナ復歸運動を援助したので、大戰後この地はアラビア、ユダヤ兩民族の抗爭の舞臺となり、イギリスはその解決に惱むようになつた。

エジプトは一九一四年以來イギリスの保護國となつていたが、エジプト人の反抗によつて一九二二年保護權の廢止が宣せられた。イギリスはなお國防上さまざまの特權を有したが、エジプト人の反抗は依然として強く、一九三六年に至り、エジプトの完全獨立は認められることとなつた。

第五節　全體主義の擡頭

一、世界經濟恐慌とその結果

世界大恐慌の開始　世界の經濟界は大戰後の混亂期をすぎたのち一應の安定期に入り、好景氣の狀態がつづいていた。ことにアメリカ合衆國の經濟界は異常の好況にめぐまれ、一九二九年フーヴァー大統領治世の初年は「底知れぬ繁榮」をほこつたのである。しかるにこの年十月、ニューヨークの株式取引所に恐慌が起ると、忽ちにして全アメリカに波及し破產する者相次いだ。生產はとまり失業者は增大し、商業は不振となつて國際貿易もとみに減退した。恐慌の波は全世界にひろがり、ついに史上未曾有の大恐慌となつたのである。

大戰後アメリカ經濟に依存していたドイツ、オーストリア等の戰敗國はその打擊を蒙ること最も大きかつた。そして一九三一年に至り、オーストリアの一銀行が倒れたのを機として、ヨーロッパにも金融大恐慌が起り、翌年にかけて世界の經濟界は慘憺たる光景を呈したのである。

ヨーロッパ諸國の對策　イギリスではマクドナルドの第二次勞働黨內閣が、經濟恐慌による產業の不振、失業の增加、貿易の減退を乘切るために、一九三一年國費の大節約案を作成した。しかしこれは失業保險の削減を含んでいたので勞働黨の反對を受け、黨首たるマクドナルドは除名された。そこで彼は一旦辭職して大命再降下を受け、擧國內閣を組織した。以後イギリス政府は金本位制を停止し、總選擧によつて國民の支持を受けた後、經費節約を斷行し、歲入不足の是正に努めた。また外國商品との競爭に對抗するため自治領の結束にも努力し、いわゆるブロック經濟を實施した。

フランスは一九二六年以降平穩な時代を送り、豐富な金を有して恐慌の影響を蒙ること最もおそかつたが、一九三一年初の頃より經濟が惡化し、翌年の總選擧には急進社會黨、社會黨等の左翼政黨が大勝した。かくて急進社會黨が政權をとつたが社會黨との提携成らず、經濟界の不況はます〳〵つのつたので、政治は常に動搖し、國際的地位も次第に下降の途をとるようになつた。

ファシスト治下のイタリアは一九三一年の金融恐慌に際し、政府の努力によつて財政の安定を保つことができた。しかし懸命の努力も遂には空しく、一九三三年に至り再び輸入超過と金の流出のためリラ貨は暴落の危機に直面し、生產は停滯して失業者は激增した。そしてこの危機を突破するため、いよ〳〵ムッソリーニの對外侵略が企てられるに至つたのである。

ナチス政權の成立　しかしこうした經濟恐慌によつて政局に最も大きな變化を見たのはドイツである。一應立直りをみせたドイツ經濟界も一九二八年末には既に行詰りを示し、景氣下降の兆が表われてきた。そしてこの傾向に拍車をかけたのは賠償問題であつた。國家の財政は年々赤字がつづき、政府は增稅と經費の節約等によつてこれをきり拔けようとしたが、國民の反感を買うばかりであつた。

かくて迎えた一九三一年の金融恐慌がドイツ經濟界に甚大の影響を與えたことは言うまでもない。大統領ヒンデンブルクは六月アメリカのフーヴァー大統領に賠償金支拂の停止を請い、ここに「フーヴァー・モラトリアム」が施行されたが、なお恐慌は進展し、七月には國內にもモラトリアムが宣せられるに至つた。

このころドイツの政界に急速に勢力を得つつあつたものに、ヒットラーに率いられた「國民社會主義ドイツ勞働黨(ナチス)」があつた。彼らはイタリアのファシスト黨にならつて國粹主義と社會主義とを結びつけた綱領を掲げ、恐慌に惱む國民の心をひきつけた。恐慌は勞働者の生活を破壞して共產主義勢力を增大させたが、同時に小市民階級をも大いに苦しめるものがあつた。彼らは大資本家を恨むと共に社會主義・共產主義に反感をもつていたので、この層に喰込んだナチスは一九三二年の總選擧には遂に第一黨となるに至つたのである。同時に共產黨も勢力を增大し、革命をおそれたドイツの資本家はナチスを支持して、一九三三年一月にはヒットラー內閣が成立し、ナチス政權が樹立された。

ナチスは政權を握ると共產黨に大彈壓を加え、他の黨派をも順次壓迫して七月までにはナチス一黨獨裁の體制を完成した。ナチスはその思想を「全體主義」と稱し、個人の自由、基本的人權を認めず、民主主義を否定し、政治は上からの力で行われると教えた。かくて實權はヒットラー個人の手に握られ、ここに彼の獨裁政治がはじまつたのである。

一九三四年八月ヒンデンブルクが死去すると、ヒットラーは大統領制を廢して自ら總統となり、名實ともに最高主權者となつた。從來の連邦制も廢止されて、ドイツは始めて中央集權國家となつたがそれは强固な統制國家であつた。思想・言論は嚴重な統制を受け、しかも極端な國粹主義が勵行された結果は、社會主義者、自由主義者またユダヤ人の多くが國外に亡命するを餘儀なくされたのである。

ニュー・ディール　一方、恐慌の震源地アメリカにあつても、大統領フーヴァーをはじめ種々對策を講じたが効なく、一九三三年には千五百萬の失業者を數えるに至つた。かくて多年政權を握つてきた共和黨の威力は失墜し、同年の選擧には民主黨のフランクリン・ルーズヴェルトが大統領に當選した。

ルーズヴェルトは就任と共に不況の克服と合衆國の再建に着手した。彼の政策は「ニュー・ディール」と呼ばれ、彼は合衆國の今日の繁榮をもたらした最大の功勞者であつた。彼は一九三三年六月の「全國産業復興法（NIRA）」をはじめ幾多の重要法案を提出し、平和的手段により資本主義の枠内において資本主義と社會主義相互の長所をとり入れた政策を實行した。ルーズヴェルトの政策は大成功を收め、混亂をきわめたアメリカ經濟も急速な復興を示した。

かくて一九三六年の選擧においては壓倒的多數を以て大統領に再選したが、翌年制定されたワグナー法は勞働者の團體交涉權をみとめた法律としてとくに注目すべきものである。勞働組合は彼の治下において大いに發展し、從來の協調的なA・F・L（總同盟）のほかに、進歩的なC・I・O（産別會議）も結成せられ、資本家に對して盛な鬪爭を展開するようになつた。

ソヴェート五ケ年計畫　世界の資本主義諸國がいずれも經濟恐慌に惱んでいる間に、ソヴェート連邦は獨自な經濟的發展を示して國力を高めつつあつた。これより先ソヴェート連邦にあつては一九二四年レーニンが死去してから、政治の主導權をめぐつて指導者間に爭いがつづいていた。しかしその中で最も理論的にすぐれ、政治的手腕をも有していたスターリンが次第に勢力を增大した。革命の功勞者トロツキーは世界革命を重んじて親善外交に反對し、また都市の勞働者を重視したが、「一國社會主義」の理論によつて國交の修復を唱えて農民を重視せんとするスターリン等の反對を受けて失脚した。スターリンはさらに他の競爭者をも排除し、一九二七年には全權を掌握するに至つたのである。トロツキーはなお反對運動をつづけたので、一九二九年に至るとトロツキー派の大檢擧が行われてトロツキーは國外に追放され、スターリンはゆるぎない勢力を確立した。

一九二八年十月、スターリンは五ケ年計畫を樹立し、一國社會主義の建設に全力を傾けることとなつた。これは國家が多數の工場、發電所、鐵道等を建設して國民經濟を工業化し、他方農業の機械化と集團經營の實現を目的としたものである。スターリンはあらゆる困難を乘切つて計畫の貫徹に邁進し、計畫は意外に進捗して二年の後には當初の目標に達する部門もあつた。かくて政府は一九三二年末を以て第一次五ケ年計畫の終了を宣し、その成功を內外に告げた。

第一次五ケ年計畫は重工業の建設に主力をおいたため國民生活の上では多大の犧牲も生じたがソヴェート連邦を農業國から工業國へ轉換させ、社會主義體制への基礎をつくり上げることができた。そして一九三三年から引續き第二次五ケ年計畫が遂行され、これによつて國民生活は著しく向上することとなつたのである。

五ケ年計畫の成功に應じて、ソヴェート政府は從來の獨裁的傾向を多少改めた新制度を採用した。一九三六年公布された憲法がそれであり、普通スターリン憲法と稱せられる。この憲法によつて従來の「全連邦ソヴェート會議」は「ソヴェート連邦最高會議」と改名し、地域別の直接選擧によつて代表が決定されることになつた。また小民族に對しては更に大きな權利が與えられ、民族の平等が實現された。

しかしスターリン政權に對する國内の不滿は決して消滅したわけではなかつた。多數の要人は次々に陰謀の罪によつて處刑され、ソヴェートの肅正工作は全世界を驚かせた。この頃スターリンはなお共產黨書記長たるに止まり、國政の表面には立たなかつたが、五ケ年計畫の成功、肅正工作を通じてその指導力は益々鞏《キョウ》固となつていつたのである。

二、國際對立の激化

日本帝國主義の進出　東アジアに於ても經濟恐慌の影響は深刻であつた。日本に於ては一九二六年金融恐慌が起り、銀行・會社は次々に倒れ、失業者は增大した。加うるに三年後にはアメリカに起つた世界大恐慌の波が日本にも襲來し、經濟界はますく混亂した。これに對して勞働運動が急速に發展し、共產黨の非合法運動も亦盛になつた。かかる社會不安に直面して、政黨は全く財閥の走狗となつて國民の信を失い、これに代つて陸軍を中心とする軍閥の勢力が急激に増大した。彼等は國内の自由主義、社會主義者を壓迫すると共に、積極的に對外侵略を圖り、一九三一年九月一八日滿洲事變を起して間もなく滿洲全土を占領し、傀儡國家滿洲國を建設した。この間國際連盟は日本の行動に反對したが、一九三三年日本はこれより脱退し、ますます露骨に帝國主義政策を遂行するに至つたのである。この日本の行動はヴェルサイユ體制に對する大膽な挑戰であり、新たなる國際抗爭の時期の序幕をなすものであつた。

樞軸の結成　ヴェルサイユ體制否定の行動はナチス・ドイツにおいても大膽に進められた。ヒットラーは日本に續いて國際連盟脱退を通告し、一九三五年には再軍備をも宣言するに至つた。これに對し、イギリス、フランス、ソヴェート連邦等の諸國は互に協議して、ドイツ包圍の體勢を固めようとしたが、ドイツはすでに世界一流の軍備をそなえ、翌年にはラインランドに進駐し、ロカルノ條約破棄を宣言して、再び世界に衝撃を與えた。

こうしたドイツの態度によつて大いに勢力を伸ばしたのはイタリアであつた。イタリアは恐慌によつて苦しんでいたが、たまたまアフリカの領地においてエチオピアと衝突事件が起つたのを機會として、ムッソリーニは危機打開のために海外侵略の開始を決意し、かくて一九三五年エチオピア侵入を開始した。連盟はイタリアの經濟封鎖を實行したが、決定的な打撃を與えることができず、翌年イタリアのエチオピア征服完了とともに經濟封鎖は撤回され、連盟は大いに威信を失墜した。

このとき起つたイスパニアの內亂は國際情勢にまたもや大きな禍根を植えつけることとなつた。イスパニアは十九世紀以來革命と政變とが繰返されて國情定まらなかつたが、一九三一年共和勢力の增大によつて王制が倒れ、以後左右兩翼の抗爭が絶えなかつた。そして一九三六年の選擧に左翼勢力が勝利を占め、人民戰線內閣が成立すると、フランコ將軍をはじめ右翼勢力の叛亂が勃發した。ドイツ・イタリア兩國は叛亂軍を積極的に援助し、叛亂軍の勢力は日を追うて增大し、一九三九年遂にフランコはイスパニアを全體主義國とするのに成功したのである。

ドイツとイタリアはともに全體主義を奉じ、エチオピア戰爭、イスパニア內亂を通じて、提携は極めて緊密となつた。そのころ日本にあつても相次ぐ右翼のテロ行爲を通じて、軍閥の勢力はとみに强化され、ドイツとの間に防共協定が結ばれるに至つた。そして一九三七年にはドイツとイタリアの密接な結合關係が成立し、ここに三國の樞軸關係が形成されたのである。これはイタリア、ドイツに續く日本の全體主義化を意味するものであり、民主主義勢力に對する全體主義の挑戰が露骨になつて來たことを示すものであつた。

民主主義諸國の内情　イギリスにあつては一九三五年にマクドナルドが辭職し、保守黨のボールドウィンと代つた。この時の外相イーデンはよくドイツ、イタリアと對抗して成果を收めたが、一九三七年チェンバレンが首相となると、ドイツとの妥協をとなえ、翌年イーデンは辭職した。これはイギリスのヒットラーへの一つの屈服を意味するものであつた。

フランスは依然として財政の赤字に惱み、社會不安は增大するばかりであつた。かくて左翼勢力の擴大をみ、一九三六年ブルムを首相とする人民戰線が結成され、翌年の總選擧によつて人民戰線內閣が成立した。新內閣は社會主義政策を實行してある程度の成果をあげた。しかし經濟危機は去らず、外交政策も失敗して國力の進展をみることができなかつた。

アメリカ合衆國はルーズヴェルトのニュー・ディール政策が成功して國力とみに發展し、世界民主主義の擁護者たる地位を確保していた。そして軍備の大擴張を行い、全體主義勢力の侵略主義に對し、實力を以て對抗しようとする決意は益〻高められた。

第六節　第二次世界大戰の展開

一、東アジアの戰亂

中國の抗日運動　第二次世界大戰の勃發に先立つて、東アジアに於ては日本帝國主義の進出によつて戰亂が開始された。中國では蔣介石が政治の實權を握つて以來、着々と新しい施策が進められていたが、蔣介石に反對する將領はなお各地に割據し、共產軍また江西の地にあつて揚子江中流の廣大な地域を支配していた。蔣介石は數年にわたつて共產黨の討伐を行い、一九三五年には共產黨は江西の地を棄てて陝西《センセイ》、甘肅《カンシュク》の地に移るを餘儀なくされた程であつた。そしてこの年イギリス、アメリカの援助により、貨幣制度の改革を行い、銀本位の法幣を發行した。これは地方の割據政權の力を弱めて國民政府の統一を促進させ、同時にアメリカ、イギリスの經濟と密接に結びつく結果を生んだのである。

この間ます〱積極化した日本帝國主義の壓迫は中國民衆の間に於ける反日感情を助長し排日運動は全國に擴まつた。そして一九三六年十二月、共產軍討伐のため西安にあつた蔣介石が幽閉された事件を機として國民黨と共產黨との提携が成立し、ここに强力な抗日戰線が結成されることとなつたのである。

日華事變　折しも日本にあつては經濟の行詰りを中國市場の獨占によつて打開しようとした財閥と、今や絶大な權力を握つた軍閥とが結びつき、中國に對する進出の機會を覗つていた。そして一九三七年七月七日盧溝橋《ロコウキヨウ》事件を機として日本と中國とは交戰狀態に入り、壓倒的な日本軍はこの年のおわりまでに首都南京を陷落せしめるに至つた。然し中國國民の結束は固く、政府を重慶にうつして抗戰を繼續した。日本軍はその後更に攻擊を續け、翌年十月には武漢及び廣東をもその占領下に收めた、これよりのち日本は「東亞新秩序」を唱えて、中國の獨占支配をはかり、世界の民主主義勢力と深刻な對立を續けることとなつたのである。

日本と中國との戰爭はたちまち世界の世論を喚發し、民主主義諸國の反對を受けたが、樞軸はかえつて强化され、防共協定にはイタリアも加わつて結合はいよ〳〵密接となつた。日本、ドイツ、イタリアの三國は自らを「持たざる國」と稱して、植民地を要求し、共產主義反對を名目として後進國への帝國主義的進出を企圖したのである。

二、第二次世界大戰

ナチスの侵略主義　ヨーロッパに於てはナチスの侵略主義が益〻進展し、第二次世界大戰への途は着々準備されつつあつた。一九三八年、ドイツは武力を以てオーストリアを合併し、さらにチェッコ・スロヴァキア內のドイツ人居住地域たるズデーテン地方への要求を提出した。

事態の緊迫に驚いたイギリス首相チェンバレンはミュンヘンに赴いてドイツ、イタリア、フランスの各首相と會談を行つたが、結局ドイツの要求が通つて、ズデーテン地方はドイツ領に編入された。翌年にはドイツはチェッコ・スロヴァキアを解體させてチェック人居住地域をドイツ領に入れ、スロヴァキアを保護國とした。これによつてイギリスのチェンバレンも大いに憤り、以後はドイツに對し强硬態度をとるようになつた。

大戰の勃發　しかもドイツの進出は止まるところを知らず、リトアニアからメーメル地方を奪い、イタリアはアルバニアを併合した。さらにドイツの眼はポーランドに向けられた。今やイギリス、フランスも最後の決意を固め、軍備の充實に力が注がれた。そしてソヴェート連邦との提携を企てたが、ソヴェートはこれに應ぜず、かえつてドイツと不可侵條約を結んだ。かくてドイツは九月一日ポーランド侵入を開始し、三日イギリス、フランス兩國はドイツに宣戰を布告して、ここに第二次世界大戰の幕が切つて落されたのである。

ドイツ軍の優勢　ドイツの電擊作戰は異常の成功を收め、忽ちにして戰の大勢を決定したが、ソヴェートは突如兵を發してポーランドに侵入し、ドイツとの間にポーランドの分割を行つた。その後ソヴェートはフィンランドに侵入し、一九四〇年三月これを屈服させ、さらにバルト海三國を併合した。四月に入るとドイツはデンマルク、ノルウェーに侵入を行い、忽ちにして攻略した。イギリスではこの戰の責任によつてチェンバレンは辭職し、以後チャーチルが首相となつて戰爭の遂行に邁進することとなつた。

ドイツは進んで五月オランダ、ベルギーに侵入し、これを席卷してフランスに入り、イギリス、フランス連合軍を破つて、六月パリを陥れた。イタリアはこの時參戰した。フランスではペタンが首相となつたが、ペタン内閣はただちに降伏し、フランスは二分されて、一半はドイツ軍の占領下に入り、一半はヴィシーにうつつた新政府に統治されることとなつた。ヴィシー政府は憲法を廢して全體主義體制を採用したが、この時ド・ゴール將軍はロンドンに新政府を組織し、あくまで抗戰を繼續した。

ドイツのソ連攻撃　一九四〇年九月樞軸三國は三國同盟を締結して結束を固くしたが、アメリカはルーズヴェルトの下に民主主義諸國の援助を强化した。そして翌年六月ドイツが突如ソヴェートに對して攻撃を開始したことによつて大戰の樣相には一大變化が生じた。

ソヴェートは一九四一年スターリンが首相となりかつ國防相、大元帥を兼ねて結束を强化し、第三次五ケ年計畫を行つて盛に軍備を增强しつつあつた。これを不快としたドイツは遂にソヴェートにも攻擊を加えるに至つたのである。ドイツ軍は忽ちにして首都モスクワに迫つたが、ソヴェート軍の頑強な抵抗にあつて、戰線は膠着し、ドイツの作戰計畫に重大な齟《ソ》齬《ゴ》を來すこととなつた。なおこの戰とともにイギリス、ソヴェート間にはただちに同盟が結ばれ、イギリスは急速に國力を回復した。

太平洋戰爭の開始　日本は中國との戰爭開始以來すでに四年を經過し、戰局は行詰り、國內經濟も次第に急迫を告げはじめた。よつて「大東亞共榮圈」の建設をとなえ、南方への勢力伸長をはかつた。そしてこの方面に利害をもつアメリカ、イギリス、オランダが中國とともに包圍陣を形成するに及んで、一九四一年十二月八日遂にアメリカ、イギリス兩國に宣戰を布告するに至つたのである。

日本はアメリカの戰備が不充分なのに乘じて、開戰後半年にして太平洋諸島と東アジアのほとんど全域を掌握し、軍閥は內外の政治を全く獨占して、緒戰の勝利に醉つていた。

民主主義の勝利　第二次大戰の前半期は樞軸軍の猛攻擊によつて連合國側が後退を續けた時期であつた。しかし後半期に入つた一九四二以降樞軸軍の戰力はもはや限界に達していたのである。もともと全體主義は資本主義の基礎が脆弱なところから發生したものであつて、極端な統制のもと國民生活の犠牲の上に立つものである。そして今次の大戰は原料と市場とを國外に有さない全體主義諸國が活路を國外に見出そうとして起した侵略戰争であつた。したがつて連合側には祖國と民主主義との防衛という名分があり、加うるにアメリカの高度に發達した資本主義の力、また數次の五ケ年計畫によつて國内體制を全く整えていたソヴェート連邦の底力は、樞軸軍の有しないところのものであつた。連合國側がこうした高度に蓄えられた國力を傾けて總反攻を開始した時、それは到底樞軸軍の及ぶところではなかつたのである。

アメリカ、ソヴェート兩國は東西呼應して反撃體制にうつり、一九四三年夏には壓倒的なアメリカ軍は太平洋地域に日本軍を次々と破つてゆき、ソヴェート軍もまたドイツ軍に對し攻勢を續けていた。一方アフリカに上陸した連合軍はアフリカにおける樞軸軍の勢力を一掃し、續いてイタリア攻撃の態勢をとるに至つた。

そのころ戰局の變化はイタリア國民を動搖させ、七月シシリー島の喪失を機として政變が起り、ファシスト政權は遂に沒落した。かくて九月連合軍がイタリア半島に上陸するに及んで、イタリアは無條件降伏をなすに至つたのである。この間ドイツはムッソリーニを監禁から救つてファシスト政權を復活させ、イタリアの北半を占領して連合軍の進撃を阻止したが、翌年六月遂にローマも陥落した。

ソヴェート軍の攻撃もますく鋭く、このころにはすでにドイツ領内に入つていたが、六月連合軍はフランスに上陸してドイツ軍を壓迫し、八月にはパリもドイツから開放された。かくて連合軍は東西南三方面からドイツ國内に攻入り、一九四五年ベルリンはソヴェート軍に占領された。五月七日ドイツ軍は無條件降伏を行い、ここにナチス・ドイツは完全に倒れたのである。

今や連合軍の攻撃は集中して日本に向けられた。これより先一九四三年十一月ルーズヴェルト、チャーチル　蔣介石はカイロにおいて日本に對するカイロ宣言を定めたが、ドイツも降伏して戰局全く決した七月二十六日ポツダムにおいて共同宣言を行い、連合國の態度を明らかにした。これまで日本はしばしば內閣を更迭して對策に腐心して來たが、八月六日アメリカ軍が原子爆彈を使用し、九日ソヴェート軍が宣戰を布告するに及んで、八月十五日遂に無條件降伏を行つた。ここに第二次世界大戰は全く終結を告げ、全體主義は民主主義の前に完全に屈服したのである。

第七節　第二次大戰後の世界

一、大戰後の新事態

國際連合の成立　一九四一年八月チャーチルとルーズヴェルトは大西洋上に會見して「大西洋憲章」を發表した。これは領土の不擴大、民族の自決をはじめ、戰後の世界における民主主義と國際主義との實現を約束したもので、大戰後の世界平和の構想の基礎となるものであつた。

そののちアメリカ、イギリス、ソヴェート連邦等の諸國の代表はしばしば會して戰爭の終結方法と戰後の平和策について協議を行い、戰後に安全保障機關を設立することが約束された。かくて國際連盟に代る新たな機關として、一九四五年十月「國際連合」が正式に成立し、翌年一月ロンドンに一般總會が開かれて、ただちに活動を開始した。

國際連合は一般總會と安全保障理事會とを主要な機關とし、その他各種の理事會を有している。安全保障理事會は十一の理事國より成り、常任理事國にはアメリカ、イギリス、ソヴェート連邦、フランス、中國が當つている。さらに國際連合は經濟、社會、文化の國際的協力を促進することをも目的としているが、そのためにつくられた補助機關のユネスコは種々の機關を設けて活動を行つている。

敗戰諸國の狀態　連合國は一九四七年二月パリにおいて日本、ドイツを除く諸國との間の平和條約を結んだが、それによつてイタリアは植民地を失い、且つナチスによつて齎された領土の變化はいづれも舊狀に復した。ドイツ、オーストリアは四ケ國によつて分割統治が行われることとなつたが、ドイツには中央政府の樹立は認められなかつた。これに反し日本はポツダム宣言に基づき國民の自由に表明された意志に基づく政府が樹立されることになつたが、ポツダム宣言履行を監督するために連合國軍が進駐した。

日本は連合軍の進駐以來數々の改革が行われ、古い「日本帝國」は崩壞して新しい民主日本が建設されつつある。天皇の神權は否定せられ、舊憲法に代る新憲法が定められて、主權は國民に歸し、國民の基本的人權が認められるようになつた。また農地改革が實行され、財閥は解體し、勞働組合の權利が認められ、勞働條件は改善された。かくて日本は眞の近代化の道を歩みつつある。

アジア諸民族の解放　かつて日本に壓迫されていた東アジアの諸民族も次々に解放された。日本の舊領土のうち、樺太はソヴェートに、臺灣は中國に歸屬したが、朝鮮は獨立を認められた。しかし完全獨立は認められず、ソヴェート、アメリカが南北二分して占領管理を行うことになつた。そしてそれぞれ兩國の援助の下に北部では朝鮮人民共和國、南部では大韓民國が成立した。その後ソヴェートは北鮮より撤兵したが、南鮮に於ける左右の抗爭はなお激しく、屢々共產黨の暴動を見る有様である。

中國は果敢な抗戰を續けて戰勝國の地位を獲得し、强國の一に列するに至つた。そして大戰中には長年の懸案であつた不平等條約の撤廢を實現し、自由なる中國の前途は約束されたかに見えた。然し戰爭中協力して來た國民・共產兩黨は、共通の目標を失つて再び內戰を開始し、中國はまたしても戰爭の慘禍の中に追い込まれたのである。

オランダ領のインドネシアは終戰直後共和國を建設し、卽時獨立を要求してオランダと戰つた。以後オランダ本國とインドネシア共和國との間には絕えず紛爭が起つている。フランス領インドシナにあつても越南共和國をはじめ數個の獨立國ができた。南部諸國はフランスの主權を認めたが、北部の越南共和國は完全獨立を主張したので、フランスはこれと戰い、一九四八年六月越南(ヴェトナム)國をフランスの主權下に成立せしめた。

フィリッピンはすでに一九三四年、十年後の完全獨立が約束されていたが、終戰後總選擧が行われて、一九四六年七月獨立宣言が發せられてフィリッピン共和國が誕生した。

インドは大戰中も獨立の要求を止めなかつた。當時イギリスはインド自治案を提議したが、國民會議派はこれを拒否し、戰後にかけてインド人の反抗は益〻盛となつた。そこでイギリスは一九四六年インド獨立に關する宣言を行い、インド人による臨時中央政府の樹立が約束された。しかしインド人の中ではヒンヅー教徒の國民會議派とイスラム教徒との對立が激しく、同年の夏より全インドに激しい武力抗争が展開された。よつてイギリスの調停により、一九四七年八月インドは、インドとパキスタンとの二つの獨立國を形成することとなつた。しかるに兩教徒の抗争は止まず、一九四八年一月には獨立運動の指導者ガンヂーが暗殺される事件まで起つている。ビルマは別に獨立し、完全獨立國となつた。

ヨーロッパ諸國の狀態　この間にイギリスにあつては、一九四五年七月總選擧が行われて、勞働黨が大勝し、チャーチルは辭職してアトリー内閣が成立した。イギリスは大戰によつて多大の損失を蒙つているので、戰後の再建は極めて多難であるが、國民は一致協力して勞働黨下に漸進的な社會主義化の途を歩みつつある。

フランスは解放後ド・ゴールが臨時政府を組織したが、一九四五年十月の選擧では共産黨が第一黨となり、ド・ゴールは翌年一月辭職した。以來フランスにおいては共産黨勢力が極めて強く、加うるにド・ゴールは一九四七年三月フランス人民連合を組織して共産黨に對抗する勢を示したから、國内にあつては左右兩翼の抗争が止まず、國情の安定を見ていない。

イタリアでは一九四五年末キリスト教民主黨のデ・ガスペリ内閣が成立し、現在に至つている。そして翌年六月の人民投票において共和制が決定され、イタリアは新たに共和國として發足することとなつた。イタリアにおいても共産黨は極めて力強く、左右兩翼の抗爭が激しい。

大戰中ドイツの支配下にあつた東ヨーロッパ諸民族はソヴェート連邦によつて解放されたが、ソヴェートは戰後これらの地方を勢力下に置き、東ヨーロッパ・ブロックを形成するに至つた。かくて東ヨーロッパにおいてはソヴェートの援助のもと次々と共産黨政權が成立し、西ヨーロッパ諸國とは「鐵のカーテン」によつて隔てられた特別の地域をつくり上げることとなつたのである。

この中でギリシアだけは例外であつた。勿論ギリシアでも左右の抗爭ははげしかつたが、イギリスやアメリカの援助によつて共産化からまぬがれ、一九四六年三月の總選擧は右翼の勝利に歸した。しかし左翼勢力は政府の強壓にも屈せず、北部の山岳地帶に據つてゲリラ戰をつづけた。

二、大戰後の國際關係

新しき國際對立　第二次大戰は連合國側の勝利におわり、戰勝の諸國は終戰後世界永久平和の構想に心を砕いてきたが、前後六年にわたつた大戰の終結も國際間の對立の解消を齎すことは出來なかつた。大戰中、アメリカ、ソヴェートの兩國はドイツ、日本等の侵略主義に對する祖國防衛という共通目的によつて結ばれていたが、この共通の對象が除かれた後は、兩國の異つた社會と國家組織とは互いに將來の世界の指導原理を目指して爭い、兩國の關係は大戰後の事態處理をめぐつて次第に疎隔をみせるに至つたのである。

アメリカ勢力の増大　アメリカ合衆國においては、ルーズヴェルトが一九四〇年、さらに一九四四年の選擧に史上の先例を破つて大統領に當選したが、一九四五年四月急死した。よつて副大統領トルーマンが大統領となり、大戰の收拾に當つた。アメリカは大戰中から戰後にかけ、連合諸國に多大の物資を供給し、ヨーロッパ諸國はアメリカの援助によつて大戰中の困難な情勢を切抜け、さらに戰後の經濟復興を行つてきた。この結果ヨーロッパ諸國が經濟的にも政治的にもアメリカに依存するようになり、アメリカの發言權はます〳〵増大したのである。

この間にアメリカ合衆國の國內もさま〴〵の變化が生じていた。ことに一九四六年十一月の中間選擧に共和黨が議會の多數を占めたことは、ルーズヴェルトのニュー・ディール政策の轉換を齎した。ニュー・ディール時代のワグナー法に代つて、勞働者の團體交涉權を制限するタフト・

ハートレー法が、トルーマン大統領の拒否にも拘わらず制定されたことは、明瞭にこの間の事情を物語るものであつた。しかもアメリカの外交政策は次第にソヴェート連邦に對して强硬態度をとるようになり、一九四七年一月、マーシャルが國務長官に就任して後は、一層この傾向が强められるようになつた。然し一九四八年秋の大統領選擧に於て民主黨のトルーマンが一般の豫想を裏切つて再選されたことは再びニュー・ディール政策の復活の機運を齎し、タフト・ハートレー法も廢止されたが、外交政策に於ける反ソヴェート的態度には少しも變化はなかつた。

ソヴェート連邦の復興　一方ソヴェート連邦はドイツ軍の侵入によつてヨーロッパ領の大半を蹂躙され、最も甚だしい打撃を蒙つた。しかし政府の適切な指導と國民の英雄的な抗戰によつて侵略者を撃退した後は、一意國力の復興につとめ、その回復は異常な速さを以て進められていつた。政府は戰後直ちに第四次五ケ年計畫に着手し、國民の生活水準の向上、とくに科學の振興と教育の普及につとめている。そうして國内の社會主義體制をさらに强固なものとするために思想の統制を嚴重にし、藝術、文學、科學のあらゆる方面にわたつて自己批判をすすめ、西ヨーロッパの自由主義的氣風の一掃に努力をつづけている。

二つの世界　アメリカ、ソヴェート兩國のこのような國情の相異は、當然の結果として國際的對立、そして「二つの世界」の成立をもたらすものであつた。ドイツ、ギリシア、イタリア、中國、朝鮮等に關する諸問題の處理に際して、兩國の意見はこと〳〵に對立し、ことに東ヨーロッパ諸國における共產黨の急速な進出はアメリカに脅威を與えた。一九四七年三月、モスクワにおける外相會議で、ソヴェート政府の强硬な態度が表明されると、トルーマンは直ちにギリシア、トルコ兩國に對する軍事的援助を決意し、ここにソヴェートの努力に對しアメリカが實力を以て應ぜんとする態度が明らかにされたのである。さらに六月には「マーシャル計畫」が發表された。これは全ヨーロッパ諸國がアメリカの援助のもとに統一的な經濟復興をはかることを要請するものであつた。西ヨーロッパ諸國は直ちにこれに應じて復興會議が成立したが、ソヴェート連邦と東ヨーロッパ諸國はこれを拒否し、かくてヨーロッパは經濟的にも二分されるに至つたのである。

こうしたアメリカ合衆國と西ヨーロッパ諸國との緊密な連繫にこたえたソヴェート外交政策の次の措置は、九月、ヨーロッパ諸國共產黨の情報機關たるコミンフォルム結成の宣言であつた。コミンフォルムの宣言はアメリカの態度を帝國主義として非難し、これに對抗して「ソヴェート的民主主義」を實現しようとする共產黨の活動はます〳〵積極的となつた。かくて「鐵のカーテン」を境とする東西ヨーロッパの對立は「冷たい戰爭」とよばれるに至つたのである。

冷たい戰爭は一九四八年を迎えていよ〱熾烈となつた。一月イギリスのベヴィン外相はソヴェートの政策をはげしく非難して西ヨーロッパ連合結成の計畫を聲明し、イギリスの態度を明らかにした。こえて二月、チェッコ・スロヴァキアの共産黨首班内閣がクーデターを斷行し、共産黨の獨裁政權が樹立されたことは、アメリカおよび西ヨーロッパ諸國に大きな衝擊を與えずにはおかなかつた。この形勢に對抗し、イギリス、フランス、ベルギー、オランダ、ルクセンブルクの五國は、三月十七日ブラッセルに會して軍事同盟を結び西ヨーロッパ連合を結成したが、同日トルーマンは聲明を發してソヴェートの行動を非難し、議會に對してヨーロッパ復興計畫の促進、軍事訓練の實施、徵兵制度の採用を要請した。

かかる情勢のもと行われた四月のイタリア總選擧は、イタリアの歸趨を決するものとして世界の視聽を集めたが、キリスト敎民主黨が共產黨を破つて大勝し、西ヨーロッパの危機は免れることができた。フランスに於ても社會黨政府が斷乎たる反共產主義の態度に出でてストライキを鎭壓したため、共產黨の勢力は大いに減退し代つてド・ゴールの勢力が强大となつた。しかしその後も二つの陣營の對立はます〱はげしく、六月に入るとソヴェート政府はベルリンのアメリカ、イギリス・フランス三國占領地區に對する封鎖を斷行し、こゝにベルリンの封鎖問題をめぐつて對立はさらに深刻の度を加えたのである。三國側は翌月にわたつて西ドイツ政府の樹立を計畫する一方、問題の處理に努力してきたが、根本的な解決をみるに至らなかつた。この間にあつて東ヨーロッパ諸國中最も勢力が強いと見られたユーゴースラヴィア共産黨が、六月突如コミンフォルムから激しい非難を浴びせられたことは、大いに世間を驚かせた。これは鐵のカーテン內の諸國が西ヨーロッパ側に協力する事を許さぬソヴェート政府の決意の表われとして注目されたのである。ヨーロッパの冷い戰爭はこうして止むところなくつづけられているが、一九四八年以降マーシャルプランの實現と共にその經濟の復興も次第に進捗し、國民生活の改善に伴つて共産主義の勢力は西ヨーロッパに於ては漸次退潮に向いつゝある。然しながら東アジアに於てはこの頃から共産主義勢力が日を追うて隆盛となり、各地に戰亂が擴まりつゝある。

中國共産黨の優勢

中國における國民政府と共産黨との內戰は、はじめ政府軍の優勢のうちにすゝめられ、一九四七年夏ころには中共の首都たる延安まで政府軍の占領するところとなつた。然し中共は再び反攻を開始し、一年の間に北シナの大半を制壓して揚子江岸に迫ると共に、ほとんど全滿洲を占領するに至つた。中國共産黨首席毛澤東は中國の現段階を分析して「新民主主義」を唱え、占領地に強力な土地改革を實行すると共に、商工業資本を育成して民主主義社會の建設に努力してきた。そうして治下の民衆の支持のもとに國民黨政府に對する攻撃をつづけたのである。

一方國民政府は、アメリカの援助のもと部内の體制を整え、一九四七年十二月には新憲法を發布した。この間にあつて長年にわたる日本との戰爭から受けた數々の痛手は大インフレーションを起して經濟界を混亂に陷れていた。よつて中國政府は八月に至り、アメリカのドル貨に裏付けられた金圓を發行して通貨の改革を行い、經濟の再建をはかつた。然しこの政府の企圖は失敗し、極端な統制にも拘わらず金圓制は次第に崩れてゆき、十一月には全面的な崩壞の兆を呈するに至つた。これは蔣介石に率いられる中國政府にとつて多大の打撃であつた。このころ中共軍は全滿洲と北シナの大部分をその手に收め更に南下して南京に迫つたので、一九四九年に至つて蔣介石は下野し國民政府は都を廣東に移すのやむなきに至つた。かくして中國の問題は俄然世界の注視の的となり、中國における共産黨の勝利は最早決定的と見られるに至つたのである。

東南アジアの共産勢力　共産主義の運動は中國においてのみならず、東南アジアにあつても日ましに盛となつていつた。アンナン、マレー、ビルマ、シャム等各地に於て共産黨は政府の彈壓にも拘わらずさかんな活動をつづけ、その勢力は益々擴大しつつある。

こうした一連の動きは、これら東南アジア諸國が、いまだ大戰の痛手を回復できず生産の復興はおくれ生活の苦しいところに、最大の原因が求めらるべきであろう。それと共に共産黨の唱える民族戰線、祖國戰線のかけ聲が、現地人の民族意識を高める結果となつた事實も見逃してはならない。

このような形勢に直面してこの地方に關心を持つヨーロッパ諸國及びアメリカは種々の對策を講じている。イギリスはマレー、ビルマ等の共産軍討伐に力を與えてその地の政府の强化に努めているが、オランダは一九四八年十二月インドネシア共和國に兵を進めジャワ島を占領した。この行爲は國際連合の反對を招き、オランダ政府も讓步を行つたが、問題は未だ解決するに至らない。

パレスチナ問題　西アジアのパレスチナに於ては第一次大戰中より盛となつたアラビア人の民族運動と、イギリスの援助の下にこの地に獨立國を建設せんとしたユダヤ人との間に抗爭が續けられ、第二次大戰を經て益々激化した。イギリスは第一次大戰後この地を委任統治地とし、第二次大戰後この地もアラビア、ユダヤ兩民族に分割する案を提出したが、一九四八年四月アラビア人諸國は共同してユダヤ人の居住するパレスチナの侵入を開始した。ユダヤ人は「イスラエル共和國」の成立を宣し、アメリカ、ソヴェートの承認を得、アラビア人も國際連合の勸告によつて休戰を行つたが、この兩民族の抗爭は今後更に續けられる形勢にある。

北大西洋條約の成立　ヨーロッパに於てはマーシャルプランの成功と國民生活の安定と共に、アメリカを指導力とする反共產主義の鬪爭は益〻活潑となり、西ヨーロッパ連合とアメリカ合衆國、カナダ等の七ケ國間に强固な軍事同盟の締結防衞委員會の設置が議せられ、一九四九年三月北大西洋條約が發表された。これは締約國の一國が侵略を受けた場合、他の締約國は直ちに武力を以て援助することを定めたものであるが、それは同時に國內のクーデターに對しても適用されるものであり、「鐵のカーテン」外部に於ける共產主義の進出を阻止せんとするものである。これは「二つの世界」の對立を更に一層明確にしたものであるが、この勢力均衡によつてヨーロッパの形勢はかえつて一應安定するものと見られる。又各國民の間には大戰の災禍にこりて戰爭の再發を防ごうとする氣持が强いので、世界は不安をはらみつゝも徐々に平和と協力の途を步みつつある。

昭和二十四年四月十五日第一版發行
昭和二十四年五月十日第二版發行
定價（上製版）二三〇圓

世界史概觀

東京大學文學部内
編者 財團法人 史學會

東京都千代田區神田鍛冶町二丁目十一番地
發行者 野澤繁二

東京都中央區築地一丁目十四番地
印刷者 一乘道明

東京都千代田區神田鍛冶町二ノ十一番地
發行所 株式會社 山川出版社
電話神田(25)三四二二番
振替東京四三九九三番

萬一落丁亂丁等がありました節はお手數ながら御申出下さるよう御願い致します
早速お取替致します

印刷所 日本交通印刷株式會社

復刻版　世界史概観

2019（令和元）年8月1日　印刷
2019（令和元）年8月5日　発行

著作者　公益財団法人 史学会

発行者　株式会社 山川出版社　代表者　野澤伸平
東京都千代田区内神田 1-13-13

印刷者　株式会社 加藤文明社　代表者　加藤文男
東京都千代田区神田三崎町 2-15-6

製本所　株式会社 ブロケード

発行所　株式会社 山川出版社
〒101-0047　東京都千代田区内神田 1-13-13
電話　03（3293）8131（代）　振替口座　00120-9-43993

ISBN978-4-634-64166-2